电子商务基础与创业实务

（第2版）

薛雯霞　杨从亚　编著

天津大学出版社
TIANJIN UNIVERSITY PRESS

图书在版编目(CIP)数据

电子商务基础与创业实务 / 薛雯霞, 杨从亚编著
. -- 2版. -- 天津 : 天津大学出版社, 2021.8（2022.8重印）
ISBN 978-7-5618-7013-6

Ⅰ. ①电… Ⅱ. ①杨… ②薛… Ⅲ. ①电子商务－教
材 Ⅳ. ①F713.36

中国版本图书馆CIP数据核字(2021)第155600号

出版发行 天津大学出版社
地　　址 天津市卫津路92号天津大学内(邮编:300072)
电　　话 发行部:022-27403647
网　　址 www.tjupress.com.cn
印　　刷 天津泰宇印务有限公司
经　　销 全国各地新华书店
开　　本 169mm×239mm
印　　张 20.5
字　　数 499千
版　　次 2021年8月第2版　2017年8月第1版
印　　次 2022年8月第2次
定　　价 48.00元

前　言

随着数字经济的快速发展，国务院出台实施了《关于积极推进互联网+行动指导意见》和《促进大数据发展行动纲要》等一系列重大举措，数字产业化、产业数字化发展进入“快车道”，经济社会数字化转型加速推动。抗击新冠疫情期间，我国数字经济相关领域的新业态、新模式快速涌现，新个体经济纷纷涌现，开辟了消费和就业新空间，展现出了巨大的潜力，也发挥出了不可替代的积极作用。

社会经济的快速发展，使得很多大学生已不满足于进入企业工作，而是利用自身所学知识来自主创业，实现自身价值。现阶段，大学生自主创业越来越受到大学生群体的青睐，且也获得全社会的关注。网络技术的发展进步，增加了大学生自主创业的方式。电子商务以先进的网络技术为依托，从事各种与经济有关的交易，这种以网上交易方式为主的电子商务相对来说是大学生自主创业一种较好的方式。如何将电子商务与创业更好地结合，是本教材研究的重点。

电子商务作为当今最前沿、最活跃、最具广泛影响力的新兴产业，是创新创业、带动就业的重要载体，是立足新发展阶段，贯彻新发展理念，构建新发展格局，推动培育经济社会高质量发展新动能的重要抓手。电子商务创业难度低，大学生电子商务创业已成为当前的热点，不但能提高我国的经济活力，推动经济发展，还大大缓解了我国毕业大学生的就业压力，得到社会的广泛认可。良好的网络平台，微商发圈、直播带货等新模式的出现，都为大学生电子商务创业创造了良好的条件。但大学生电子商务创业需要更为专业的指导，以提高大学生电子商务创业的成功率，值得我们继续去研究与探索。

本教材紧扣“实务”，分别从应用基础、模式应用和创业三个部分着手讲解电子商务基础与创业实务，各部分有技能项目和知识目标，各章有学习目标、任务实施、相关知识、注意事项和思考与练习共五个模块，在每章中既有学习目标引领也有思考与练习实践，既有理论知识学习也有实践项目训练，既有课内实践训练也有课后能力训练，为学习者构造循序渐进式的学习过程和全方位学习资源。

本教材第1版自2017年出版后，得到了使用者的广泛好评和中肯的建议，一些学校的教师和读者提出了中肯的意见。本次修订我们根据收集到的反馈意见，对教材做了部分修订。第2版坚持第1版的指导思想，加入了新知识，更新了案例，调整了框架结构。

经过半年多的努力，《电子商务基础与创业实务》第2版和大家见面了。本书由无锡科技职业学院薛雯霞和杨从亚编著，万胤岳和李纳珂老师参加了主要章节的修订，缪克峻、吴桑、费静雯和张倩参与了案例修订，非常感谢天津大学出版社的所有编辑及工作人员。

本书的结构是一种新的尝试，能否得到同行的认可，能否给教学带来新的感受都要经过实践的检验。由于编者的水平有限，错误之处在所难免，请各位读者给予指正。

编者

2021年5月

目　录

第一部分:电子商务应用基础

第二部分:电子商务模式应用

第三部分　电子商务创业

第一部分：电子商务应用基础

电子商务是人类追求高工作效率、促使商业活动信息化不断发展的结果，也是一种新的经济形态，在企业、市场，甚至是国家经济运行中扮演着越来越重要的角色。随着电子商务与产业发展融合的不断加深，加速形成了经济竞争的新态势，电子商务服务业蓬勃发展，逐渐成为国民经济新的增长点。互联网技术与产业融合的趋势进一步突显，新技术的应用将成为产业+互联网的主要驱动力。

本部分内容针对电子商务应用基础知识展开，设有学习目标、任务实施、相关知识、注意事项和思考与练习共5个模块，在每章中既有学习目标引领也有思考与练习实践，既有理论知识学习也有实践项目训练，既有课内实践训练也有课后能力训练，为学习者构造循序渐进式的学习过程和全方位的学习资源。

第一章　电子商务基础知识

技能项目：

掌握电子商务平台的基本功能；
掌握电子商务平台的访问；
掌握电子商务网站的运作模式；
掌握国内主流的第三方物流公司的运作方式；
掌握相关法律法规在电子商务领域的应用。

相关知识：

电子商务对社会和企业的影响；
电子商务的基本组成；
电子商务网站的商务模式的异同点；
物流在电子商务中的作用；
物流对电子商务的影响；
电子商务的相关法律法规。

任务一　电子商务的意义

一、学习目标

通过对本任务的学习，学习者应了解电子商务对社会和企业的影响，能够在电子商务平台进行简单的操作。

二、任务实施

电子商务首先是在哪里出现的？它是如何来到我们身边的？它的发展现状如何？要了解这些问题，要先打开互联网，浏览几个常用的电子商务网站，了解当今的电子商务发展状况。

【案例 1】网上订票

一对夫妇正在制订度假计划，他们从网上找到一家旅行社，大概了解当前旅游热点后，找到了他们喜欢的旅游路线，选择了合适的旅游日程，当天就得到了旅行社的上门服务，办齐了这次度假旅行的所有手续。

【操作 1】

打开携程旅行网（http://www.ctrip.com/），如图 1-1 所示。简单说说该网站提供了哪些服务，选择你喜欢的 1~2 个旅游路线，查看酒店、机票、旅游线路和预订流程，学会做旅游攻略。

图 1-1　携程旅行网首页

【案例 2】网上购物

张先生是一家企业的工程师，由于工作单位离家较远，他一直想拥有属于自己的交通工具，因此他登录镇江汽车网（http://www.auto0511.com/），在网上详细浏览了汽车商城中各品牌汽车的性能、价格、出厂年份和供应商等相关资料，挑选了自己喜欢的汽车款式，并选择了预约试驾和团购报名。第二天，供应商就联系张先生，安排体验试驾并沟通购车事宜。

【操作 2】

打开淘宝网（http://www.taobao.com），如图 1-2 所示。搜索你最近想购买的一款产品，根据搜索结果你会选择在这个平台上购买它吗？为什么？

图 1-2　淘宝网首页

【案例 3】网上交易

谢先生的公司主要生产国内涂料领域的高新科技产品，但苦于没有足够的营销力量，一直以来一筹莫展，于是经朋友推荐成为阿里巴巴诚信通会员，开始了网上贸易。公司几乎每天都有新的客户来电要求订货，达成交易也很多，电子商务为公司迎来了新的发展机遇。

【操作 3】

打开阿里巴巴网（http://www.1688.com），如图 1-3 所示。搜索一款自己喜欢的产品，查看有多少家企业提供该产品，简单说出该网站供应产品的数量和购买方式。

图 1-3　阿里巴巴网首页

三、相关知识

1. 电子商务的含义

简单地说，电子商务就是利用互联网开展的各类商务活动，也就是交易的当事人或参与人利用计算机网络技术与现代信息技术而进行的各类商务活动，包括货物贸易、服务交易、知识产权交易、金融汇兑、网上广告或提供娱乐节目等商业活动。

电子商务是现代信息技术、网络技术与商务的组合。如果将现代信息技术与网络技术作为一个集合，商务作为另一个集合的话，那么电子商务就是这两个集合所形成的交集。很明显，商务活动是电子商务的内容和核心，而现代信息技术与网络技术则是电子商务的形式和手段。

2. 电子商务的特点

电子商务与传统商务相比具有明显的特征，主要表现在以下方面。

1）交易虚拟化

电子商务通过互联网进行贸易，参与贸易的各方从贸易磋商、签订合同到资金支付等都无须当面进行，整个交易完全虚拟化。对于卖方来说，他们可以通过建设自己的网站或者大型网络交易平台，将产品信息发布到互联网上。对于买方来说，他们可以通过网络找到自己需要的产品。买卖双方通过网上洽谈，签订电子合同，并进行电子支付。

2）交易成本低

企业利用内部网可实现无纸化办公，提高内部信息传递的效率，节省时间，并降低管理成本。企业通过互联网把公司总部、代理商以及分布在其他国家的子公司、分公司联系在一起，及时地对各地市场情况作出反应，即时生产、即时销售，降低存货费用，采用高效快捷的配送公司提供交货服务，从而降低产品的流通成本。

3）交易效率高

由于互联网将贸易中的商业报文标准化，使商业报文能在世界各地瞬间完成传递与计算机自动处理，原材料采购、产品生产、需求与销售、银行汇兑、保险、货物托运及申报等过程无须人员干预并在最短的时间内完成。

4）交易透明化

买卖双方从交易的洽谈、签约以及货款的支付，到交货通知等整个交易过程都在网络上进行。通畅、快捷的信息传输可以保证各种信息之间互相核对，可以防止伪造信息的流通。

总之，电子商务将传统的商务流程数字化、电子化，让传统的商务流程转化为电子流、信息流，突破了时间与空间的局限，大大提高了商业运作的效率，并有效地降低了成本。

3. 电子商务对社会经济的影响

电子商务给社会经济带来的影响无疑是巨大而深刻的。

1）电子商务改变了商务活动的方式

无论是生产资料消费者还是生活资料消费者，都可以通过网络进行采购、销费、传输或取得服务。商家们可以在网上与客户联系，利用网络进行货款结算服务；政府还可以方便地进行电子招标和政府采购等。

2）电子商务改变了企业的生产方式

由于电子商务提供了一种快捷、方便的购物手段，消费者的个性化、特殊化需要可以完全通过网络展示在生产厂商面前。为了取悦顾客，突出产品的设计风格，制造业中的许多企业纷纷发展和普及电子商务，满足消费者的个性化需求。

3）电子商务引发了一个全新的金融业

网上银行、银行卡支付网络、银行电子支付系统，以及电子支票、电子现金等服务，将传统的金融业带入一个全新的领域。特别是第三方支付方式，比如支付宝、微信等方式，极大地提高了人们支付的便捷性。

4）电子商务给传统行业带来一场革命

人们通过电子商务系统，将人与电子通信方式结合，极大地提高了商务活动的效率，减少了不必要的中间环节。传统的制造业借此进入小批量、多品种的时代，实现“零库存”；传统的零售业和批发业开创了“无店铺”“网上营销”的新模式；各种在线服务为传统服务业提供了全新的服务方式。

5）电子商务改变了政府管理的行为方式

企业应用电子商务进行生产经营、银行实现金融电子化以及消费者实现网上消费的电子商务时代，对政府管理行为也提出了新的要求。电子政府随着电子商务的发展而成为一个重要的社会角色。

4. 电子商务对企业的影响

1）降低交易成本

尽管建立和维护公司的网站需要一定的投资，但是与其他销售方式相比，使用互联网已经大大降低了成本。有研究表明，使用互联网作为广告媒介，进行网上促销活动，可增加 10 倍的销量，而成本只有传统广告及邮寄广告的 1/10。另外，企业在网上提供有效的客户支持服务可以大量减少电话咨询的次数，进而节省大量开支和人员投入。调查表明，借助互联网来创造并销售一种商品或服务，生产成本可能降低 5%~10%。

2）缩短生产周期

电子商务的实现使生产周期缩短。因为有了网络的协助，企业可以直接联系供货商、工厂、分销商和客户，以电流般的高速度处理各种事务。这不仅加快了订单处理和产品发送，而且缩短了商品的循环周期，节约了用于产品设计的时间。

3）时间限制减少，商业机会增加

由于世界各地存在时差，进行国际商务谈判相当不方便。对企业来讲，每天提供24小时的客户支持和服务费用相当高。然而，国际互联网为全球的用户提供了不间断的信息源，企业的销售额会因向客户提供24小时的网上随时交易服务而增加。

4）减轻对实物基础设施的依赖

传统企业的创建必须有相应的基础设施支持，如仓储设施、产品展示厅和销售店铺等，而现代企业则通过在国际互联网上设立网页来开辟新的销售渠道。国际互联网为那些新兴的虚拟运作企业提供了发展机会。在虚拟运作的情况下，企业可以尽量减少库存，或根本不持有库存，也可以不具备实物运作空间。例如，著名的网上虚拟书店亚马逊尽管有一定的库存，却根本没有实体零售店铺。

四、注意事项

（1）电子商务范围较广，狭义的理解和广义的理解有较大的不同。

（2）电子商务发展很快，随着新技术和新的商业模式的产生衍生出新的电子商务模式。

五、思考与练习

（1）如何正确理解电子商务的含义？

（2）电子商务对社会经济的影响有哪些？

（3）电子商务对企业的影响有哪些？

任务二 电子商务的组成

一、学习目标

通过对本任务的学习，学习者应了解电子商务的基本组成，并能够说出各个部分在电子商务过程中的作用。

二、任务实施

一个完整的电子商务系统需要由多个要素构成；网上商店为用户提供了交易的场所；网上银行或者第三方支付平台提供了资金的流转功能；认证中心可以为交易双方进行真实身份的验证，保护了双方的交易权益；物流配送实现了商品的转移和配送。

【操作 1】

打开当当网（http://www.dangdang.com），首页如图 1-4 所示。说出该网站在电子商务的组成部分中属于哪一个环节。

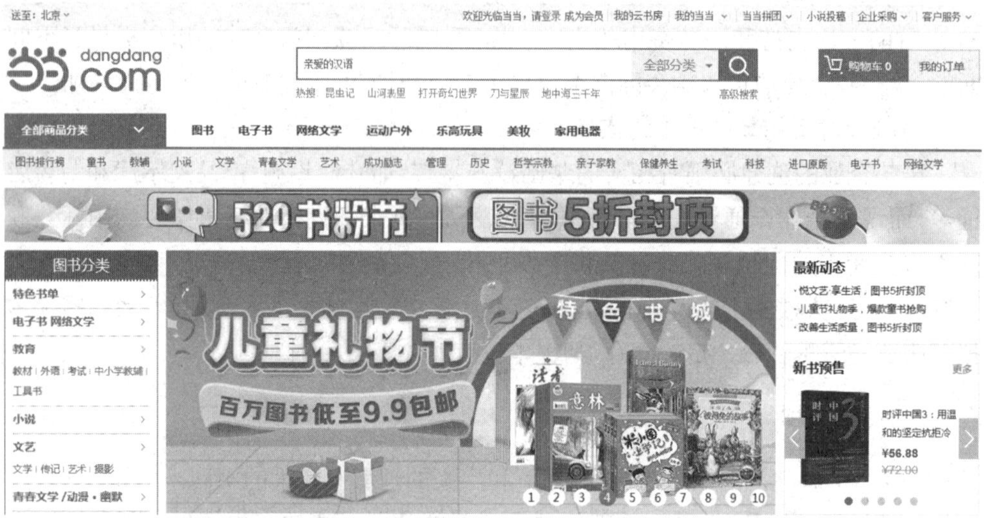

图 1-4　当当网首页

【操作 2】

打开财付通网（https://www.tenpay.com），首页如图 1-5 所示。说出该网站在电子商务的组成部分中属于哪一个环节，并说出你知道的该类型的网站还有哪些。

图 1-5　财付通网站

【操作 3】

打开必联 CA 中心网（http://ca.ebnew.com/jasmine/v1/），首页如图 1-6 所示。说出该网站在电子商务的组成部分中属于哪一个环节，并说出该网站提供了哪些服务。

图 1-6 必联 CA 中心网站

【操作 4】

打开顺丰速运网（http://www.sf-express.com），首页如图 1-7 所示。说出该网站在电子商务的组成部分中属于哪一个环节，并说出你知道的该类型的网站还有哪些。

图 1-7 顺丰速运网首页

三、相关知识

在20世纪60年代，人们就开始了以电报报文形式发送商务文件的工作，70年代人们普遍采用方便、快捷的传真机来替代电报。但是，由于传真文件是通过纸面打印来传递和管理信息的，不能将信息直接转入信息系统中，因此，人们开始采用EDI（电子数据交换）作为企业间电子商务的应用技术，这就是电子商务的雏形。但是，EDI始终是一种为满足企业需要而发展起来的先进技术手段，必须遵照统一标准，其与普通老百姓一直无缘，而且由于网络在那时仍没有得到充分发展，这使很多商务活动的电子化仅仅处于一种设想阶段。到20世纪90年代，互联网的出现真正地给了电子商务以新的活力，网络开始广泛应用于商业交易，电子商务日益蓬勃起来，并成为20世纪90年代初期美国、加拿大等发达国家的一种崭新的企业经营方式。应该说，此时的电子商务是基于计算机网络的电子商务，是现代意义上的电子商务，但是电子商务的运作需要各个不同的要素扮演电子商务过程中的不同角色。

一个电子商务系统最基本的要素有电子商务网络、用户、网上虚拟市场、网上支付系统、物流配送中心以及认证中心。电子商务的基本组成如图1-8所示。

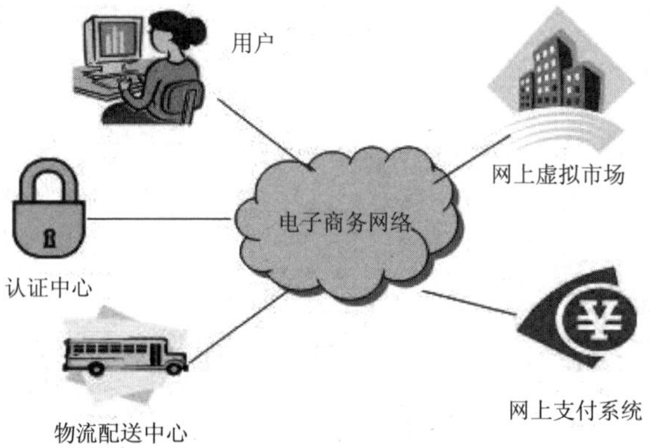

图1-8　电子商务的基本组成

1. 电子商务网络

电子商务网络是连接电子商务系统各要素的纽带，是开展电子商务活动的中心，它包括互联网、企业内部网、专用网，是电子商务的基础。

2. 用户

用户是指连接在互联网上的个人或者企业，他们使用浏览器在网上市场或网上商店搜索信息，查找自己所需的商品，或者发布产品信息、招徕顾客，签订电子合同，电子报税或者报关，处理商务。

3. 网上虚拟市场

网上虚拟市场是提供给买卖双方进行网络交易的平台。网上商店则是通过网络向消费者出售商品的网上虚拟场所。

4. 网上支付系统

网上支付系统一般由网上银行和第三方支付系统等构成。网上银行是现实银行在互联网上的拓展,为用户提供 24 小时全方位的服务。第三方支付系统是指具备一定实力和信誉保障的独立机构,采用与各大银行签约的方式,提供与银行支付结算系统接口的交易支付平台的网络支付系统。

5. 物流配送中心

物流配送中心接受买卖双方的委托,组织运送网上无法直接传递的商品,跟踪商品的去向,直到商品到达消费者手中。

6. 认证中心

认证中心通常也称作 CA,负责发放与管理数字证书,使网上交易的双方身份得到确认,是法律认可的权威机构。

四、注意事项

(1)电子商务作为电子化的商务活动,任何一笔交易都包括信息流、资金流和物流。

(2)大的电子商务平台提供的模块功能涵盖商品信息展示、身份认证、资金支付和物流配送等多个组成内容;而有的电子商务平台只提供部分或者一个功能模块。

五、思考与练习

(1)电子商务的组成主要包括哪些部分?

(2)说出每一个电子商务组成模块的功能和作用。

任务三　电子商务模式

一、学习目标

通过对本任务的学习,学习者能够比较电子商务网站的商务模式的异同点,加深对电子商务模式概念的理解及感性认识,并能根据电子商务网站运作判断该电子商务网站的运作模式。

二、任务实施

(一)浏览淘宝网网站

(1)打开浏览器,在地址栏中输入 http://www.taobao.com,浏览淘宝网网站。

(2)在搜索栏里输入“华为 P10”,查看搜索结果(图 1-9)。

图 1-9　淘宝网搜索页面

(3)选择一个商家,进入商家店铺,浏览商品信息。

(二)浏览亚马逊网站

(1)打开浏览器,在地址栏中输入 http://www.amazon.cn,浏览亚马逊网站,如图 1-10 所示。

图 1-10　亚马逊网站首页

（2）在搜索栏里输入“华为 P40”，查看搜索结果。

（3）选择一个商家，进入商家店铺，浏览商品信息。

（三）浏览慧聪网网站

（1）打开浏览器，在地址栏中输入 http://www.hc360.com/，浏览慧聪网网站，如图 1-11 所示。

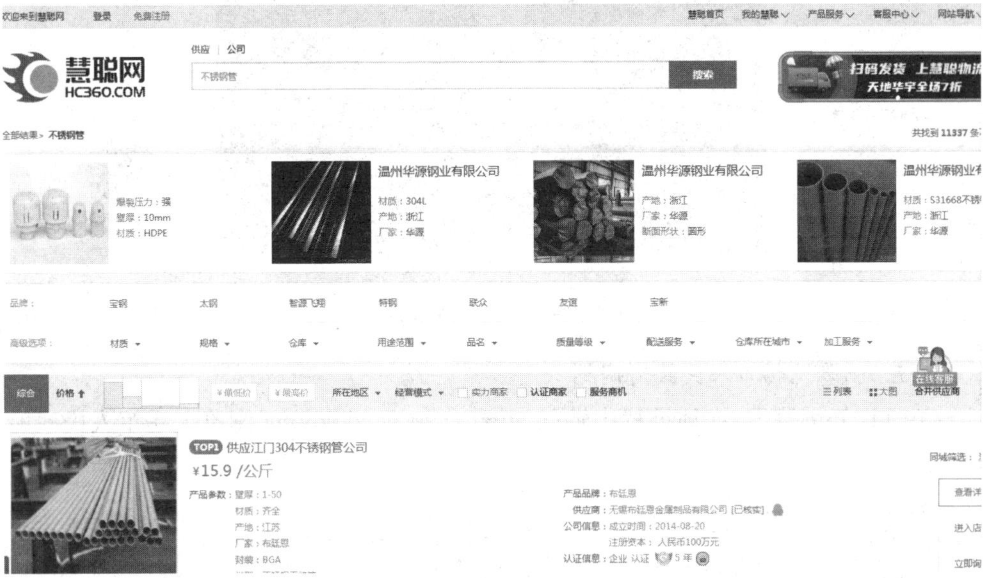

图 1-11　慧聪网首页

（2）在搜索栏里输入“不锈钢管”，查看搜索结果。

（3）选择一个商家，进入商家店铺，浏览商家相关信息。

（4）浏览慧聪网的主页频道，如：供应、求购、公司等，了解慧聪网提供的平台服务内容。

（四）浏览美团网站

（1）打开浏览器，在地址栏中输入 http://www.meituan.com，浏览美团网站，如图 1-12 所示。

（2）在搜索栏输入“川菜”，查看搜索结果。

（3）选择一个商家，进入商家店铺，浏览商家相关信息。

图 1-12　美团网首页

（五）浏览无锡市人民政府网站

（1）打开浏览器，在地址栏中输入 http://www.wuxi.gov.cn，浏览无锡市人民政府网站，如图 1-13 所示。

图 1-13　无锡市人民政府网首页

(2)选择菜单栏上的“办事服务”频道,选择“事项办理”,浏览相关服务信息。

（六）网站模式比较

根据以上操作,以无锡市人民政府网为示例,完成表 1-1 的填写。

表 1-1　网站模式比较

网站名称	网站模式	网站提供服务	同一类型网站举例	赢利模式（选做）
无锡市人民政府网	G2C、G2B	为个人和企业提供政策咨询和网上办事	杭州政府网	无赢利,政府财政支出
慧聪网				
亚马逊				
淘宝网				
美团				

三、相关知识

（一）商业类电子商务

商业类电子商务企业的主要经营内容就是在线销售,例如京东商城、淘宝网和亚马逊等在线销售类网站。

商业类电子商务企业根据其交易对象的不同,可以分为以下几种常见的经营模式。

1.B2B（Business to Business,企业对企业）

B2B 电子商务是指以企业为主体,在企业之间进行的电子商务活动。该模式具体指进行电子商务交易的供需双方都是商家(或企业),它们通过互联网技术或各种商务网络平台完成商务交易。B2B 的代表是阿里巴巴网的电子商务模式。B2B 主要是针对企业内部以及企业与上下游协作厂商之间的资源整合,在互联网上进行的企业与企业间的交易。B2B 借企业内部网(Intranet)建构资讯流通的基础,借外部网络(Extranet)结合产业的上中下游厂商,实现供应链的整合。B2B 电子商务将会为企业带来更低的价格和劳动成本、更高的生产率以及更多的商业机会。

2.B2C（Business to Consumer,企业对消费者）

B2C 就是企业通过网络销售产品或服务给个人消费者。这是消费者利用网络直接参与经济活动的形式,类似于商业电子化的零售商务,即企业通过互联网为消费者提供一个新型的购物环境——网上商店,消费者在网上选购、支付,节省了客户和企业的时间和空间,大大提高了交易效率。如今的 B2C 电子商务网站非常多,比较大型的有淘宝网、京东商城、亚马逊、苏宁易购和唯品会等。

3.C2C（Consumer to Consumer，消费者对消费者）

C2C 是指消费者与消费者之间的互动交易行为。这种交易方式是多变的。C2C 商务平台就是通过为买卖双方提供一个在线交易平台，使卖方可以主动提供商品上网拍卖，而买方可以自行选择商品进行竞价。此外，网上的二手商品交易以及以物易物的行为都可以归入 C2C 模式。

4. 其他模式

除以上 3 种主要的电子商务模式外，还有 B2G 模式、B2T 模式、ABC 模式、B2M 模式、O2O 模式和 P2D 模式等。

1）B2G（Business to Government，企业对政府）

B2G 是企业与政府管理部门之间的电子商务，如政府网上采购、海关电子申报、国税和地税的网上报税等。

2）B2T（Business to Team，企业对团队）

B2T 模式的代表就是网络团购。网络团购是一种新的消费方式，是指互不认识的消费者借助互联网来聚集资金，加大与商家的谈判能力，以求得最优的价格。网络团购这种新的消费方式在各大城市已经非常流行。比较大型的 B2T 网站有美团、聚美优品等。

3）ABC（Agents、Business、Consumer，代理商、企业、消费者之间）

ABC 是一种新型的电子商务模式，代理商、企业和消费者共同搭建集生产、经营、消费于一体的电子商务平台，三者之间可以转化，相互服务，相互支持，真正形成一个利益共同体。

4）B2M（Business to Manager，企业对管理者）

B2M 是一种全新的电子商务模式，其目标客户群是该企业或者该产品的销售者或者为其工作者，而不是最终消费者。

5）O2O（Online to Offline，线上对线下）

O2O 是一种新兴的电子商务模式，它将线下商务机会与互联网结合在一起，让互联网成为线下交易的前台。如饿了么、美团外卖等，其通过搜索引擎和社交平台建立海量网站入口，将网络上的美食消费者吸引到自己的网站，进而引流到当地的实体店中，线下的实体店则承担产品展示与体验的功能。

6）P2D（Provide to Demand，供给方对需求方）

P2D 是一种以供需方为目标的新型电子商务，是一种涵盖范围更为广泛的电子商务模式。在 P2D 电子商务模式中，每个参与个体的供应面和需求面在特定的电子商务平台中都能得到充分满足，充分体现特定环境下的供给端报酬递增和需求端报酬递增。

（二）服务类电子商务企业

服务类电子商务企业是伴随电子商务的发展、基于信息技术衍生的为电子商务活动提供服务的企业。服务类电子商务企业主要为交易类电子商务企业提供各种配套服务。服务内容主要包括交易服务、业务支持服务及信息技术服务。

1. 交易服务

交易服务是指服务类电子商务企业为交易类电子商务企业在交易过程中提供的一系列服务，包括支付、信誉担保等服务内容。

2. 业务支持服务

业务支持服务是指服务类电子商务企业为交易类电子商务企业提供的一系列交易支持服务，包括物流服务、平台服务、管理服务和运营服务等服务内容。

3. 信息技术服务

信息技术服务是指通过促进信息技术系统效能的发挥来帮助用户实现自身目标的服务。信息技术服务主要包括八大类：信息技术咨询、信息技术运维、设计开发服务、测试服务、数据处理服务、集成实施服务、培训服务、信息系统增值服务。其中，与电子商务紧密相关的服务是信息技术咨询，主要功能是协助需求方评估各种信息（IT）技术的顾问服务，具体包括IT战略规划及实施计划、IT系统设计、IT管理和IT工程监理等咨询服务。

四、注意事项

（1）电子商务网站众多，需要学习者在众多网站中选择比较有代表性的网站进行分析比较。

（2）在实际操作过程中，由于各个类型网站提供的服务较多，可以选择课后进行完成。

五、思考与练习

（1）分析比较慧聪网、亚马逊网、淘宝网和美团网的交易对象以及模式的区别。

（2）思考慧聪网、亚马逊网、淘宝网和美团网在频道设置上有什么特点。

（3）分析慧聪网、亚马逊网、淘宝网和美团网的交易流程有什么不同点和共同点。

任务四　电子商务与现代物流

一、学习目标

通过对本任务的学习，学习者应了解物流在电子商务中的作用以及物流对电子商务的影响。

二、任务实施

（一）浏览京东网站，了解京东网站的配送方式

（1）打开浏览器，在地址栏中输入 https://help.jd.com/user/issue/list-81.html，进入京东配送服务说明介绍页面，如图 1-14 所示。

图 1-14 京东配送服务说明页面

（2）在左边“常见问题分类”里选择“配送方式”，查看京东配送方式相关内容。

（二）京东物流案例分析

京东商城的合作模式属于第三方物流的一种典型表现，主要分为 FBP、LBP、SOPL 和 SOP 4 种方式。

1.FBP

京东商城为第三方卖家提供在京东商城上的商品销售、货物仓储与配送及货款收取服务。第三方卖家须向京东商城提供增值税专用发票，京东商城向客户开具普通零售发票。京东商城根据不同类目收取配送费。第三方卖家负责将商品配送到京东商城仓库。

2.LBP

京东商城为第三方卖家提供在京东商城上的商品销售及配送和货款收取服务。第三方卖家须向京东商城提供增值税专用发票，京东商城向客户开具普通零售发票。京东商城集团根据不同类目收取配送费。第三方卖家负责将商品配送到京东商城的分拣中心。

3.SOPL

京东商城集团为第三方卖家提供在京东商城上的商品销售及配送和货款收取服务。第三方卖家直接给客户开具普通零售发票。京东商城根据不同类目收取配送费。第三方卖家负责将商品配送到京东商城的分拣中心。

4.SOP

京东商城仅为第三方卖家提供在京东商城上的商品销售和货款收取服务。第三方卖家直接给客户开具普通零售发票，商品由第三方卖家自己配送。

京东商城各合作模式差异如表 1-2 所示。

表 1-2　京东商城各合作模式差异

合作模式	京东商城店铺	京东商城交易系统	京东商城仓储	京东商城配送	客户自提	京东商城货到付款	京东商城开发票
FBP	✓	✓	✓	✓	✓	✓	✓
LBP	✓	✓		✓	✓	✓	✓
SOPL	✓	✓	✓	✓	✓	✓	
SOP	✓	✓	✓				

（三）了解国内主流的第三方物流公司

本章的第三方物流公司主要是针对电子商务企业而言的，在定义上相对属于狭义的第三方物流公司。国内主要的第三方物流公司如下。

1.“四通一达”

“四通一达”是申通快递、圆通速递、中通快递、百世汇通和韵达快递 5 家民营快递公司的合称。“四通一达”代表了中国绝大多数民营快递企业，它们以低成本和快速扩张为运作模式特征。它们先从低门槛的江浙沪区域做起，逐步建立覆盖全国的快递网络。网点铺设是物流业发展的重中之重。现今，天猫网的大部分快递业务在这 5 家快递公司手上。

2.“菜鸟”

菜鸟网络科技有限公司是 2013 年 5 月 28 日，由阿里巴巴集团、银泰集团联合复星集团、富春集团、“三通一达”（申通、圆通、中通、韵达）以及相关金融机构合作组建成立的。其目标是打造“中国智能物流骨干网”(简称CSN)。“菜鸟”小名字大志向，计划通过5至8年的努力打造一个开放的社会化物流大平台，在全国任意地区都可以做到24小时送达。2016年3月14日，阿里巴巴旗下大数据物流平台公司菜鸟网络宣布已经完成首轮融资，融资额超百亿元，估值近500亿元人民币。菜鸟网络专注打造的中国智能物流骨干网，通过自建、共建、合作、改造等多种模式，在全中国范围内形成一套开放的社会化仓储设施网络。同时利用先进的互联网技术，建立开放、透明、共享的数据应用平台，为电子商务企业、物流公司、仓储企业、第三方物流服务商、供应链服务商等各类企业提供优质服务，支持物流行业向高附加值领域发展和升级，最终建立社会化资源高效协同机制，提升中国社会化物流服务品质。“菜鸟”通过打造智能物流骨干网，对生产流通的数据进行整合运作，实现信息的高速流转，而生产资料、货物则尽量减少流动，以提升效率，这种运作模式将颠覆传统物流模式。

3. 顺丰速运

顺丰速运是国内的快递物流综合服务商，总部位于深圳，经过多年发展，已初步形成了为客户提供一体化综合物流解决方案的能力，不仅提供配送端的物流服务，还延伸至价值链前端的产、供、销、配等环节，从消费者需求出发，以数据为牵引，利用大数据分析和云计算技术，为客户提供仓储管理、销售预测、大数据分析、金融管理等一揽子解决方案。顺丰速运还是一家具有网络规模优势的智能物流运营商。经过多年的潜心经营和前瞻性地战略布局，顺丰速运已形成拥有“天网＋地网＋信息网”三网合一、可覆盖国内外的综合物流服务网络，其直营网络是国内同行中网络控制力强、稳定性高，也是独特稀缺的综合性物流网络体系。顺丰速运采用直营的经营模式，由总部对各分支机构实施统一经营、统一管理，保障了网络整体运营质量，是A股首家采用直营模式的快递公司。

4. 科捷物流

科捷物流践行“供应链＋大数据＋AIoT”的新物流核心战略，基于遍布全国、延伸海外的供应链仓配网络，依托自主知识产权的物流管理系统和供应链大数据应用平台KingKooData，以及融合人工智能(AI)和物联网(IoT)等智能科技的物流系统综合解决方案，为客户提供定制化的一站式供应链服务。

三、相关知识

1. 物流活动的要素

物流是以满足客户需求为目的，为提高原材料、在制品、制成品以及相关信息从供应到消费的流动和储存效率与效益而对其进行的计划、执行和控制的过程。

物流是由对商品的运输、存储、包装、装卸、加工以及信息处理等环节构成，并对各个环节进行综合与复合化的系统。物流通过储存调节商品的需求与供给之间的时间差，通过运输调节商品对空间位置的变化要求。

物流管理就是按时、保质、保量，并且以最低的成本把商品运送到生产与流通领域中有需要的地方，以满足人们对商品在时间与空间上的需求。

物流活动的要素主要包括以下几方面。

1）运输

运输包括输送与配送。输送一般是指利用交通工具一次向单一目的地长距离地运送大量货物。配送是指利用交通工具一次向多个目的地短距离地运送少量货物。

2）存储

存储是物流的另一个重要任务。改变商品的时间状态即存储。存储的静态形式就是库存。库存分基本库存与安全库存。

3）包装

包装的作用是按单位分开商品，便于运输并保护在途货物。很多情况下包装是为了使商品顺利到达消费者手中，当然也为了使商品保持或增加品质。

4）装卸

运输必然伴随着装卸与搬运，它是物流活动的中间环节。装车、分拣、卸车、出入库都是这个环节的内容。

5）加工

这里的加工是必须保持商品原有形式及性质前提下的加工，也就是流通加工，主要是为了促进销售、维护产品质量、实现物流的高效率而进行的加工。

6）信息处理

为了使物流更有效、更快捷、更顺利地进行，用计算机技术与通信技术对物流信息进行处理与评估。

2. 电子商务与物流的相互作用

1）电子商务对物流的影响

电子商务对物流的影响是巨大的。当电子商务作为商业竞争环境时，电子商务对物流的影响表现在以下方面。

（1）物流系统中的信息变成了整个供应链运营的环境基础。

（2）企业的市场竞争将更多地表现为以外联网所代表的企业联盟的竞争。

（3）市场竞争的优势将不再是企业拥有的物质资源很多，而是它能很好地调动、协调整合社会资源来增强自己的市场竞争力。

3. 物流对电子商务具有举足轻重作用的原因

电子商务对物流产生了巨大的影响，同样物流对电子商务也具有举足轻重的作用。原因如下。

（1）物流是实现“以顾客为中心”理念的根本保证。因为如果消费者在网上所购的商品迟迟不能送到他们手中，或所送的商品并非客户所购，消费者就不会再选择网上购物。因此，缺少了现代化的物流技术，电子商务给消费者带来的购物便捷等于零。

（2）物流服务于商流。在电子商务条件下，消费者通过网络购物，完成了商品所有权的交割过程，即商流过程。但电子商务活动并未结束，只有商品实体和服务由供方（卖方）以适当的方式、途径转移至消费者，商务活动才告以终结。

（3）生产的顺利进行需要各类物流活动的支持。生产是商品流通之本，而整个生产过程实际上就是系列化的物流活动。现代物流管理通过降低成本、优化库存结构、减少资金占压、缩短生产周期，保障了现代化生产的高效进行。

可以说在整个电子商务的过程中，物流是以商流的后续者和服务者的姿态出现的。没有现代化的物流，任何商流活动都是一纸空文。

四、注意事项

（1）随着电子商务的发展，其对物流的要求越来越高。建立在现代信息技术和先进管理思想的集成化运作模式之上的物流体系是现代物流的主流。

（2）在电子商务系统中，物流系统具有重要的作用，物流系统滞后的管理会成为电子商务发展的瓶颈，成为电子商务流通中的难点。

五、思考与练习

（1）物流活动的要素主要包括哪些方面？

（2）物流对电子商务的作用有哪些？

（3）目前国内主流的第三方物流公司有哪些？

任务五　电子商务法律法规

一、学习目标

通过对本任务的学习，学习者应掌握电子商务的相关法律法规，并能够依据相关法律法规规范自身在电子商务领域的行为。

二、任务实施

（一）了解网络信息法律法规

网络信息法律法规主要涉及隐私权，以及著作权中的署名权、修改权和保护作品完整权等相关内容。

【案例分析1】

2011年3月15日，贾平凹、韩寒等50位作家公开发布《中国作家声讨百度书》，指责百度文库“偷走了我们的作品，偷走了我们的权利，偷走了我们的财物”。两天后，中国音像协会唱片工作委员会加入“战团”，公开声援文学界维权的呼吁和行动。在舆论压力下，百度承诺三天内彻底删除百度文库内未获授权的作品，对伤害作家感情的行为表示歉意，并随即推出版权合作平台。

试分析以上案例，百度公司涉嫌侵犯了50位作家的什么权利？

（二）了解网络交易的法律法规

通过网络从事商品交易及有关服务行为的自然人，应当向提供网络交易平台服务的经营者提出申请，提交其姓名和地址等真实信息。具备登记注册条件的，依法办理工商登记注册，并按照工商部门的要求进行商品经营活动。

【案例分析2】

离职空姐李晓航和男友多次携带从韩国免税店购买的化妆品入境却未申报，并在淘宝网上销售牟利，被控偷逃海关进口环节税100余万元。前日，二中院对李晓航和男友以及货主褚某进行了宣判，三人均因犯走私普通货物罪获刑。

1. 被控逃税100余万元

李晓航今年30岁，曾是海南航空公司的空姐。褚某曾任韩国三星株式会社有限公司的工程师，并有两次因携带大量化妆品而受到罚款以及行政拘留的处罚经历。

据检方指控，2010年至2011年8个月间，李晓航与褚某预谋，由褚某提供韩国免税店账号，并负责在韩国结算货款，由李晓航伙同男友石某多次在韩国免税店购买化妆品等货物，后以客带货的方式从无申报通道将货物携带入境，并通过李晓航、石某在淘宝网的网店销售牟利，共计偷逃海关进口环节税100余万元。

检方认为，李晓航等三被告分工配合，共同逃避海关监管，应以走私普通货物罪追究其刑事责任。

2. 想靠走私赚钱养活自己

“我认罪，但有部分事实我有异议，金额也不对。”对于指控，在庭审中，李晓航说，她没有预谋逃避海关监管，只是不清楚带化妆品还要交税。此外，李晓航称，订单上的货物并没有全部带回国，有些化妆品在韩国机场就卖给了一个姓李的韩国男子，还有一部分货物是从国内代购网站上买的。

面对公诉人的询问，李晓航哽咽着说："我就想自己赚点生活费，这样可以不再跟父母要钱……我一直是他们的骄傲……没想到犯了法。"

当庭，褚某也称，女友和他分手后拿走了所有的钱，自己最痛苦时是李晓航飞到韩国陪了他4天。"我们公司开有免税店，员工有福利账号。"褚某说，因为他对李晓航的照顾很感动，就帮李晓航用离职同事的信息建了账号，并教会她如何在网上付款。

法院经审理认为，检方指控罪名成立，以走私普通货物罪分别判处李晓航、褚某和石某有期徒刑11年、7年和5年，并各处罚金50万元、35万元和25万元。

■ 链接

《中华人民共和国刑法》第153条、第157条规定，个人犯走私普通货物、物品罪，偷逃应缴税额在5万元以上不满15万元的，处3年以下有期徒刑或者拘役，并处偷逃应缴税额1倍以上5倍以下罚金。偷逃应缴税额在15万元以上不满50万元的，处3年以上10年以下有期徒刑，并处偷逃应缴税额1倍以上5倍以下罚金；情节特别严重的，处10年以上有期徒刑或者无期徒刑，并处偷逃应缴税额1倍以上5倍以下罚金或者没收财产。偷逃应缴税额在50万元以上的，处10年以上有期徒刑或者无期徒刑，并处偷逃应缴税额1倍以上5倍以下罚金或者没收财产；情节特别严重的，处无期徒刑，并处没收财产。

试分析以上案例，思考网络代购应该怎么做才能既合法又有利可图？

（三）了解网上经营过程的法律法规的应用

网上经营要懂法守法，同时也可以运用法律武器保护自己的网上成果。

【案例分析3】

深圳市某生活用品有限公司聘请了专业的摄影师为一款随身杯拍了一系列照片，放到公司和淘宝网店的网页上。在把照片放上网之前，这家公司在深圳市版权协会知识产权平台上申请了时间戳保护，防止照片被盗用。之后不久，这家公司突然发现身在广州的孙某在其用于经营目的的个人网站上，贴出了上述这款随身杯的照片，一共9张，于是将其告上了法庭。深圳市版权协会出具了《关于电子文件时间戳保护的证明》，证明了孙某网站上的照片确系盗用了深圳该家公司的照片。东莞另一家公司也证明，孙某复制的照片确系用于商业用途。于是，广州市天河区人民法院对此案做出一审判决，判被告孙某赔偿原告深圳市某生活用品有限公司经济损失及诉讼费共2万元。

试分析以上案例，思考网上经营如何利用法律法规保护自己的权益。

（四）了解网上创业的政策

为扶持大学生自主创业，近年来，国家相继出台多项优惠政策和鼓励措施。大学生创业初期的企业一般规模小、资金少，因此关注和了解相关税收优惠政策，还是很有必要的。

【案例分析 4】

南京地税局工作人员向有创业意向的大三学生张磊介绍："你明年毕业自主创业从事自主经营，可以在 3 年内以每户每年 8 000 元为限额依次扣减当年实际应缴纳的营业税、城市维护建设税、教育费附加和个人所得税。现在就业形势这么紧张，而政府又给出了这么优惠的条件，为什么不自己创业呢？"在税务工作人员的鼓励下，张磊开设了一家茶餐厅。

毕业的日子临近，已经大四快毕业的张磊却更忙了，他的茶餐厅办得越来越火。地税局的工作人员也早和他交上了朋友，总在第一时间告诉他最近的优惠政策，这不，在地税局工作人员的指导下，张磊刚刚招了 2 位刚毕业的大学生，享受了 3 年内每人每年 4 800 元的营业税减免。总共算下来，3 年享受了 28 800 元的税款减免。"长这么大都没和税务局打过交道，第一次打交道就享受到了这么贴心的服务，有他们的支持，我对创业成功更有信心啦！"

【案例分析 5】

大学生创业优惠政策一般涉及小额贷款、基金扶持、税费减免、创业培训、创业指导等方面。可以通过网站、电话或者相关政府部门办公地点等渠道方便地获取这些信息，巧用优惠政策实现创业梦想。登录无锡市人民政府网站的优惠政策页面（http://www.wuxi.gov.cn/zfxxgk/szfxxgkml/jycy/yhzc/index.shtml）查看《来锡高校毕业生创业相关经费申领细则》《关于促进高校毕业生来锡就业创业的若干措施》等文件。

三、相关知识

电子商务的跨越式发展给现行的法律体系带来了新的挑战。电子商务立法已成为目前国际与国内电子商务界关注的重点。尽快在全球范围内营造良好的电子商务法律环境已成为人们的共识。

1996 年 6 月，联合国国际贸易法委员会颁布了《联合国国际贸易法委员会电子商务示范法》，这是迄今为止世界上第一部关于电子商务的法律。

2001 年 3 月，联合国国际贸易法委员会颁布了《联合国国际贸易法委员会电子签字示范法》，这是联合国国际贸易法委员会继《联合国国际贸易法委员会电子商务示范法》之后，又一部专门针对电子商务的示范法。

在我国，1990 年 9 月颁布的《中华人民共和国著作权法》（以下简称《著作权法》）首次将"计算机软件"列入了著作权的保护范围，随后，《计算机软件保护条例》《中华人民共和国计算机信息系统安全保护条例》《计算机信息网络国际联网出入口信道管理办法》《中国公用计算机互联网国际联网管理办法》《中华人民共和国计算机信息网络国际联网管理暂行规定》《中国互联网络域名注册暂行管理办法》《中国互联网络域名注册实施细则》《计算机信息网络国际联网保密管理规定》《电子出版物出版管理规定》《互联网电子公告服务管理规定》《最高人民法院关于审理涉及计算机网络著作权纠纷案件适用法律若干问题的解释》和《互联网信息服务管理办法》等一大批法律、法规、规章、司法解释相继出台，为我国大力发展电子商务提供了法律保障。

2013 年 12 月 27 号，全国人大常委会正式启动了《中华人民共和国电子商务法》的立法进程。《中华人民共和国电子商务法》是政府调整、企业和个人以数据电文为交易手段，通过信息网络所产生的，因交易形式所引起的各种商事交易关系，以及与这种商事交易关系密切相关的社会关系、政府管理关系的法律规范的总称。

2018 年 8 月 31 日，十三届全国人大常委会第五次会议表决通过《中华人民共和国电子商务法》，该法自 2019 年 1 月 1 日起施行。

1. 电子商务交易安全需求

电子商务是在开放的系统上进行的贸易，支付信息、订货信息、谈判信息、机密的商务往来文件等商务信息都在计算机系统中存放、传输和处理，其安全问题如果没有得到很好的解决，将严重危害电子商务的发展。电子商务安全不仅涉及硬件，也涉及软件，软件是电子商务安全的关键。

电子商务交易安全中普遍存在以下几种安全隐患：窃取信息、篡改信息、假冒、恶意破坏等。针对这些电子商务交易中的安全隐患，电子商务系统应保证以下几个方面。

1）信息保密性

交易中的商务信息均有保密的要求。如信用卡的账号和用户名等不能被他人知悉，因此在信息传播中一般均有加密的要求。

2）交易者身份的确定性

网上交易的双方很可能素昧平生，相隔千里。要使交易成功，首先要能确认对方的身份，商家要确认客户不是骗子，而客户也要确认网上的商店不是玩弄欺诈的黑店。因此能方便而可靠地确认对方身份是交易的前提。

3）不可否认性

由于商情的瞬息万变，交易一旦达成是不能被否认的，否则必然会损害一方的利益。因此，电子交易通信过程的各个环节都必须是不可否认的。

4）不可修改性

交易的文件是不可被修改的，否则也必然会损害一方的商业利益。因此电子交易文件也要能做到不可修改，以保障商务交易的严肃性和公正性。

2. 电子商务立法涉及的主要内容

电子商务立法主要涉及以下内容。

1）市场准入

市场准入是电子商务发展，特别是跨国界发展的必要条件。

2）税收

由于电子商务交易方式的特点，给税收管辖权的确定带来困难，因而引起了改革传统税收法律制度、维护国家财政税收利益的课题。

3）电子商务合同的成立

电子商务方式是由买卖双方通过电子数据传递实现的，其合同的订立与传统商务合同的订立有许多不同之处，因而需要对电子商务合同的成立做出相应的法律调整。

4）安全与保密

在电子数据传输的过程中，安全和保密是电子商务发展的一项基本要求。

5）知识产权

全球电子商务的迅速普及，使现行知识产权保护制度面临新的更加复杂的挑战。电子商务中出现的涉及知识产权法律体系的问题主要是著作权问题和商标权问题。

6）隐私权保护

满足消费者在保护个人资料和隐私方面的愿望是构建全球电子商务框架必须考虑的问题。

7）电子支付

电子支付的产生使货币从有形流动转变为无形的信用信息在网上流动，因而将对国际商务活动与银行业产生深远的影响。

3. 电子商务立法原则

《电子商务法》第三条提到，国家鼓励发展电子商务新业态，创新商业模式，促进电子商务技术研发和推广应用，推进电子商务诚信体系建设，营造有利于电子商务创新发展的市场环境，充分发挥电子商务在推动高质量发展、满足人民日益增长的美好生活需要、构建开放型经济方面的重要作用。

1）技术中立原则

是指政府或立法机构对于各种有关电子商务的技术、软件、媒体等采取中立的态度，由实际从事电子商务者和信息服务中介商自己根据技术发展选择采取新的或与国际社会接轨的技术，政府应当不偏不倚，鼓励新技术的采用和推广。只有这样才能建立开放的、全球性的电子商务运行的法制环境。电子商务法旨在提供必不可少的程序和原则，以利于在各种不同情况下使用现代技术记录和传递信息。但是，在电子商务法的起草过程中不应偏重任何技术手段。例如，电子商务法不应当确定一种相当于任何一种书面文件的计算机技术等同物；相反，电子商务法只需要提出书面形式要求中的基本作用，以作为标准。任何数据电文，不管采用什么技术，一旦达到这些标准，即可同起着相同作用的相应书面文件一样，享受同等程度的法律认可。技术中立原则还意味着，电子商务立法必须考虑信息技术的高速发展趋势，为新技术的采纳留有余地，或者不应排斥对新技术的采纳，以适应电子技术和电子商务模式的新发展。

2）尊重当事人意思自治及市场导向原则

所谓尊重当事人意思自治及市场导向原则，是指电子商务法应当尊重当事人意思自治原则以及市场导向原则，消费者应可在政府介入程度最低的情况下，在网络上自由买卖商品或服务。该原则可以从两个方面来理解。

第一，从政策的角度，国家应当采取适当的鼓励措施，促进电子商务交易形式的普及和运用，电子商务需要法律规制，电子商务也需要政府管制，但是，所有这些强制性规制只是为了给电子商务创造一个良好的法律环境和制度保障。尤其是电子商务还是一种新生事物，许多规范尚需要探索和实践，国家应当鼓励和尊重市场导向。在市场准入方面，应当降低市场准入门槛；在税收方面应鼓励企业采取电子商务，同时积极寻找课税的新途径和新方法。

第二，从法律规范的角度，电子商务法应尽可能地为当事人自治和行业自治原则留有余地，在交易某些领域的法律规范仍然强调引导性、任意性，为当事人全面表达与实现自己的意愿预留充分的空间；在法律实施领域坚持私法自治原则，只要现行法律没有禁止的，就是允许的或者不视为违法，只要法律没有强制规定，那么当事人之间安排就是合法的。这种态度有利于商家不断地探索电子商务运行的经验和习惯，有利于形成成熟的行为规范。

3）体系化和必要性原则

体系化是指任何一个国家的法律要得到较好的实施，一个很关键的要求就是法律之间应当无矛盾，互相兼容，形成一个完善的法律体系。同样，电子商务法要得到实施，必须要和其他法律互相兼容、互相协调。反过来，如果当现行法律对电子商务的发展造成障碍的时候，就应当对现行法律作出修正。因此，电子商务立法不仅意味着制订新的法律，还意味着改或者废。比如，德国的《信息与通讯服务法》就对《通讯服务使用法》、《通讯服务中个人信息的保护法》、《电子签名法》、《刑法典修正案》、《行政违法修正案》、《禁止对未成年人传播不道德出版物修正案》、《版权法修正案》、《价格标示法修正案》等多部法律进行了修正。必要性原则意味着，对于经由网络发生的商业活动，政府应避免制定不必要的法律规则，只有在现行法律仅在影响电子商务发展而属必要时，始作修正；而仅有在原先的法律不能规范电子商务活动时，始有必要另行制定新的法规。此一原则之目的乃在于消除电子商务交易与传统交易方式之鸿沟。

4）功能等同原则

这是联合国贸法会《电子商务示范法》提出的，是指根据针对纸质文件的不同法律要求的作用，使数据通信与相应的具有同等作用的纸质文件一样，享受同等的法律地位和待遇。现行的法律都是以纸质文件为基础而订立的，而电子商务中的各种信息都是存储在磁介质上，一旦电子商务出现法律问题，在适用现行的法律时，因为磁介质信息不同于纸质文件，难以产生与纸质文件同等的法律效力，就会为司法实践带来困难和困惑，故在电子商务法中应实行作用等同原则。这一原则的出现为电子商务适用现行法律扫清了障碍，为电子商务的发展提供了坚强的法律支持。如各国电子商务法规定电子证据与传统书面证据享有同样的法律地位。

5）国际协调原则

是指各国在立法过程中尽量采纳一套国际上可接受的规则，以便排除传统法律中的障碍，为电子商务创造更加安全的法律环境。电子商务是无地域界线或超国界的商业方式，因此，它比传统商业活动更需要采取统一规则。在这方面，联合国贸易法委员会《电子商务示范法》率先确立了一些基本原则，为电子商务立法基本原则统一奠定了基础。事实上，之后许多国家立法均采纳了示范法的基本原则。因此，我国电子商务立法也应当尽量与联合国《电子商务示范法》保持一致，这样有利于我国电子商务规范与世界接轨。与此同时，吸收其他国际组织和发达国家成熟的立法经验，既可以避免走弯路，同时也可以减少磨擦和规则冲突，使我国立法一开始就融入到全球电子商务大环境中。

6）保护消费者权益原则

是指网络上对于消费者的保护不能小于其他环境下对于消费者的保护。国家应提供清楚、一致且可预测的法律架构，以促进对网络交易当事人的保护。从各国电子商务立法来看，美国的电子商务立法侧重于具体技术的解决，而忽略了消费者权益的保护，实际上，由于美国是判例法国家，消费者权益的保护可以得到很好的解决。而欧洲国家在电子商务立法时则侧重于消费者权益的保护，由于欧洲国家大部分是大陆法系，在电子商务立法时对消费者权益的保护加以规定是必要的。我国属于大陆法系，在电子商务立法时，不仅要解决电子商务技术问题，也应当对消费者权益的保护加以规定。

7）安全原则

是指确立保障电子商务交易的安全规范，使电子商务在安全和公平的法律环境下运行。商法的基本目标是保障商事交易安全，而电子商务法更是如此。电子商务法是在虚拟的环境中运行，在线交易给人们带来效率的同时，也带来不安全因素。因为在线交易是全球性的、非面对面的交易、是以电子信息或数据电文为手段的，这里不仅有传统法律环境下的不安全，如对方丧失履约能力，而且存在特有的风险，比如交易当事人是否真实存在、资信如何等。因此，电子商务法具有特有保障其交易安全的规范如数字签字、身份认证制度等。安全原则是电子商务立法中强制性规范立法的基础。在民商事交易领域，法律之所以对主体资格、契约形式、契约效力等存在强制性规范，其自的就是为保障交易安全。例如对认证程序和认证机构的强制性规定，对网上交易格式条款的监督、对网上广告的监督、对缔结过程的提示义务的规定等强制性规定均是为了保护交易的安全和公平。

四、注意事项

网上经营与传统经营一样，都必须守法。需要具备基本的法律知识，熟悉网上交易法律法规，遵守相关法律法规，保护客户的网络隐私权，倡导电商诚信守法经营，构建放心消费网络环境，在守法经营的同时能够运用法律武器保护自身的合法权益。

五、思考与练习

（1）电子商务交易过程中的安全需求主要有哪些？

（2）电子商务立法主要涉及哪几个方面的内容？

（3）目前你所了解的我国在电子商务方面的法律法规有哪些？

第二章　电子商务商品信息制作

技能项目：

掌握拍摄商品照片的技巧；
掌握商品图片处理的技巧。

相关知识：

商品拍摄的基本知识；
常用的图片处理工具；
商品图片制作的一般内容；
图像的基本知识；
商品信息文案的写作常识。

任务一　商品拍摄

一、学习目标

通过本任务的学习，学习者应了解如何拍出一张具有商业价值的商品照片，掌握商品拍摄的基本知识。

二、任务实施

（一）小家电产品的拍摄

以豆浆机的拍摄为例，拍摄效果如图 2-1 所示。

拍摄要求：底灯功率不宜过大，背景略白，使产品直立，水平拍摄。

（1）灯光的选择：选择 250 W 闪光灯三盏。

（2）相机的选择：选择单反相机，如佳能 5D。

（3）光圈和快门：F13、1/125 秒。

（4）ISO 感光度：100。

（5）布光方式如图 2-2 所示。一盏灯作底灯效果打亮静物台作白背景，另两盏灯分别在产品前方左右 45° 产生高光效果。

图 2-1　豆浆机拍摄效果

图 2-2　豆浆机拍摄布光方式

（二）服装类产品的拍摄

以连衣裙为例，拍摄效果如图 2-3 所示。

拍摄要求：前方左右两盏灯功率输出要比主灯稍弱些。

（1）灯光的选择：选择 250 W 闪光灯三盏。

（2）相机的选择：选择单反相机，如佳能 5D。

（3）光圈和快门：F16、1/125 秒。

（4）ISO 感光度：100。

（5）布光方式如图 2-4 所示。一盏灯在产品后上方作主光，另两盏分别在产品前方左右 45° 。

图 2-3　连衣裙拍摄效果

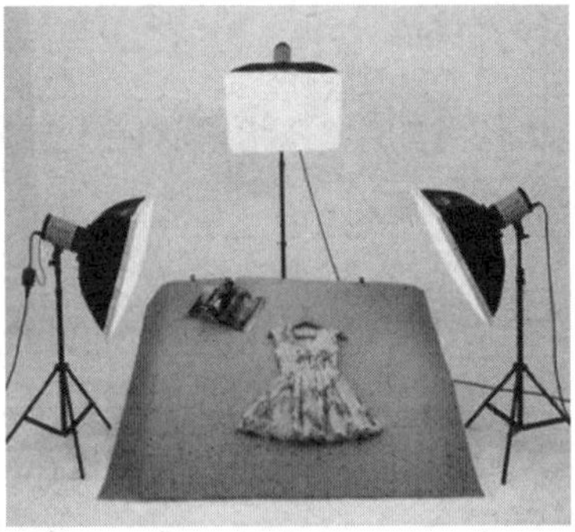

图 2-4　连衣裙拍摄布光方式

（三）透明产品的拍摄

以化妆品为例，拍摄效果如图 2-5 所示。

拍摄要求：将产品打透即可，前立两灯呈 45° 拍摄。

（1）灯光的选择：选择 250 W 闪光灯三盏。

（2）相机的选择：选择单反相机，如佳能 5D。

（3）光圈和快门：F13、1/125 秒。

（4）ISO 感光度：100。

（5）布光方式如图 2-6 所示。一盏灯从硫酸纸背后打逆光把产品打透，另两盏分别在产品前方左右 45° 产生高光效果。

图 2-5　化妆品拍摄效果

图 2-6　化妆品拍摄布光方式

（四）金属质地产品拍摄

以水龙头为例，拍摄效果如图 2-7 所示。

拍摄要求：水龙头是高反光产品，金属感很强，拍摄此类产品时需要有足够的柔光布局，把产品包裹起来，通过灯光反射到产品来显示质感和线条。

（1）灯光的选择：选择 250 W 闪光灯三盏。

（2）相机的选择：选择单反相机，如佳能 5D。

（3）光圈和快门：F16 、1/125 秒。

（4）ISO 感光度：100。

（5）布光方式如图 2-8 所示。背部打正逆高光，打到水龙头的把顶上，左右侧各放一个柔光板，柔光板的夹角把柔光反射到水龙头上，形成水龙头轮廓和合理的光线。

图 2-7　水龙头拍摄效果

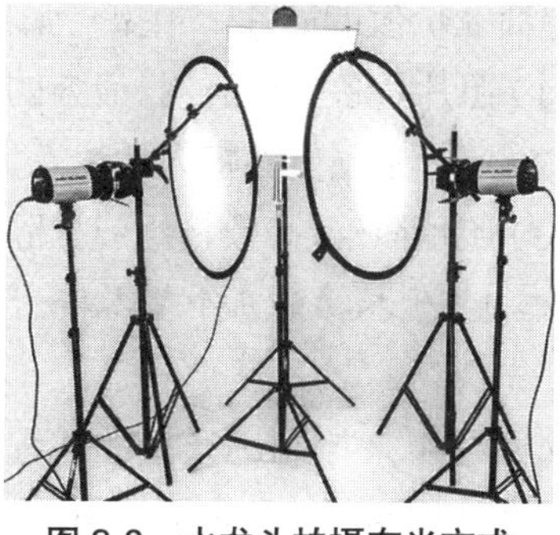

图 2-8　水龙头拍摄布光方式

（五）产品包装盒的拍摄

包装盒拍摄效果如图 2-9 所示。

拍摄要求：能够拍出产品包装盒的质感，拍摄时注意使产品直立，水平拍摄，防止透视畸变。

（1）灯光的选择：选择 250 W 闪光灯两盏。

（2）相机的选择：选择单反相机，如佳能 5D。

（3）光圈和快门：F16、1/125 秒。

（4）ISO 感光度：100。

（5）布光方式如图 2-10 所示。两盏灯在产品左右两侧 45° 布置，左侧灯的功率较高，可以作主光。

图 2-9　包装盒拍摄效果

图 2-10　包装盒拍摄布光方式

三、相关知识

（一）商品照片的基本标准

用数码相机拍摄的照片，只能称之为产品照片，而能够称为商品照片的照片是具有一定商业价值的照片。拍摄一张具有商业价值的商品照片要有以下 3 个标准。

（1）照片具备一个鲜明、清晰的主题。

（2）照片必须能够把人的注意力引向被拍摄物体。

（3）照片简洁，必须挤压或排除掉不能烘托或分散注意力的元素。

（二）关于拍摄的几个基本概念

1. 光圈

光圈是用来控制进光量的装置。如图 2-11 所示，光圈大小和光圈 F 值成反比，光圈越大，F 值越小，进光量越小；光圈越小，F 值越大，进光量越大。进光量的多少会影响照片亮度。

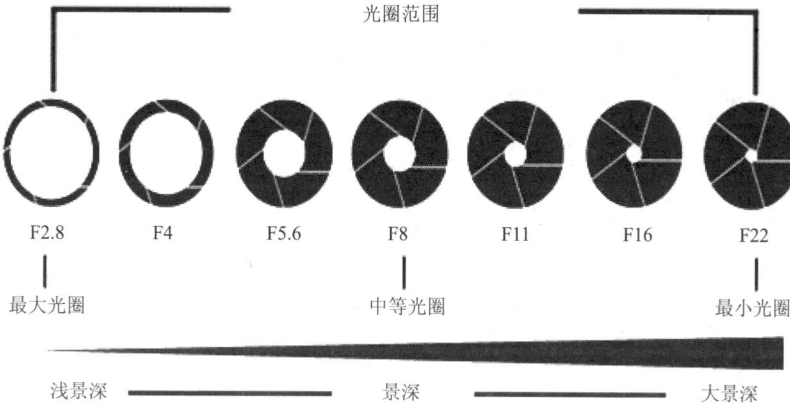

图 2-11　光圈与 F 值

2. 景深

用相机对着被拍摄物体轻按快门，相机会对被拍摄物体进行“对焦”。焦点前后都很清晰的这一范围称作“景深”。景深的使用往往用来突出被拍摄的主题和显示景物纵深的清晰范围。

影响景深的三要素如下。

（1）被拍摄物体离相机越近，景深越小；被拍摄物体离相机越远，景深越大。

（2）光圈越大（F 值越小），景深越小；光圈越小（F 值越大），景深越大。

（3）镜头焦距越长，景深越小；焦距越短，景深越大。

3. 快门

快门是相机用来控制光线照射感光元件时间的装置。快门的速度单位是“秒”，以 S 值表示。在同样的光源条件下，光圈越大，快门速度越快；光圈越小，快门速度越慢。

4. ISO 感光度

ISO 感光度是类似于胶卷感光度的一个指标。数码相机的 ISO 感光度是通过调整感光元件的灵敏度或者合并感光点来实现的。

一般而言，感光度设置得越高，底片的颗粒感越严重，放大后的效果就越差。低 ISO 值，会让产品拍摄得更加细腻，突出更多的商品细节（适合产品拍摄）。高 ISO 值，会使照片的颗粒感变得严重，带来更多的噪点，同时也会损失更多的细节（不适合产品拍摄）。

5. 曝光补偿

曝光补偿是一种曝光控制方式，以 EV 值表示。如果环境光源偏暗，即可增加曝光值，以突显画面的清晰度；相反，如果环境光源偏亮，即可减少曝光值，以突显画面的清晰度。

总结曝光补偿的小技巧如下。

（1）拍摄时不建议使用自动曝光补偿。

（2）用黑底拍摄产品，向负数补偿两挡。

（3）用白底拍摄产品，向正数补偿两挡。

6. 微距摄影

微距摄影是指以非常近的距离进行拍摄。微距摄影在网店商品的拍摄中应用比较广泛，尤其是它对商品细节表现得比较到位，拍摄出来的画面层次更加清晰。在单反数码相机上，微距功能的标识往往用小花来表示。

选择微距模式进行微距拍摄时，需要注意以下几点。

（1）在微距摄影时，相机与被拍摄商品距离很近，如果想要突出商品的部分细节，可以运用较大的光圈。

（2）拍摄时相机如果晃动就可能造成图像模糊，所以通常要选择较快的快门速度，或者设法将相机固定在三脚架上。

（3）当相机与被拍摄物体的距离较近时，相机本身就会对周围环境光线造成比较明显的遮挡，使得被拍摄物体可能得不到足够的光照；同时，闪光灯的照明度可能过强而导致曝光过度。因而，在微距拍摄时要特别注意商品的照明。

7. 色温与白平衡

1）色温

色温就是物体发光时所达到的温度。正午阳光直射下的色温约为 5 600 K；阴天更接近室内，色温为 3 200 K；日出或日落时的色温约为 2 000 K；烛光的色温约为 1 000 K。这时我们不难发现一个规律：色温越高，光色越偏蓝；色温越低，光色越偏红。

2）白平衡

白平衡是以白色为基色来还原其他颜色。白平衡是描述红、绿、蓝三基色混合后白色精确度的一项指标。它是控制拍摄出来的图片颜色还原度的功能设置。相机上的白平衡功能按钮标识为“WB”。

在各种光源下白色物体的颜色是有些差别的。光源的色彩会影响到被拍摄物体反射出的颜色，有的呈冷色系（比如淡蓝色），有的呈暖色系（比如黄色或红色）。为了使最后拍出来的照片还原出被拍摄物体正确的色彩，使白色物体能够呈现出人类肉眼所看到的正常的白色，数码相机需要根据光源来调整色彩，这种调整就叫作色彩的“白平衡”。

8. 布光

在摄影室里进行拍摄一般都采用辅助光源进行照明，因此需要进行有效的布光。光是让被拍摄物体的形象塑造更具有表现力的关键因素。

拍摄中的布光多种多样。充分了解并学习布光，对于呈现一张好的商品照片尤为重要。拍摄中的布光主要包括顺光、两侧 45° 布光、侧光、前后交叉布光、逆光等。

（1）顺光，亦称“正面光”，即光线投射方向跟相机拍摄方向一致的照明。这是商品拍摄中最常用的布光方式，正面投射来的光线全面而均衡，商品表现全面，不会有暗角。

（2）两侧 45° 布光，侧顺光（斜侧光），即光线投射水平方向与相机拍摄方向成 45° 左右时的摄影照明。它使商品的顶部受光，正面没有完全受光，适合拍摄外形扁平的小商品，不适合拍摄立体感较强且有一定高度的商品。

（3）侧光，即光线投射方向与拍摄方向成 90° 左右的照明。受侧光照明的物体有明显的阴暗面和投影，对景物的立体形状和质感有较强的表现力。

（4）前后交叉布光，即前侧光和逆侧光的组合，既表现出商品的层次，又保全了所有的细节。

（5）逆光，亦称“背面光”，即来自被拍摄物体后面的光线照明，只能照亮被拍摄物体的轮廓，除拍摄需要表现如琉璃、镂空雕刻等具有通透性的商品外，最好不要轻易尝试这种布光方式。

不同材质、不同类型的产品摄影实拍布光方式不尽相同，如图 2-12 所示。

9. 场景

运用和选择场景宏观上可以影响照片的叙事风格和造型风格，从而决定商品照片的风格，有利于商品形象的塑造，能够表现一种空间感。

常用的场景类型有 4 种：内景、外景、实景、棚拍。

（1）内景即室内真实环境或人工搭建的生活场景。在室内搭建实景进行拍摄比摄影棚内的背景纸更具有立体感、现场感和真实感，对比也更加强烈。

（2）外景即大自然中自然景观的场景。

（3）实景即人类居住和活动的自然建筑的场景。

（4）棚拍即室内搭建拍摄场景，有辅助光源、背景。

10. 取景与构图

1）取景

取景和构图在很大程度上对照片的美观起着决定性作用。取景是选择把哪些景物摄入镜头，而构图是对摄入镜头的景和物进行合理的组合。

在大多数情况下，取景和构图是同时完成的。和取景相关的几个因素如下。

（1）拍摄距离。拍摄距离有远景、全景、中景、近景以及特写。

图 2-12　各种不同材质、不同类型的产品摄影实拍布光

(a)豆浆机布光方法；(b)高反光产品布光方法；(c)服装平铺布光方法；(d)服装挂拍布光方法；(e)金属布光方法；(f)产品包装盒布光方法；(g)自行车布光方法；(h)旅行箱布光方法；(i)鞋子布光方法；(j)腰带布光方法；(k)化妆品布光方法；(l)啤酒、饮料布光方法；(m)手机布光方法；(n)皮包布光方法；(o)手机壳布光方法

（2）横、竖版面。横、竖版面的选择在于主体的横、竖，主体移动的方向以及主体和陪体、环境的关系。结构中心应在视觉中心上。

（3）突出主体。利用主体的位置和陪体、环境的指引突出主体；利用对比突出主体。

（4）前景与背景的关系。一张照片可以没有前景，但绝对不会没有背景。

（5）透视规律的应用。这主要包括线条透视和空气透视等。线条透视的原理是人们观察景物有"近大远小"的视觉效果。空气透视的原理是光线通过大气层时，由于空气介质对光线的扩散作用，空间距离不同的景物在明暗反差、轮廓的清晰度及色彩的饱和度等方面也都不同。影响透视关系的因素主要有两个：一个是被摄体与拍摄位置的关系，拍摄位置离被摄体越近，透视效果越明显；另一个是在被摄体与拍摄位置不变的条件下，镜头焦距越短，透视效果越明显，反之则透视效果越不明显。

2）构图

构图要突出主体（被拍摄产品）并且有主题思想，然后从主题思想出发，通过取景使照片的画面能够有力地表达其思想内容和拍摄者的观点，说明问题，吸引和感染消费者。构图的要求是简洁、完整、生动和稳定。

常用的构图方法如下。

（1）对称构图。如图 2-13 所示，以画面的中轴为分割线，让画面出现对称的效果，在视觉上也能带来别样的新鲜感。对称构图的优点在于平衡、稳定、相呼应，但是呆板、缺少变化是它的缺点，常用于表现对称的物体、建筑、特殊风格的物体。

（2）三分构图。如图 2-14 所示，将画面以"井"字分割，再将需要表现的被摄主体放置在 4 个交叉点中的一个即可。这种画面构图，表现鲜明，构图简练，可用于特写（指人体肩部以上）、近景（指人体胸部以上）、中景（指人体膝部以上）、全景（人体的全部和周围背景）和远景（被摄体所处环境）等不同拍摄距离。

图 2-13　对称构图效果

图 2-14　三分构图效果

（3）对角线构图。如图 2-15 所示，阴影位置设置为"上下左右"，阴影透明度设置为“3%”。

（4）三角形构图。如图 2-16 所示，以三个视觉中心为景物的主要位置，有时是以三点成面几何构成来安排景物，形成一个稳定的三角形。三角形构图是最简单且最稳定的构图。如果画面呈倒三角形，会带来不安定的视觉感受。

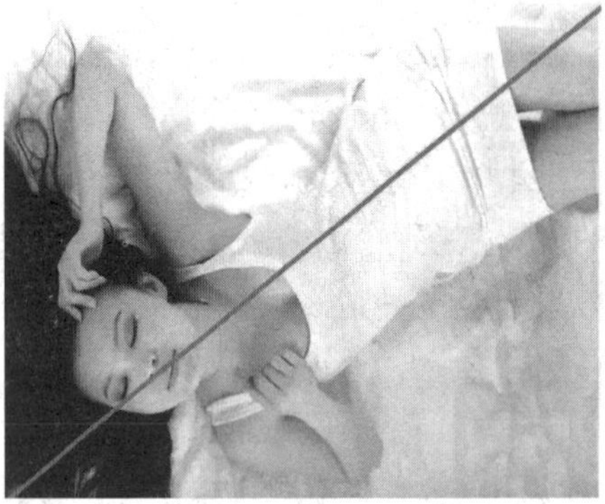

图 2-15　对角线构图效果

图 2-16　三角形构图效果

（5）临场感的框景式构图。如图 2-17 所示，善用场景中的框架，若拍摄画面中出现了门、窗等自然框架，可以妥善发挥运用。框景式构图是利用拍摄现场的框景物将拍摄对象限定在框景内，此时框景与拍摄对象和画面背景以更紧密的形式呈现。这种构图方式可以压迫和引导观者的视觉，使观者在欣赏照片时产生强烈的临场感。

（6）中央构图。如图 2-18 所示，中央构图往往将主体放在画面的最中央，这样能更加突出主体。中央构图往往用在特写被摄对象时。虽然这样的画面构图没有黄金分割法构图经典，但可以将观者的视线引向画面的中心。这种构图常用在表现人像、花卉、建筑局部特写的拍摄中。

图 2-17　临场感的框景式构图效果

图 2-18　中央构图效果

（7）曲线构图。如图 2-19 所示，曲线构图就是指以曲线为主构成画面的构图手法。河流蜿蜒的曲线展现出一种无限的延伸感，给人遐想的空间。

（8）水平线构图。如图 2-20 所示，水平线构图是指画面中以水平线为主构成画面。通常在风景、建筑摄影中常用水平线构图。运用水平线构图的时候，要特别注意水平线的位置，通常建议将水平线安排在画面的三等分线处，不宜用水平线将画面进行二等分。另外，水平线在画面中要保持绝对的平直，不能歪斜，否则画面的均衡感会被破坏。

图 2-19　曲线构图效果

图 2-20　水平线构图效果

四、注意事项

（1）摄影是技术和艺术的综合体。拍摄者除了掌握一般的摄影技术外，还需要有一定的艺术构思和表现形式，才能拍出具有美感的作品。

（2）商品拍摄和一般摄影有一些区别，但基本的布光和构图思路是一致的。

（3）本任务的构图部分是一般摄影构图的技巧，商品构图往往需要结合具体产品进行构图。

五、思考与练习

（1）商品照片的基本标准主要包括什么？

（2）简述光圈和景深的关系。

（3）常用的摄影布光方式有哪些？

（4）简述常用的构图方法。

任务二　商品美工

一、学习目标

通过本任务的学习要学会调整图片的亮度、色调、大小等参数；通过对图片进行一定的修饰，掌握商品照片制作的一般内容以及图像的一些基本知识。

二、任务实施

当商品照片拍摄好后，有时候根据需要会进行相应的处理，除了调整照片的亮度、色调、大小等外，还需要对照片进行一定的修饰。下面以光影魔术手软件的使用为例，对商品美工的步骤进行讲解。

1. 裁剪

（1）下载光影魔术手软件并安装。

（2）选择一个拍摄好的商品照片。

（3）运行光影魔术手并打开需要处理的照片，在进行图片处理之前单击右下的“对比”按钮，这样可以显示出和原图的明显的实时对比效果。图片的剪裁效果如图2-21所示。

图 2-21　图片的剪裁效果

（4）在菜单栏中单击“裁剪”，在图片中从左上往右下拉框直到合适的位置松手，然后双击完成剪裁。

2. 缩放尺寸

(1)打开需要缩放尺寸的商品照片。

(2)在菜单栏中单击“尺寸”,勾选“锁定宽高比”,将高度值修改为“700”,单击“确定”按钮完成尺寸缩放。图片的缩放效果如图 2-22 所示。

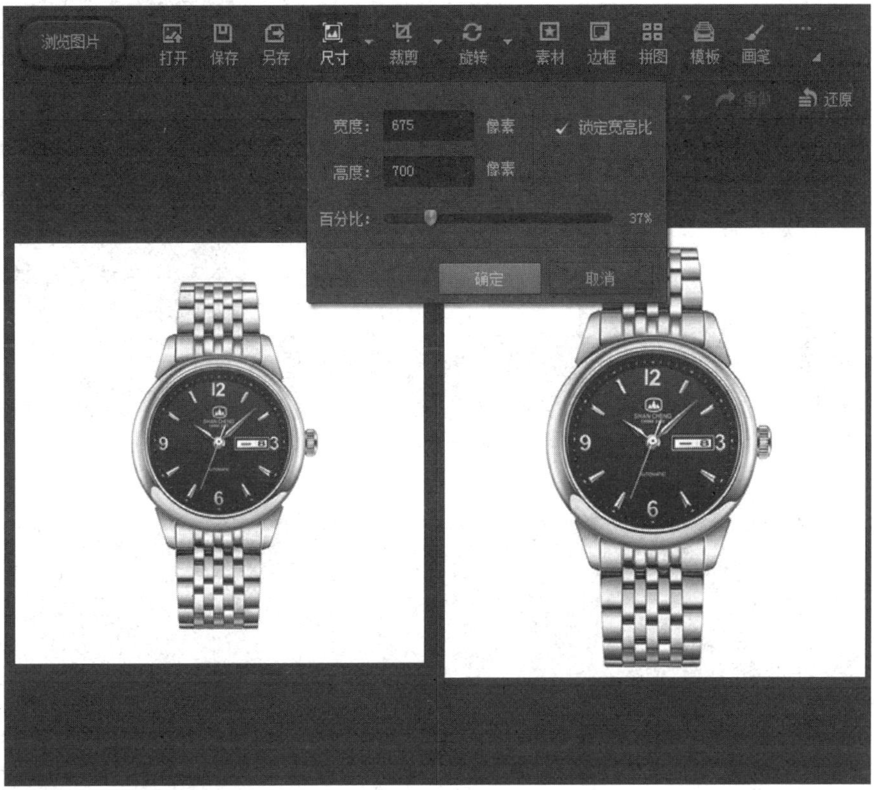

图 2-22 图片的缩放效果

3. 颜色调整

(1)打开需要调整颜色的商品照片。

(2)在右边栏中单击“色阶”旁边的小三角,出现调整曲线,使白色滑块向黑色滑块靠拢,使图片变亮(使黑色滑块向白色滑块靠拢可使图片变暗)。图片的颜色调整效果如图 2-23 所示。

4. 添加文字

(1)打开需要添加文字的商品照片。

(2)在右边栏的上方单击“文字”按钮,在输入框中输入“SHAN CHENG”,“颜色”选择“黑色”,字体选择“华文细黑”,大小选择“80”,然后拖动图中的文字框到合适的位置。添加文字效果如图 2-24 所示。

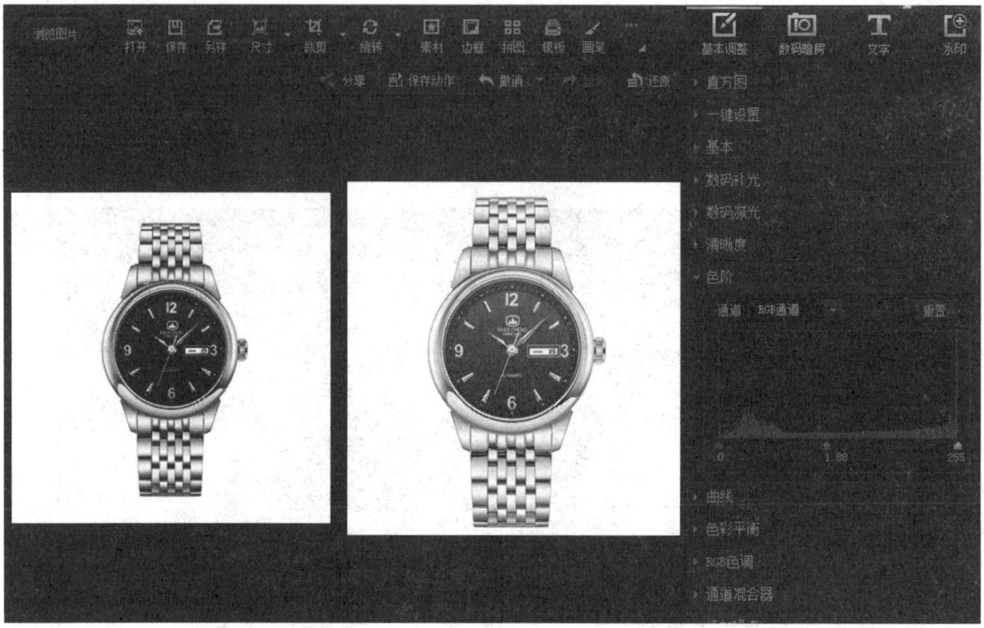

图 2-23　图片的颜色调整效果

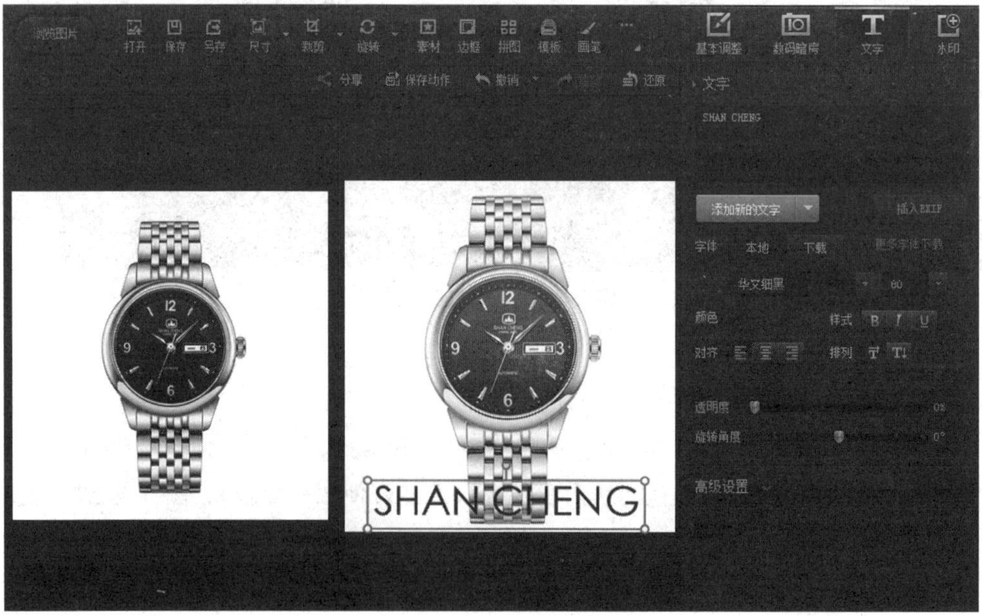

图 2-24　添加文字效果

5. 添加边框

（1）打开需要添加边框的商品照片。

（2）单击菜单栏中的“边框”按钮，选择合适的边框，此处以自定义扩边为例。边框选择界面如图 2-25 所示。

图 2-25　边框选择界面

（3）勾选“四边同步”，“阴影位置”设置为“上”“下”“左”“右”各 3%，“阴影透明度”设置为“25%”，“阴影颜色”选择“黑色”，单击“确定”按钮，完成添加边框。添加边框效果如图 2-26 所示。

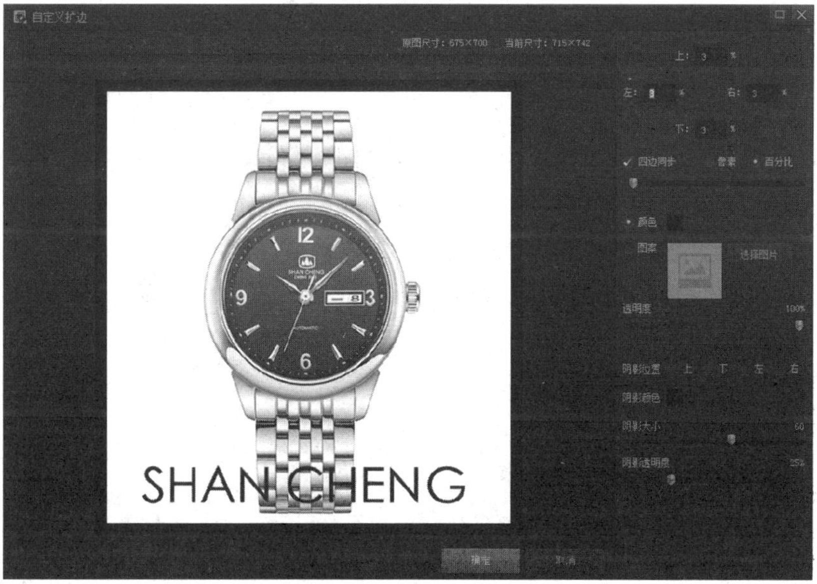

图 2-26　添加边框效果

6. 添加水印

（1）打开需要添加水印的商品照片。

（2）在右边栏上方选择“水印”，单击“添加水印”按钮，选择淘宝网水印图，设置“透明度”为“50%”，然后调整合适的大小，将水印拖动到合适的位置。添加水印后效果如图 2-27 所示。

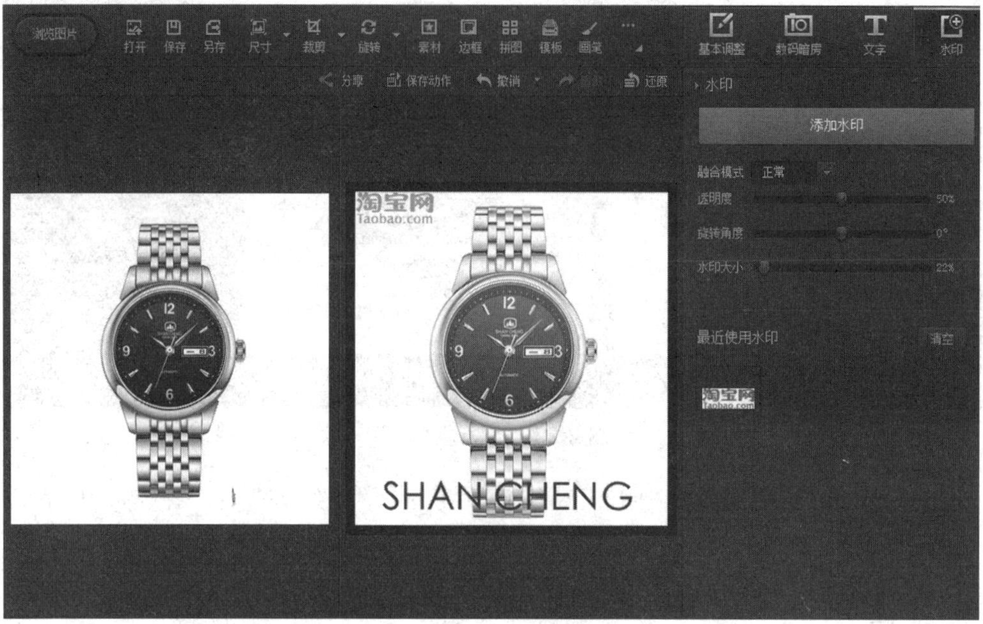

图 2-27　添加水印后效果

7. 图片拼接

（1）打开光影魔术手。

（2）单击菜单栏中的“拼图”铵钮，选择“图片拼接”。图片拼接选项界面如图 2-28 所示。

（3）单击“添加多张图片”按钮，选择所需要的商品照片，勾选“图片自动进入画布”，单击“确定”按钮，完成拼接。图片拼接后效果如图 2-29 所示。

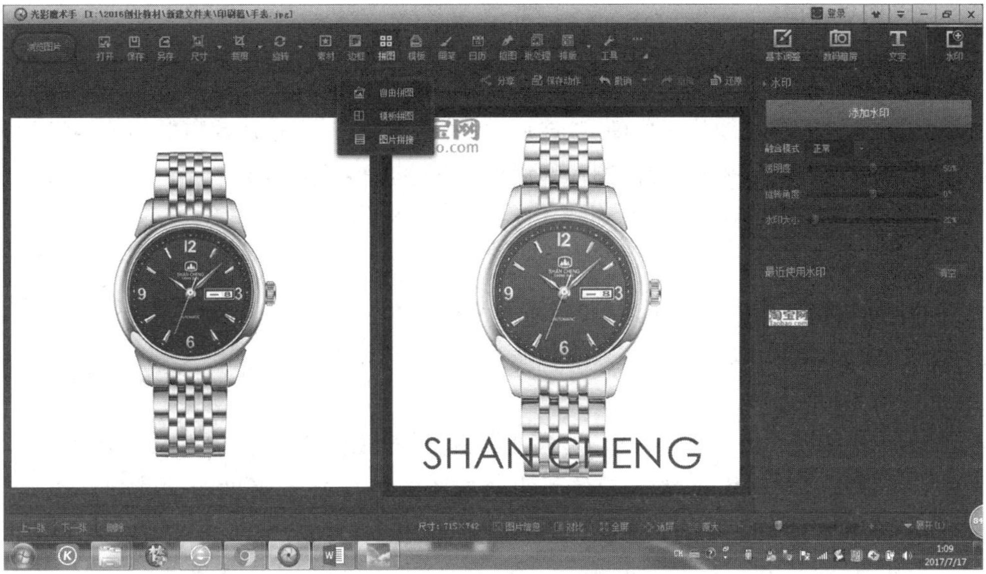

图 2-28　图片拼接选项界面

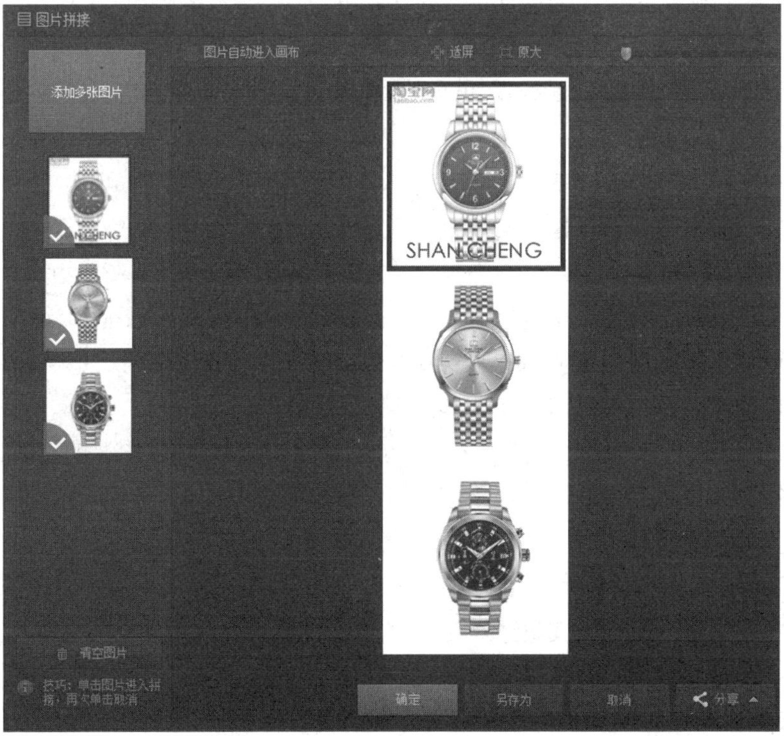

图 2-29　图片拼接后效果

三、相关知识

图片是网店商品最大的卖点。由于消费者无法真实地亲自感知商品的质量、面料、颜色等，只能通过图片来判断，故网店商品图片的质量直接决定着商品的销量，因此除了掌握一定的拍摄技巧外，图片的后期处理也显得尤为重要。

（一）常用的图片处理工具

1.Photoshop

Photoshop 是著名的图像处理软件，为美国 Adobe 公司出品，在修饰和处理摄影作品和绘画作品时，具有非常强大的功能。

2.Fireworks

Fireworks 是 Adobe 推出的一款网页作图软件。该软件可以加速 Web 的设计与开发，是一款创建与优化 Web 图像和快速构建网站与 Web 界面原型的理想工具。Fireworks 不仅具备编辑矢量图形与位图图像的灵活性，还提供了一个预先构建资源的公用库，并可与 Photoshop，Illustrator，Dreamweaver 和 Flash 软件集成。

3. 光影魔术手

光影魔术手是国内受欢迎的图像处理软件之一，是对数码照片画质进行改善及效果处理的软件。光影魔术手的特点是高速度、实用、易于上手。它能够满足绝大部分照片后期处理的需要，批量处理功能非常强大。

4. 美图秀秀

美图秀秀（又称美图大师）是新一代的非主流图片处理软件，可以在短时间内制作出非主流图片、非主流闪图、QQ 头像、QQ 空间图片。

（二）像素与分辨率

“像素”一词是从英文单词“pixel”翻译过来的。在位图图像中，点组成线，线组成面，所以可以将一幅位图看成是由无数个点组成的，组成图像的一个点就是一个像素，像素是构成位图图像的最小单位，它的形态是小方点。

分辨率是指单位长度上的像素多少。单位长度上像素越多，图像就越清晰。分辨率有很多种，如显示分辨率、打印分辨率、扫描分辨率以及图像分辨率等。图像分辨率用于确定一幅图像的像素数目，它以像素 / 英寸（ppi）为单位来表示，如一幅图像的分辨率为 72 ppi，就表示该图像中每英寸包含 72 个像素。同样大小的一幅图像，分辨率越高，图像越清晰，看起来就越逼真，当然，图像文件所需要的存储空间也就越大。

（三）位图图像和矢量图形

位图图像是由像素组成的图像。每个像素都被分配一个特定位置和颜色值。在处理位图图像时，编辑的像素不是对象或形状，而是每一个点。位图图像的优点是颜色细腻，只要有足够多的不同色彩的像素，就可以制作出色彩丰富的图像。位图图像的缺点一是文件占用的磁盘空间大，二是将图像放大到一定程度后，图像将变得模糊。

矢量图形由矢量定义的直线和曲线组成，图像保存时存储它的形状和填充特性，因此，它占用的磁盘空间小并且不会失真，将它缩放到任意大小和以任意分辨率在输出设备上打印出来，都不会影响清晰度，因此，矢量图形适用于图形设计、文字设计和一些标志设计、版式设计等。

（四）颜色显示模式

1.RGB 色彩模式

RGB 分别代表 3 种颜色：R 代表红色，G 代表绿色，B 代表蓝色。这 3 种基本颜色按照不同的比例混合，可以得到肉眼能见到的大部分颜色。通常用于屏幕显示的图像都使用这种色彩模式进行编辑。

2.CMYK 色彩模式

CMYK 色彩模式是一种用于印刷的模式。图像中每个像素都是由青色（C）、洋红（M）、黄色（Y）和黑色（K）按照不同比例合成的。

3.LAB 色彩模式

LAB 色彩模式的原型是由 CIE 协会制定的一个衡量颜色的标准，它是一个理论上包括了人眼可以看见的所有色彩的模式。LAB 色彩模式与设备无关，不管使用什么设备（如显示器、打印机或扫描仪）创建或输出图像，这种色彩模式产生的颜色都保持一致。

4. 索引色彩模式

索引色彩模式是网上和动画中常用的图像模式，包含近 256 种颜色。索引颜色图像包含一个颜色表，如果原图像中的颜色不能用 256 色表现，软件会从颜色表中可使用的颜色中选出最相近的颜色来模拟这些颜色，这样可以减小图像文件尺寸。颜色表用来存放图像中的颜色，并为这些颜色建立颜色索引。

5. 位图色彩模式

位图色彩模式的图像其组成只有黑色与白色两种像素，每一个像素用“位”来表示。“位”只有两种状态：“0”表示点，“1”表示无点。位图模式主要用于早期不能识别颜色和灰度的设备。如果需要表示灰度，则需要通过点的抖动来模拟。

6. 灰度色彩模式

灰度色彩模式最多使用 256 级灰度来表现图像，图像中的每个像素有一个 0（黑色）~255（白色）的亮度值。灰度值也可以用油墨覆盖的百分比来表示（0% 表示白色，100% 表示黑色）。

（五）图像文件的保存格式

1.BMP 格式（*.BMP）

它是 Windows 图像格式，支持 RGB、索引、灰度和位图色彩模式，但不支持

Alpha 通道。BMP 格式采用无损压缩，因此，其优点是图像不会失真，其缺点是文件占用的磁盘空间较大。

2.PSD 格式（*.PSD）

它是 Photoshop 软件存储的默认格式，支持 Photoshop 处理的任何内容（如图层、通道、色彩信息、文字等），支持无损压缩。在编辑图像的过程中，通常将文件保存为 PSD 格式，以便于重新读取需要的信息。

3.JPEG 格式（*.JPG）

它是最常用的一种图像格式，也是一种压缩（有损的）方法，是用于图像压缩的一种工业标准文件格式，支持 RGB、索引、灰度和位图色彩模式，但不支持 Alpha 通道。

4.GIF 格式（*.GIF）

GIF 格式可以极大地节省空间，因此常常用于保存作为网页数据传输的图像文件。该格式的缺点是最多只能处理 256 种色彩，不能用于存储真彩色的图像文件。但 GIF 格式支持透明背景，可以较好地与网页背景融合在一起。

5.PNG 格式（*.PNG）

它是专门为 Web 创造的，将 GIF 和 JPEG 最好的特性结合起来。和 GIF 格式不同的是，PNG 格式并不限于 256 色，可支持 24 位图像，通过保存一个 Alpha 通道来定义透明区域，从而产生没有锯齿边缘的透明区域。其支持灰度、索引和 RGB 色彩模式。

（六）图像属性的基本概念

1. 色调

色调指的是一幅画中画面色彩的总体倾向，是大的色彩效果。

2. 亮度

亮度是颜色的相对明暗程度，通常使用从 0%（黑色）至 100%（白色）的百分比来度量。

3. 饱和度

饱和度指的是色彩的纯度，纯度越高，表现越鲜明，纯度越低，表现则越黯淡。色彩饱和度表示光线的彩色深浅度或鲜艳度，取决于彩色中的白色光含量，白色光含量越高，即彩色光含量就越低，色彩饱和度即越低，反之亦然。

4. 对比度

对比度是指投影图像最亮和最暗区域之间的比率，比值越大，从黑到白的渐变层次就越多，从而色彩表现越丰富。

5. 色阶

色阶是表示图像亮度强弱的指数标准，也就是我们说的色彩指数，在数字图像处理教程中指的是灰度分辨率（又称为灰度级分辨率或者幅度分辨率）。图像的色彩丰满度和精细度是由色阶决定的。色阶指亮度，和颜色无关，但最亮的只有白色，最不亮的只有黑色。

（七）网页中使用图像的原则

网页中使用图像要遵循以下原则。

（1）一个网页最好不要超过 100 kB（包括网页上的图像），下载时间不要超过 8 s，必要时需要利用一些软件对图像进行优化处理。

（2）在保证所需清晰度的情况下，尽量压缩图像。

（3）采用分割图像的方法把大的图像分割成几小块，同时下载。

（4）使用尽量少的颜色，因为图像的颜色种类越多，下载的时间越长。

（5）除了彩色照片和高色彩图像以外，尽量使用 GIF 格式图像。

（6）给大图像设置一个预先下载的替代图像。

四、注意事项

（1）要注意区分图像的像素尺寸、图像的分辨率、显示器分辨率、打印机分辨率等概念。

（2）要确定使用的图像分辨率，应考虑图像最终发布的媒介。

五、思考与练习

参考以下步骤制作网店商品的主图。

（1）打开图片制作工具软件，新建白色背景，尺寸为 600 px×600 px。

（2）打开自己拍摄的商品主图素材，利用魔棒或索套工具分别将商品主体抠出，去除背景，待用。

（3）利用移动工具将商品主体分别拖到新建的白色背景中，依次排放，对商品主体进行自由变化，保证主体占整个背景的 2/3 以上。

（4）打开矩形工具，在主图的下面画出一个矩形，并设置“半透明”。

（5）在已有矩形上添加一个正方形和圆形，填充颜色（自己根据商品自主选择）。

（6）打开文字工具，输入文字（文字内容根据商品自行添加），调整文字大小和颜色。

（7）保存图片为 JPEG 格式。

任务三　商品编辑

一、学习目标

本任务将引领学习者掌握商品信息文案的写作常识，掌握商品信息处理的方法和内容。

二、任务实施

下面以康恩贝公司产品——天然维生素 E 软胶囊为例进行操作。

1. 撰写商品标题

商品标题是商品信息核心内容的提炼与表现，用于激发用户的购买兴趣，一般包括以下内容：①商品基本信息，如品牌、规格、材料等；②商品服务信息，如假一罚二、7 天无理由退换等；③商品活动信息，如冲皇冠、周年庆、新品上市等；④其他信息，如明星推荐、时事热点等。

模板 1：秒杀包邮！品牌 + 系列型号 / 特点 + 名称 1/ 名称 2+ 属性 + 规格 + 功能 + 卖点。

模板 2：品牌—修饰词 + 主关键词 1—修饰词 + 主关键词 2—修饰词 + 主关键词 3。

2. 产品基本信息及属性

本部分告诉顾客销售的产品是什么，让顾客了解产品的基本信息，一般包括商标、产地、尺寸、稀缺性和高端性等。产品基本信息及属性如图 2-30 所示。

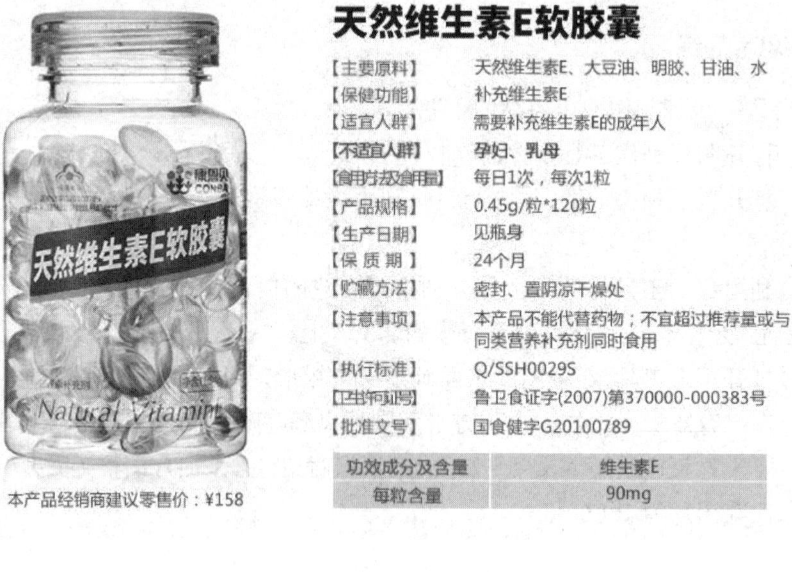

图 2-30 产品基本信息及属性

3. 产品特性描述

本部分介绍顾客为什么要购买该产品，该产品和其他同类产品相比有什么样的特性，它一般包括产品的特点和产品的竞争优势等，通常图文并茂进行展示。产品特性描述如图 2-31 所示。

图 2-31　产品特性描述

4. 产品展示

本部分主要介绍产品长什么样子,包括外部包装和产品细节展示。它一般包括外包装、产品细节图、是否有安全标志(比如食品的 QS、生产日期和配料等)、相关原料(比如衣服的材料)等。产品展示如图 2-32 所示。

图 2-32　产品展示

5. 产品的口碑、保障和承诺

本部分的作用是让顾客看过后,产生对产品的信赖感,消除反对意见。它一般包括顾客评价、试用报告、产品相关质检证书、风险承诺、问答列表(Q&A)、明星效应等。产品口碑如图 2-33 所示。

图 2-33　产品口碑

6. 消除网络购物的恐惧感

本部分的作用是打消顾客购物的顾虑，一般包括第三方报道(报纸、杂志等)、实体门店介绍、淘宝相关保障(商城正品、7 天无理由退货等)、专业知识、售后服务、专柜验货等内容。建立产品信赖感如图 2-34 所示。

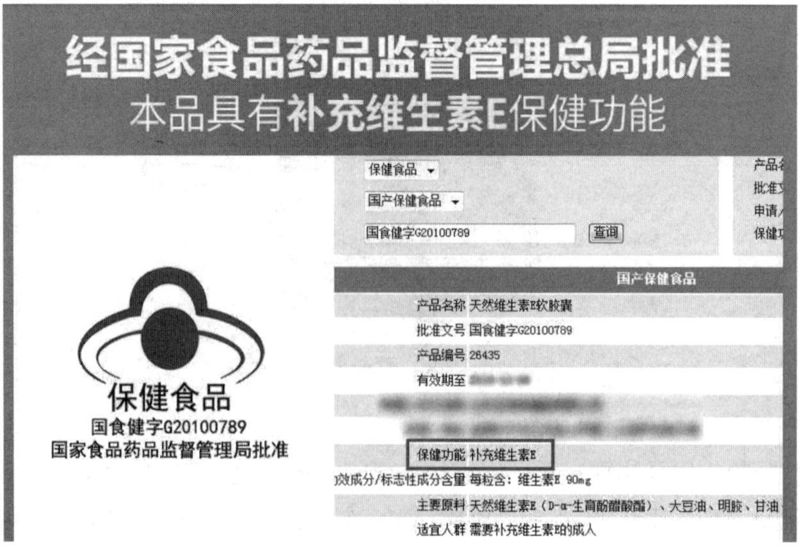

图 2-34　建立产品信赖感

7. 关联销售

本部分的作用是搭配销售，除了这个产品外，还能搭配进行销售，一般从符合顾客的需求出发，给出顾客购买的理由，可以推出一系列方案来满足不同的顾客需求，比如相机搭配 SD 卡、长效电池等。关联销售如图 2-35 所示。

图 2-35　关联销售

8. 情感注入、故事及生活场景

本部分可以使用优美的文字、与人物环境相关的场景以及相关的感人故事，带顾客进入美好生活的画卷，让消费者产生对美好生活的憧憬，让消费者来购买产品，从而享受生活。情感注入产品如图 2-36 所示。

图 2-36　情感注入产品

9. 使用方法、专业知识及流行趋势

本部分的作用是让消费者在购买了商品后，获得需要的知识内容，主要包括：产品的使用方法、提升的专业知识以及流行趋势。产品使用方法如图 2-37 所示。专业知识介绍如图 2-38 所示。

图 2-37　产品使用方法

图 2-38　专业知识介绍

10. 导航性和购物的便捷性内容

本部分的作用是告诉消费者应该怎么买，买完之后还可以再看看相关信息或者了解一些信息，主要包括：售后服务以及物流、收藏（下次再来）、客服中心、产品分类导航、回到首页等内容。导航性和购物的便捷性内容如图 2-39 所示。

图 2-39　导航性和购物的便捷性内容

三、相关知识

（一）商品描述文案构思

顾客需要的具体信息如图 2-40 所示。

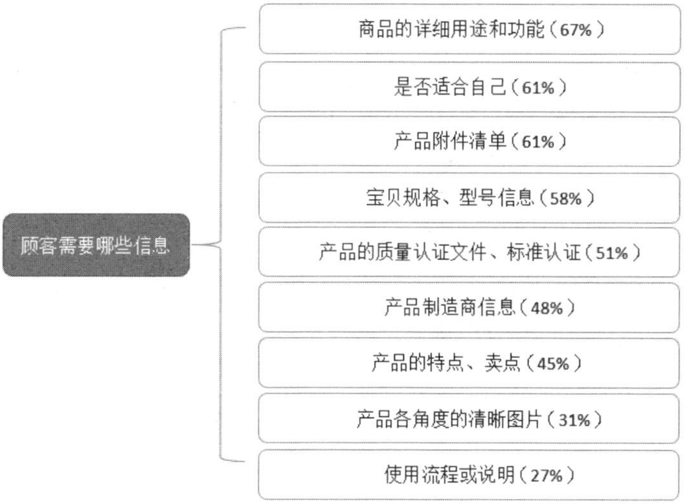

图 2-40　顾客关注信息

（二）制作产品描述的一般流程

1. 商品描述的素材收集

（1）素材收集。素材主要包括产品可用素材、素材的风格色彩参考以及相关文案等。

(2)需求信息挖掘。需求信息主要包括产品资料库、竞争商品分析、客服问答等。

(3)产品卖点总结。这主要是将顾客购买产品最关注的功能列出,如图 2-41 所示。

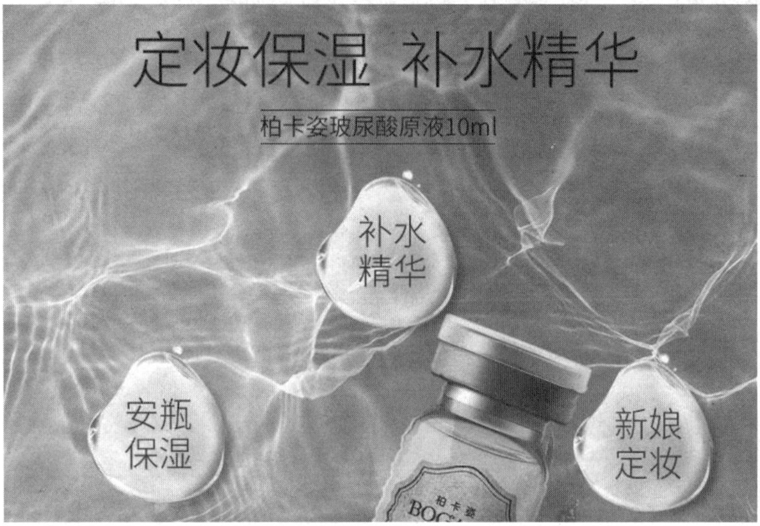

图 2-41　产品卖点

2. 视觉实现

1)产品图片拍摄方案

产品怎么拍,用什么道具,拍什么角度,都需要根据对宝贝卖点展现的规划来决定,所以在拍摄前要有详细的拍摄方案。

2)产品图片拍摄基本展现角度

(1)基本图。

(2)实物对比(可选)。

(3)根据产品卖点的细节拍摄。

(4)使用方法。

(5)带有互动性和故事性的效果图或真人秀。

3. 美工处理

对拍摄的产品图片按照产品文案的需求进行美工处理。

4. 信息传达效果及数据监测

(1)看了宝贝描述,给买家留下的最深的印象是什么?

(2)看了宝贝描述,买家会买吗?多少价格可以接受?

(3)检查下整个页面给买家传达的思路,这些是否都做到了?① 这款产品性价比很高；② 这款产品口碑不错；③ 这款产品是我需要的；④ 能获得一些专业性产品知识及选购方法；⑤ 品牌印象。

（4）关注宝贝的指标，包括页面转化率、页面访问时间、页面跳失率等数据以及关联销售效果，随时修改商品描述。如图 2-42 所示。

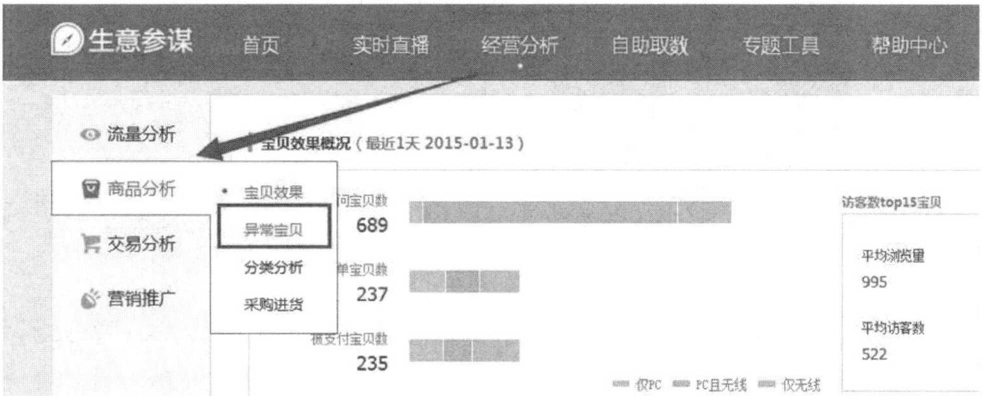

图 2-42　宝贝被访排行

如果修改宝贝描述后，这几个数据没有什么变化，说明你做得尚不够好，或者产品定价过高。

（三）宝贝描述内容关键点

1. 产品基本信息及属性——是什么

（1）先调查顾客对于此款产品需要了解的基本信息是哪些。

（2）从顾客需求角度去描述产品基本信息。

（3）有些品类可以加温馨提示。

（4）突出品牌标识，加深品牌印象。

（5）产品基本信息及属性的展现方式及排版最好是统一化的，这样方便已经形成浏览习惯的顾客快捷地找到想了解的信息。

（6）能展示的信息都要尽可能展示，该展示要符合一般顾客的需求，他们想知道产品的特性；另外在展示产品信息时要体现产品高端性或者稀缺性等，如图 2-43 所示。

2. 产品特性——为什么买？为什么不买别人的买我们的

（1）产品特性要从两个角度出发：一是从顾客需求角度（买了如何好，不买有什么损失）考虑；二是从产品特点、优势（为什么买我们的）考虑。

（2）产品对比性描述，卖点提炼里边还有自己的产品与其他卖家宝贝的对比，这样会加深顾客对我们的宝贝的好感。

图 2-43　商品详情

（3）尽量做到图文并茂。图文并茂式的描述，更容易让顾客接受。在每张图片上进行一段文字描述，当然图片也需要是拍得比较好看的，因为好看的图片才使顾客更有兴趣去阅读图片上的文字，如图 2-44 所示。

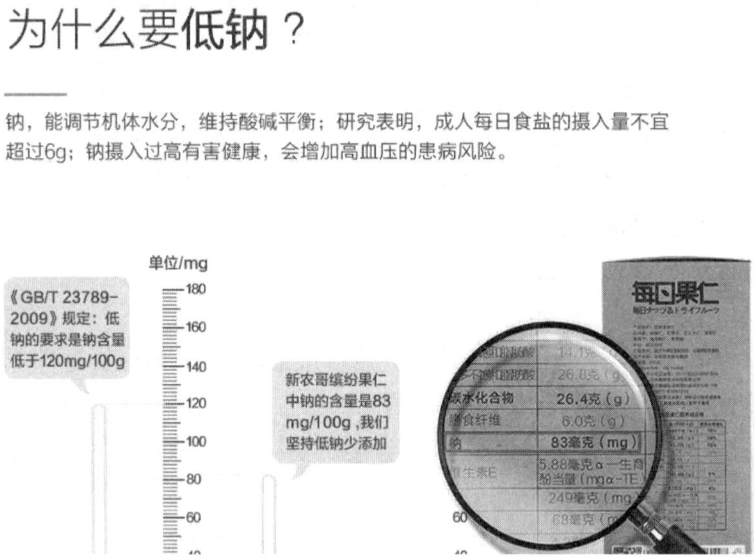

图 2-44　产品特性

3. 图片展示——长什么样

把产品包装、外观上能展示的细节都展示出来。例如食品：产品包装细节图，最好把产品的 QS 标志、生产日期和配料表都重点突出，其他的行业也是一样，如服装的吊牌、包装盒等。包装细节如图 2-45 所示。

图 2-45　包装细节

4. 口碑、承诺与保障——看看买过的人怎么说，买我们的不会错

在树立口碑以及提供承诺与保障时，可以从消除反对意见和建立信赖感入手。

消除反对意见主要包括顾客评价、聊天记录、试用报告、淘分享 、质检证书、“0”风险承诺、潜规则曝光、Q&A、明星效应和大牌对比等。如图 2-46 所示。

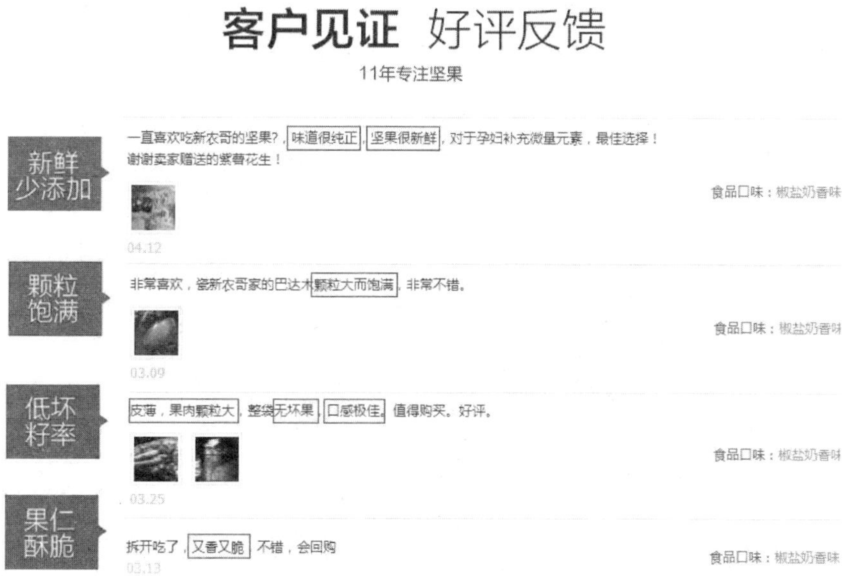

图 2-46　买家分享

建立信赖感主要包括第三方报道（杂志、报纸等）、实体门店照片、淘宝相关保障（7 天无理由退换、商城正品等）、员工与店主秀、细节实拍或拍摄幕后、专柜验货、专业知识、包装及售后等。

5. 搭配销售——还能买点什么

搭配销售，也是在满足顾客需求时，另外来销售顾客潜在需求商品的最好方式；但是搭配推荐要符合：①以一定的主题展现；②要真的符合顾客需求；③给出顾客购买的理由。

比如化妆品："推荐每日美肤组合，完美肌肤养成"。

方案：夏季清凉控油补氧方案：

步骤 1——毛孔清爽洁面乳。

步骤 2——盈润保湿细肤水。

步骤 3——玻尿酸精华。

步骤 4——双重修护亮肌蓝色凝露。

步骤 5——四绿净痘亮白面膜。

6. 情感注入、故事及生活场景——你买吧，买吧

1）情感注入

在图片中加上与宝贝相关的拟人化或者优美的文字，比如在淘江湖里边发起的一次活动，就是让粉丝通过产品的名字来说一个词，比如"杏好有你"，这样也可以提高顾客的黏性，如图 2-47 所示。

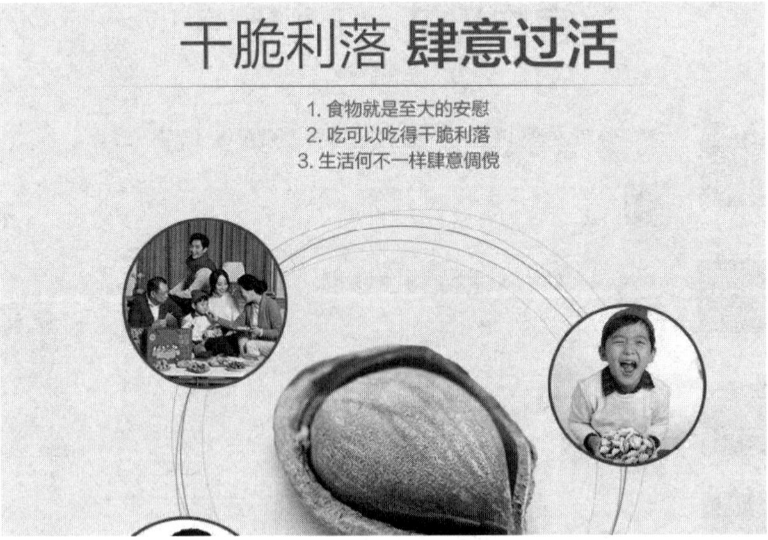

图 2-47 情感展示

2）故事

通过某个情感故事，让顾客融入其中，喜欢产品，从而选购产品，如图 2-48 所示。

图 2-48　故事展示

3）生活场景

生活感悟可以提升顾客在精神上的需求，从而达到精神上的满足——通过图片中人物与宝贝的融合，顾客会联想到自身的生活场景，似乎在告诉顾客，我需要这款产品，如图 2-49 所示。

图 2-49　生活场景展示

7. Q&A——你有什么担心的我都告诉你，你赶紧买就行了

本部分可以包括便捷（方便客服回复客户）、指导、宣传以及暗示等。

8. 使用方法、专业知识、流行趋势——我知道你已经决定要买了，买了以后你要……

互动、提升专业性印象，比如在销售化妆品时，增加美容小常识以及护肤小常识，从侧面强调买家购买此款产品的必要性或者急迫性，比如：护肤美容趋势或者美容知识介绍——通过介绍这个趋势，告诉买家，你不买就落伍了，同时也突出专业性。使用方法及专业知识展示如图 2-50 所示。

（a）

（b）

图 2-50　使用方法及专业知识展示

（a）使用方法展示；（b）专业知识展示

9. 导航性及购物便捷性内容——告诉你应该怎么买，你快点买，买完了先别走

它主要包括售后服务及物流、收藏、回到首页、客服中心和产品分类导航等内容。

这些人性化的宝贝浏览导航，虽然已经提供了详尽的信息在宝贝描述中，但并不是每个顾客都愿意从头至尾看完，通过提供人性化的宝贝页浏览导航，让顾客自己选择查看自己所想看到的信息，节省顾客的时间，从而提高浏览度，如图 2-51 所示。

图 2-51 产品分类导航展示

10.SNS——让别人也买

1）对 QQ 和微信公众号进行维护

每天更新一条 QQ 动态、群发 10 个类目群，根据消费者电话加其微信，微信公众号可以发一些产品相关文章或者心灵鸡汤，论坛和 QQ 社区营销等根据产品的特性来决定。

2）时常关注淘宝论坛并发帖

时常关注淘宝论坛等平台并发帖，两个星期出 1~2 篇精华帖，就可以带来可观的流量，同时提高品牌或者店铺的知名度。

3）社区事件营销

以老顾客为依托，以自己类目行业为模板启动淘宝内部 SNS 社区化营销，从淘宝论坛和顽兔等着手去落实。

4）老顾客维护

对老顾客信息进行分类，并用旺旺或短信群发消息，或者打电话询问服务和物流等方面的意见，时不时可以发送些小礼品。

5）经常与同行沟通

了解同行的销售情况和计划，交换运营思路为下一步的运营计划作好调整和准备。同行之间的沟通和交流可以让你更加清晰地了解关于你的消费者和产品的一些更加深入的东西。

6）注重小二关系

小二资源的积累也是非常重要的。多去总部找小二请教，对产品定位很有帮助。

四、注意事项

（1）主题突出，贯穿全部文案。

（2）需求明确细化，方便美工沟通。

（3）产品可以挖掘的点尽量覆盖全面。

（4）品牌元素贯穿宝贝描述，加强印象。

（5）整体的页面风格要统一，并且与店铺整体、品牌风格与定位相统一。

（6）另外要注意页面打开时间。通常顾客浏览网页的等待时间不会超过 7 秒，如果 7 秒内，你的宝贝页面还没有打开，很可能顾客就会直接关闭网页，因此要求宝贝描述的图片不能太大，尽可能把大图切成小图，然后再上传。

（7）宝贝描述应以攻心为主，攻脑为辅，不要给顾客太多的理性思考时间，让顾客与我们的宝贝描述中的图片及文字产生共鸣。

五、思考与练习

（1）在进行商品信息处理之前为什么要先进行商品描述文案写作？

（2）请描述商品信息处理的基本内容。

第三章　电子商务的安全应用

技能项目：

学会防范病毒和查杀病毒的技巧；
掌握设置与修改密码的方法；
应用数字证书发送签名和加密邮件。

相关知识：

密码的基础知识；
病毒的概念和危害；
信息安全的基本知识。

任务一　密码管理

一、学习目标

通过对本任务的学习，学习者应了解如何设置与修改密码，掌握密码的基础知识。

二、任务实施

在电子商务活动中，会有许多账户，每个账户一般会对应一个密码。对密码进行设置与修改是密码管理很重要的工作。下面将以给管理商务网站的计算机系统设置密码为例，来说明如何进行密码的设置与修改。具体操作如下。

（1）从计算机【控制面板】中选择【用户账户】进行设置，如图 3-1 所示是 Windows7 的用户账户界面。如果要设置密码，可以先选择账户，如 Administrator 账户。

（2）单击【管理其他账户】，选择要设置的账户。比如选择账户 Administrator。

（3）单击【创建密码】，弹出创建密码窗口。输入密码两次即可成功为 Administrator 账户设置密码。密码提示是忘记密码时起提醒作用的，不要直接输入密码或者过于明显的提示。用户也可以不输入这个选项，直接单击【创建密码】完成密码设置。

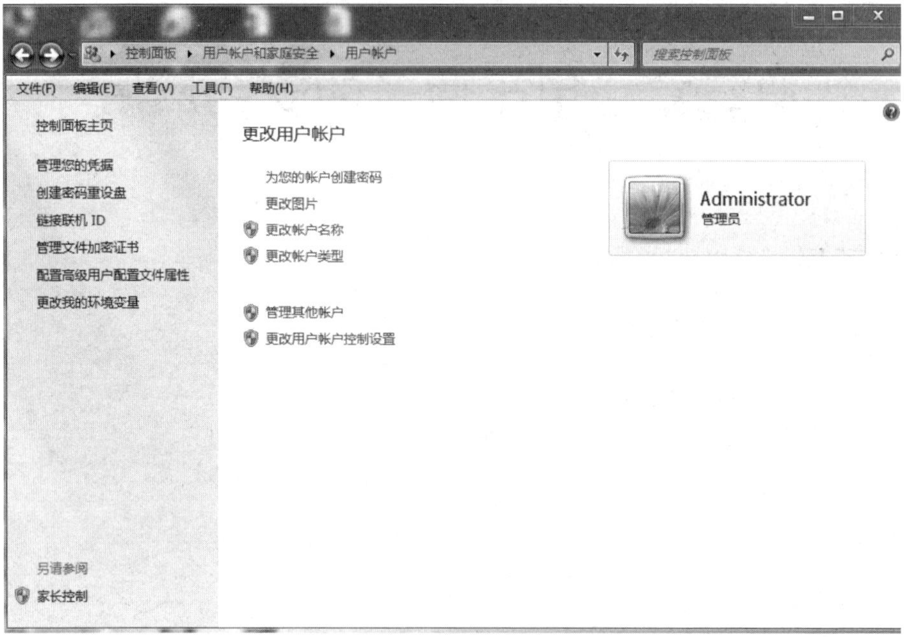

图 3-1　Windows7 的用户账户界面

如果账户已经设置过密码，单击该账户会出现更改密码界面。

单击【更改密码】，进入更改密码界面，如图 3-2 所示。首先要输入当前密码；其次设置新密码，将新密码输入两次；最后单击【更改密码】按钮完成更改。

图 3-2　更改密码界面

三、相关知识

(一)密码

密码是由一串字符组成的，其主要用来保护用户私密信息。如申请电子银行、网上购物，这些都需要用户为自己的账户设定一串字符作为密码，用于核实是否用户本人登录该账户。有时为了进一步确保用户账户的安全，即使是同一账户，也需要设置不同用途的密码，如网上银行一般设置登录密码和支付密码，前者用于账户登录和查询，后者是在需要资金支付时使用。

(二)密码算法

密码算法是一种数学函数。例如，原来 Administrator 账户设置了密码“A3s; 4H”。密码算法将这个密码变成“Odiie3”存在电脑中。这样其他人即使看见了密码，只知道“Odiie3”而不是“A3s; 4H”，输入“Odiie3”就无法正确登录。

密码算法有自己的数学公式，下面就是密码算法的公式：

C=F（M，Key）

M 是欲加密的字符。

Key 是密码钥匙，简称密钥，加密算法中用到的常量。F 是加密的算法，通常是一种数学计算方法。

C 则是加密后的字符。一般看到 C 很难知道这些字符的含义，无法由此判断原来 M 字符的信息。

通过这样一个函数，可以将原来的信息 M 变得面目全非，避免恶意偷看者窃取密码。

(三)密码破解

密码是由一串字符组成的。从理论上说，穷举键盘上可以输入的所有字符串就可以试出密码了。破解密码常用下面两种方法。

1. 暴力解密(Brute Force Attack)

暴力解密又称穷举解密，即将指定的字符在一定位数内进行全排列，得出验证字符串。这种方法的好处是只要范围设定合适，假以时日一定能够达到破解的目的。但这种方法也有缺点，就是耗时过多。实际上，如果时间耗费长得不可接受(比如 1 个月)即可认为是破解失败。现在网上基于穷举法原理猜测密码的软件有 Passtest 和 Netcmck 等。

2. 字典解密(Dictionary Attack)

字典解密克服了暴力解密的缺点。字典实际上是由若干字符串组成的列表。这个列表是根据人们使用密码的习惯精心制作出来的。使用时只需用此列表中的字符串逐一做验证即可，因此字典解密在解密时间方面很有保证。但是，其缺点是可能有遗漏的情况。网上有一些流传甚广的密码字典，分析这些字典中的字符串可以给自己的密码设置提供警示。

密码破解还有其他一些方法，如利用一些计算机技术进行密码破解。其中有缓冲区溢出、Sendmail 漏洞、Sun 的 ftpd 漏洞、Ultrix 的 fingerd 和 Aix 的 rlogin 等。计算机专业人员或者黑客通常利用计算机系统的一些不完善之处，编写程序将其中的密码读出来。因此，我们在设置密码和使用计算机的时候要尽量小心，不要让他人有可乘之机。

（四）密码使用安全建议

在网络中，我们申请电子邮箱、QQ、MSN、支付宝等任何账号都需要设定自己的密码。密码的设置通常在申请过程中完成，操作步骤大同小异。同样，在我们的日常生活中也经常需要设置密码，例如银行账号需要密码，密码箱需要密码等。

如何设置密码才能保证安全呢？如果不假思考随便设置一个密码，可能会被一些不怀好意的人破解，使得自己的利益受到损害。下面是密码使用的一些建议。

1. 保证足够的密码长度

密码至少要 6 个字符。密码字符数越多，就越难被猜出。很多人破解密码采用穷举法，就是对所有可能的密码组合进行猜测，以期最终得逞。密码越长，这种破解方法所需的猜测次数就越多，时间也就越长。

2. 保证密码的复杂性

设置密码时，有以下方法可以保证密码的复杂性。

（1）使用大、小写字母，标点、特殊符号和数字的集合。一定要多种字符相结合。

（2）不要使用姓名和数字，如出生日期或绰号。

（3）不要使用家庭成员或宠物的名字。

（4）不要以任何形式使用用户名或注册名。

（5）不要使用任何语言的单个字作为密码。

（6）不要使用“密码”（“password”）作为密码。

（7）不要使用可轻易获得的个人信息，如执照号码、固定电话号码、手机号码、所居住的街道的名称等。

3. 定期更改密码

如果他人拿到的密码已过期，则无法造成任何危害。

4. 避免使用重复的密码

在生活中，为了记忆的方便，重复使用自己熟悉或者好记忆的密码，会让他人有乘虚而入的机会。

5. 密码选择应该避免的情况

不要将密码写下来。使用一个便于记忆的密码，避免将密码记录在不安全的地方。可以使用一些工具来帮助选择一个易于记忆但很难被窃取的密码。有一些密码保护软件也可以用来保存密码。

（五）网站注册用户密码保存方法

1. 直接存储用户密码的明文或者将密码加密存储这两种方法都不可取

明文密码一旦被人获取，整个网站的用户密码信息就全部丢失。如果是加密存储，一旦被解密获得原始密码，所有用户的密码就大白于天下。

2. 将明文密码做单向哈希后存储

单向哈希算法有一个特性，即无法通过哈希后的摘要（digest）恢复原始数据，这也是“单向”二字的来源，这一点和所有的加密算法都不同。常用的单向哈希算法包括 SHA-256、SHA-1 和 MD5 等。例如，对密码“passwordhunter”进行 SHA-256 哈希后的摘要如下：“bbed833d2c7805c4bf039b140bec7e7452125a04efa9eOb296395a9b95c-2d44c”。

可能是由于“单向”二字有误导性，也可能是由于上面那串数字够长，不少人误以为这种方式很可靠，其实不然。单向哈希另有两个特性如下。

（1）从同一个密码进行单向哈希，得到的总是唯一确定的摘要。

（2）计算速度快。随着技术的进步，尤其是显卡在高性能计算中的普及，一秒钟能够完成数十亿次单向哈希计算。

结合上面两个特性，考虑到多数人所使用的密码为常见的组合，攻击者将所有密码的常见组合进行单向哈希，得到一个摘要组合，然后与数据库中的摘要进行比对即可获得对应的密码。

3. 混入“随机因素”进行单向哈希后存储

相比上面的方案，这个方案最大的好处是针对每一个数据库中的密码都需要建立一个完整的密码表进行匹配。两个同样使用“passwordhunter”作为密码的账户，在数据库中存储的摘要完全不同。

四、注意事项

（1）给需要保密的文件或者其他各种资料设置了密码，并不等于它们就安全了。密码只是给你的大门加了把锁，有很多解密软件或工具仍然可以破门而入。

（2）不要在不安全的系统使用密码，以防被他人窃取。如现在很多网络系统的登录界面增加了验证码，就是用来防止通过 cookie 等工具窃取密码的。

五、思考与练习

（1）简述密码的几种破解方法。

（2）列举你所有加密的资料和密码，看看其设置是否合理。

任务二 计算机的安全防护

一、学习目标

通过对本任务的学习，学习者应了解病毒的概念和危害，学会防范病毒和查杀病毒的技巧来保护计算机的信息安全。

二、任务实施

（一）下载和安装杀毒软件，下面以金山毒霸为例。

（1）打开金山毒霸官网（http://www.ijinshan.com/）下载金山毒霸软件，然后单击 setup 进行安装。

（2）安装后的金山毒霸界面如图 3-3 所示。

图 3-3 金山毒霸界面

（二）使用金山毒霸

金山毒霸功能很多，现选择常用的几个功能进行操作。

1. 全面扫描

（1）单击主界面的“全面扫描”按钮，进入全盘扫描模式，如图 3-4 所示。

图 3-4　“全面扫描”界面

（2）扫描后，单击“一键修复”按钮进行全面修复。

2. 软件净化

（1）单击主界面的“软件净化”按钮，进入软件净化扫描界面，净化软件功能可以去除弹窗广告和推广软件，如图 3-5 所示。

（2）扫描后出现需要净化的软件界面，选择需要净化的软件，单击“一键净化”按钮进行软件净化，如图 3-6 所示。

3. 百宝箱的使用

为了对电脑进行全面管理，金山毒霸提供了百宝箱功能，可以通过该功能实现电脑的多方面防护和管理。单击“百宝箱”，进入如图 3-7 所示的百宝箱管理界面。

（1）单击“浏览器保护”，可以锁定浏览器不被病毒修改，如图 3-8 所示。

（2）单击“开机加速”，可以让用户选择开机的启动项，如图 3-9 所示。

（3）单击“漏洞修复”，可以检查出系统的漏洞，并可以进行修复，如图 3-10 所示。

图 3-5 “软件净化”界面

图 3-6 选择需要净化软件

图 3-7　百宝箱管理界面

图 3-8　浏览器保护

图 3-9　开机加速选项界面

图 3-10　漏洞修复界面

三、相关知识

（一）计算机病毒的概念

计算机是一种电子设备，其运行的程序或软件是由人们编写的一些命令所组成的，用来完成某项功能。如游戏软件是用于娱乐的软件，办公软件可以帮助我们完成编辑文档、制作报表等功能。

病毒，也是一种程序。但病毒是用来破坏计算机、使计算机无法顺利完成相应功能的程序。如有的病毒让 Word 文档无法正常使用，有的病毒让计算机的运行速度变慢。

计算机病毒（Computer Virus）在《中华人民共和国计算机信息系统安全保护条例》中被明确定义为："编制或者在计算机程序中插入的破坏计算机功能或者毁坏数据，影响计算机使用，并能自我复制的一组计算机指令或者程序代码。"

计算机病毒一般具有以下特性。

1. 隐蔽性

计算机病毒是一个文件或软件，被偷偷存放在计算机中的某个角落，不容易被发现。而且这个病毒文件不会马上运行发作，而是在用户觉察不到的时候偷偷运行。等发现的时候，计算机已经中毒，重要文件已被破坏。

2. 欺骗性

病毒程序运行的时候通常神不知鬼不觉。病毒运行的时候一般具备一定的掩饰性，用一些友好的界面欺骗用户，伪装成系统程序，或者没有任何界面，在后台发作。

3. 执行性

病毒要发作只有通过在计算机中运行才能达到目的。因此，病毒文件都具有可执行性，文件一般为 EXE 文件或者 COM 文件等。

4. 感染性和传播性

计算机病毒最具危害的特性就是感染性和传播性。病毒文件会在计算机其他文件中添加自己的病毒代码，让其他文件也变成病毒文件，以达到感染病毒、传染病毒的目的。现在尤其以网络传播最为严重。

5. 可触发性

病毒发作有一定的可触发性。如某个时间一到，病毒就爆发，从而去感染计算机上的其他文件。或者某个条件满足了，如从网络上下载了文件，病毒就开始发作，传播病毒代码。

6. 破坏性

病毒被触发时会产生一些破坏。如发一些骚扰邮件，产生一些误会；破坏硬盘上的文件，造成数据丢失，甚至会烧毁计算机硬件，造成系统瘫痪。

除以上主要特性以外，计算机病毒还有一些特性，比如说针对性（针对 Windows、Linux 等系统的)，表现性(小球病毒、女鬼病毒重在表现没有破坏性)。

(二)计算机中毒的症状

计算机感染病毒会表现出一定的症状。下面列出一些具体症状。

(1)屏幕显示异常或出现异常提示。这是有些病毒发作时的症状。

(2)计算机执行速度越来越慢。这是病毒在不断传播、复制，消耗系统资源所致。

(3)原来可以执行的一些程序无故不能执行了。病毒破坏致使这些程序无法正常运行。

(4)经常出现死机现象。病毒感染计算机系统的一些重要文件，导致死机情况。

(5)文件夹中无故多了一些重复或奇怪的文件。例如 Nimda 病毒，它通过网络传播，在感染的计算机中会出现大量扩展名为“.eml”的文件。

(6)系统无法启动。病毒修改了硬盘的引导信息或删除了某些启动文件。

(7)经常报告内存不够。病毒在自我繁殖过程中，产生出大量垃圾文件，占据磁盘空间。

(8)网络速度变慢或者出现一些莫名其妙的网络连接。这说明系统已经感染了病毒或特洛伊木马程序，它们正通过网络向外传播。

(9)电子邮箱中有来路不明的信件。这是电子邮件病毒的症状。

(10)键盘或鼠标无故被锁死，不起作用。

(三)几种典型的病毒

下面介绍全球十大计算机病毒事件。

1. 勒索病毒事件

勒索病毒是一种源自美国国家安全局的计算机病毒。近百国中招，其中英国医疗系统陷入瘫痪、大量病人无法就医。中国的高校校内网也被感染。受害机器的磁盘文件会被加密，只有支付赎金才能解密恢复，勒索金额为 5 个比特币。

2.“CIH 病毒”事件

说到 CIH 病毒, 可真给国人增光，因为这是一位名叫陈盈豪的台湾大学生所编写的，最早随国际两大盗版集团贩卖的盗版光盘在欧美等地广泛传播，后来经互联网各网站互相转载，使其迅速传播。在那个年代可算是一宗大灾难，全球不计其数的电脑硬盘被垃圾数据覆盖，这个病毒甚至会破坏电脑的 BIOS，最后连电脑都无法启动。在 2001 年和 2002 年的时候这个病毒的还死灰复燃过几次，被誉为打不死的小强。

3.“梅利莎病毒”事件

1998 年，大卫• L. 史密斯运用 Word 软件里的宏运算编写了一个电脑病毒，这种病毒通过微软的 Outlook 传播。史密斯把它命名为梅丽莎，一位舞女的名字。一旦收件人打开邮件，病毒就会自动向50位好友发送同样的邮件。史密斯把它放在网络上之后，这种病毒开始迅速传播。1999年3月，梅利莎登上了全球报纸的头版。据当时统计梅利莎感染了全球15%~20%的商用个人电脑。病毒的快速传播令美国联邦政府很重视这件事。还迫使Outlook中止了服务，直到病毒被消灭。而史密斯也被叛20个月的监禁，同时被处5000美元罚款。这也是第一个引起全球社会关注的电脑病毒。

4.“冲击波病毒”事件

冲击波病毒是利用在2003年7月21日公布的RPC漏洞进行传播的，该病毒于当年8月爆发。它会使系统操作异常、不停重启、甚至导致系统崩溃。另外该病毒还有很强的自我防卫能力，它还会对微软的升级网站进行拒绝服务攻击，导致该网站堵塞，使用户无法通过该网站升级系统。使电脑丧失更新该漏洞补丁的能力。而这一病毒的制造者居然只是个18岁的少年，这个名叫杰弗里•李•帕森的少年最后被判处18个月徒刑。这个病毒的变种至今仍有存活。

5.“爱虫病毒”事件

爱虫病毒跟梅利莎类似也是通过Outlook电子邮件系统传播，不过邮件主题变为了“I LoveYou”，打开病毒附件后，就会自动传播。该病毒在很短的时间内就袭击了全球无以数计的电脑，并且它还是个很挑食的病毒，专喜欢那些具有高价值IT资源的电脑系统：比如美国国安部门、CIA、英国国会等政府机构、股票经纪及那些著名的跨国公司等。爱虫病毒是迄今为止发现的传染速度最快而且传染面积最广的计算机病毒。

6.“震荡波病毒”事件

震荡波病毒于2004年4月30日爆发，短时间内就给全球造成了数千万美元的损失，也让所有人记住了2004年的4月。电脑一旦中招就会莫名其妙地死机或重新启动；而在纯DOS环境下执行病毒文件，则会显示出谴责美国大兵的英文语句。

7.“MyDoom病毒”事件

MyDoom是一种通过电子邮件附件和P2P网络Kazaa传播的病毒。在2004年1月28日爆发，在高峰时期，导致网络加载时间减慢50%以上。它会自动生成病毒文件，修改注册表，通过电子邮件进行传播。芬兰的一家安全软件和服务公司甚至将其称为病毒历史上最厉害的电子邮件蠕虫。据估计，这个病毒的传播占爆发当日全球电子邮件通信量的20%至30%，全球有40万至50万台电脑受到了感染。

8.美国1.3亿张信用卡信息被盗事件

28岁的美国迈阿密人冈萨雷斯从2006年10月开始到2008年1月期间，利用黑客技术突破电脑防火墙，侵入5家大公司的电脑系统，盗取大约1.3亿张信用卡和借计卡的账户信息，造成了美国司法部迄今起诉的最大身份信息盗窃案，也直接导致支付服务巨头 Heartland 向 Visa、万事达卡、美国运通以及其他信用卡公司支付超过 1.1 亿美元的相关赔款。2010 年 3 月，冈萨雷斯被判两个并行的 20 年刑期，这是美国史上对计算机犯罪判罚刑期最长的一次。正因为这次事件冈萨雷斯被称为美国史上最大的黑客。

9. 索尼影业遭袭事件

2014 年 11 月 24 日，黑客组织“和平卫士”公布索尼影业员工电邮，涉及公司高管薪酬和索尼非发行电影拷贝等内容。据估计此次行动与即将上映的电影《采访》有关。虽然索尼影业最终决定取消影片的发行。但在此次袭击事件发生数月后，其影响依然持续发酵，电脑故障频发，电邮持续被冻结。因涉及到诸多影视界明星及各界名人，该公司联席董事长艾米•帕斯卡被迫引咎辞职。

10.“熊猫烧香病毒”事件

“熊猫烧香”病毒于 2007 年 1 月初开始肆虐网络，它主要通过下载的档案传染，受到感染的计算机程序、系统破坏严重。短短的两个多月时间，该病毒不断入侵个人电脑，给上百万个人用户、网吧及企业局域网用户带来无法估量的损失，被《2006 年度中国大陆地区电脑病毒疫情和互联网安全报告》评为“毒王”。2007 年 9 月 24 日，“熊猫烧香”案一审宣判，主犯李俊被判刑 4 年。

近几年来，电脑病毒似乎有点销声匿迹了，电脑再不会出现各种奇奇怪怪的状况，身边也甚少听闻关于病毒的话题。究其原因，可能因为 360、腾讯和金山等杀毒软件都实现了云查杀，一个新的病毒只要在很少的机器上发作，就会被识别，然后杀毒软件会更新云端病毒库，绝大多数的机器就不会再中招，病毒传播的范围被大大限制了，也就打断了病毒的利益链条。

四、注意事项

（1）计算机病毒防治的关键是做好预防工作，即防患于未然。而预防工作应包含思想认识、管理措施和技术手段三方面的内容。

（2）在检测出系统感染了病毒并确定了病毒种类之后，就要设法清除病毒。消除病毒可采用人工清除和自动清除两种方法。

五、思考与练习

（1）什么是计算机病毒？它有哪些特点？其主要危害是什么？

（2）针对你的计算机，考虑一个最佳的防病毒措施以确保计算机的安全。

任务三 商务信息的安全

一、学习目标

通过对本任务的学习，学习者应会应用数字证书发送签名和加密邮件，掌握信息安全的基本知识。

二、任务实施

（一）申请数字证书

（1）启动 IE 浏览器，在地址栏中输入“北京天威诚信电子商务服务有限公司”主页网址：http://www.itrus.com.cn/，登录天威诚信公司主页，如图 3-11 所示。

图 3-11 天威诚信公司主页

（2）将光标移至主页“数字证书”菜单项，点击详情参见网站网址，如图 3-12 所示。

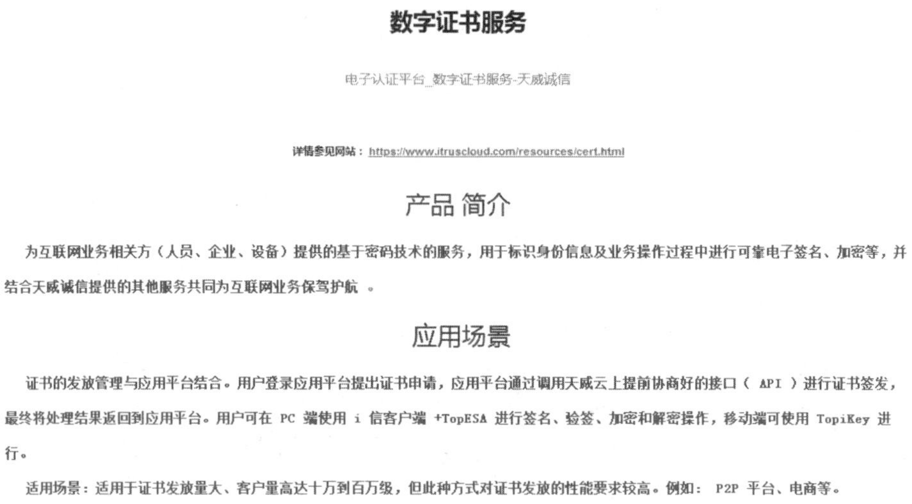

数字证书服务

电子认证平台_数字证书服务-天威诚信

详情参见网站：https://www.itruscloud.com/resources/cert.html

产品 简介

为互联网业务相关方（人员、企业、设备）提供的基于密码技术的服务，用于标识身份信息及业务操作过程中进行可靠电子签名、加密等，并结合天威诚信提供的其他服务共同为互联网业务保驾护航 。

应用场景

证书的发放管理与应用平台结合。用户登录应用平台提出证书申请，应用平台通过调用天威云上提前协商好的接口（ API ）进行证书签发，最终将处理结果返回到应用平台。用户可在 PC 端使用 i 信客户端 +TopESA 进行签名、验签、加密和解密操作，移动端可使用 TopiKey 进行。

适用场景：适用于证书发放量大、客户量高达十万到百万级，但此种方式对证书发放的性能要求较高。例如： P2P 平台、电商等。

图 3-12　试用证书下载页面

（3）单击页面中“立即开通”，进入证书申请页面，如图 3-13 所示。

图 3-13　证书申请页面

（4）填写个人邮箱信息后，后台将邮箱验证信息发送到注册邮箱，如图 3-14 所示。

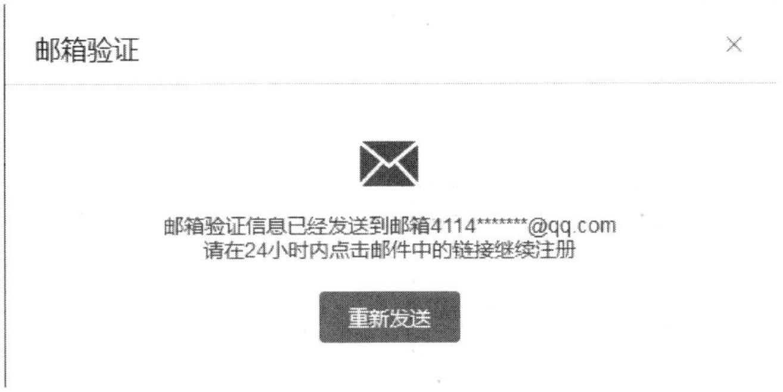

图 3-14　填写相关信息

（5）登录邮箱，输入个人详细信息后即注册成功。登录账号，选择“数字证书服务”。查看数字证书相关服务，并进行实名认证，完成数字证书申请。如图 3-15 所示。

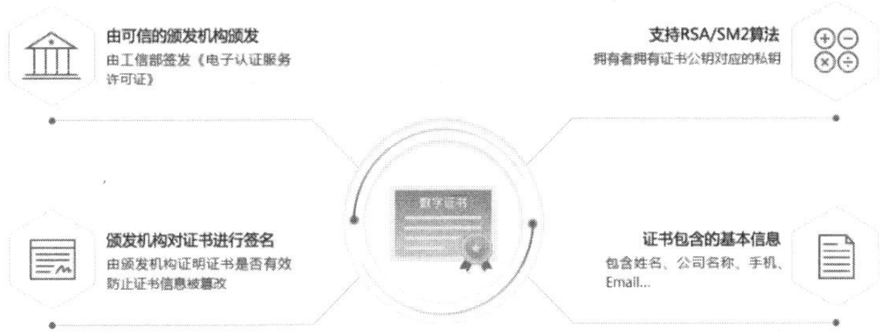

图 3-15　获取证书页面

申请下载安装后，打开浏览器，选择菜单中“工具”选项，打开“Internet 选项”页面，选择“内容”选项卡，打开“证书”项的“个人”选项卡，可看到之前申请的数字证书已经被安装到电脑上了。

（二）使用 Foxmail 6.5 发送加密邮件和数字签名邮件

1. 在 Foxmail 中添加邮箱账户

（1）下载 Foxmail 软件安装包，按照安装向导提示，成功安装 Foxmail。

（2）运行 Foxmail，选择菜单栏中的“邮箱”选项，在对应下拉菜单中选择“新建邮箱账户”选项，打开新建账户向导，如图 3-16 所示。

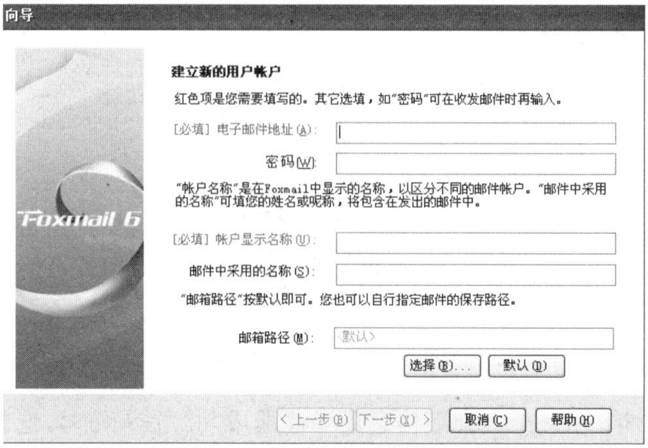

图 3-16　新建邮箱账户向导

（3）按照向导要求，依次填写所申请邮箱的地址和密码，单击“下一步”，进入指定邮件服务器对话框，如图 3-17 所示。

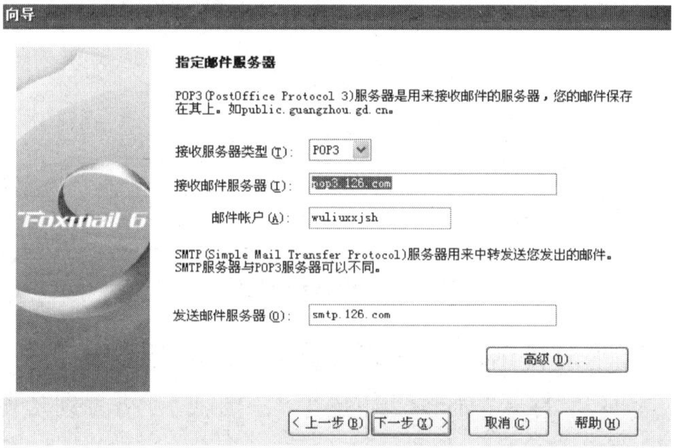

图 3-17　指定邮件服务器对话框

（4）根据所申请的邮箱地址，填写对应的接收邮件服务器地址和发送邮件服务器地址。比如：新建账户使用的是网易 126 的邮箱，那对应的接收邮件服务器地址就是 pop3.126.com；而发送邮件服务器地址就是 smtp.126.com。由于邮件服务商不止一家，因此不同邮件服务商所提供的邮箱及邮件服务器也不相同。具体如何填写，可以根据具体情况在搜索引擎中查找到。

（5）信息填写完毕后，单击“下一步”，进入测试对话框，如图 3-18 所示。单击“测试账户设置”按钮，校验之前几个步骤所填写信息是否正确。假如测试成功，单击“完成”按钮，完成邮箱账户的建立。

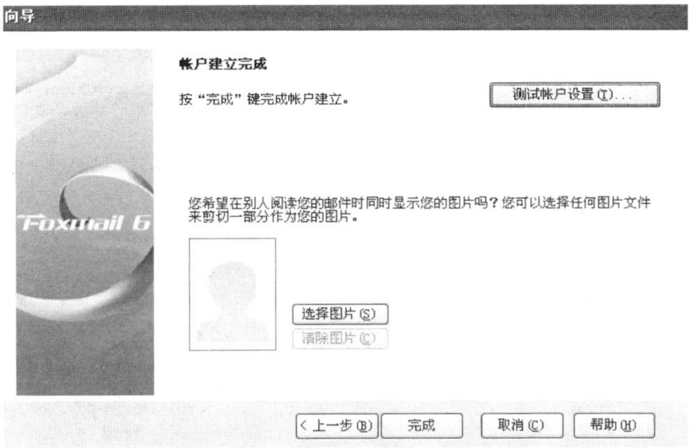

图 3-18 账户建立完成界面

2. 使用 Foxmail 发送加密邮件

（1）为方便发送和验证加密和数字签名邮件，我们首先要在 Foxmail 新建两个账户，本书以 wuliuxxjsh@126.com 和 wuliuxxjsh2@126.com 为例，如图 3-19 所示。

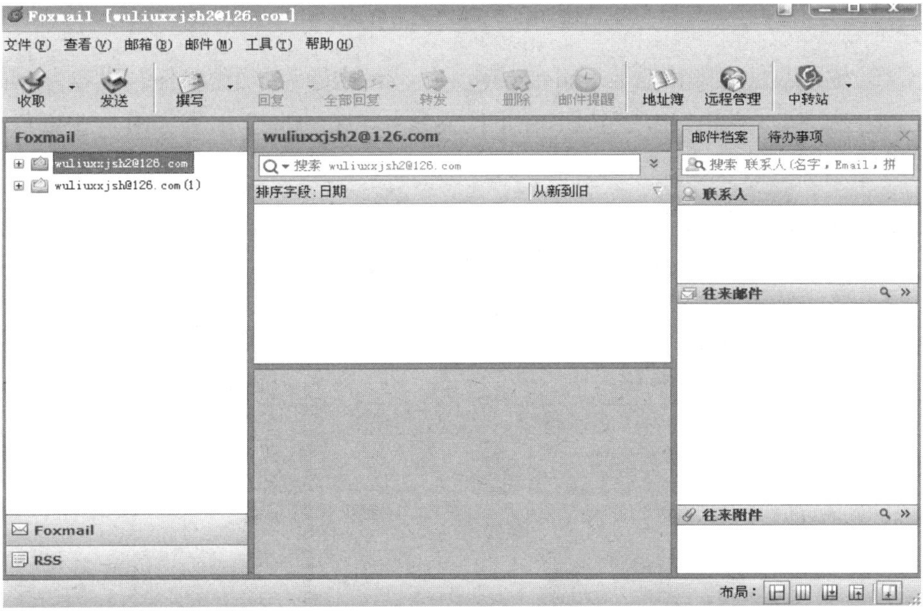

图 3-19 发送邮件界面

下面以从邮箱 wuliuxxjsh2@126.com 向邮箱 wuliuxxjsh@126.com 发送加密邮件为例，根据先前的实训项目申请的邮箱 wuliuxxjsh@126.com，申请天威诚信公司的个人试用数字证书。下面我们来看如何通过 Foxmail 发送加密邮件。

（2）选中 wuliuxxjsh2@126.com 邮箱账户，单击“撰写”按钮，打开邮件撰写对话框,如图 3-20 所示。

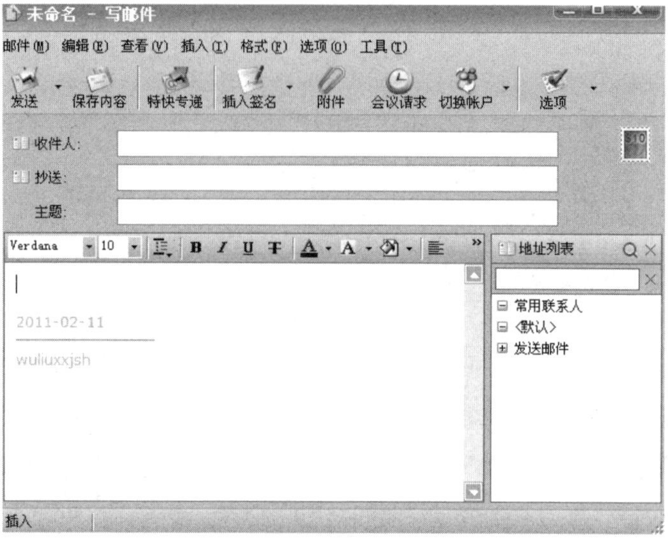

图 3-20 邮件撰写界面

(3)输入收件人邮箱地址 wuliuxxjsh@126.com,主题为"加密邮件",内容为"测试发送加密邮件"。单击"选项"按钮,在下拉菜单中勾选"加密"选项,如图 3-21 所示。

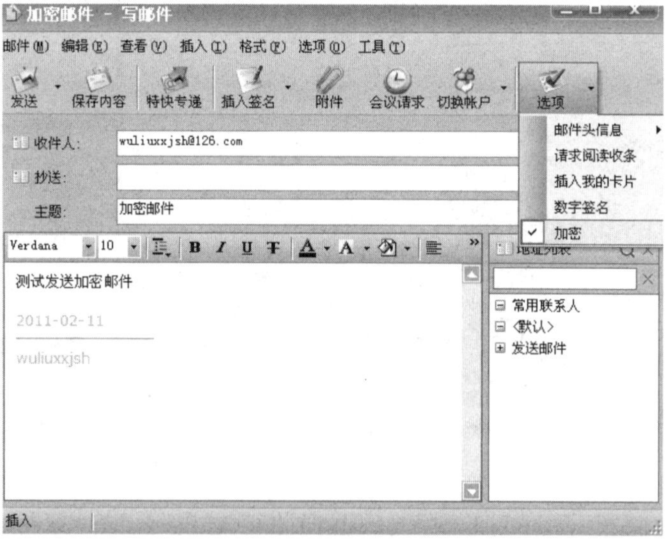

图 3-21 发送加密邮件

(4)由于是向 wuliuxxjsh@126.com 账户发送加密邮件,所以必须添加 wuliuxxjsh@126.com 该账户的数字证书,以便获取其公钥,来加密邮件。单击"发送"按钮,弹出选择证书对话框，如图 3-22 所示，选择要用哪个证书来对邮件加密，单击“确定”按钮，完成加密邮件的发送。

图 3-22　选择证书

（5）邮件发送完毕后，在邮箱账户 wuliuxxjsh@126.com 中，验证加密邮件是否发送成功。在 Foxmail 中，选中 wuliuxxjsh@126.com 账户，单击“收取”按钮，查看收件箱。如图 3-23 显示成功收到加密邮件。

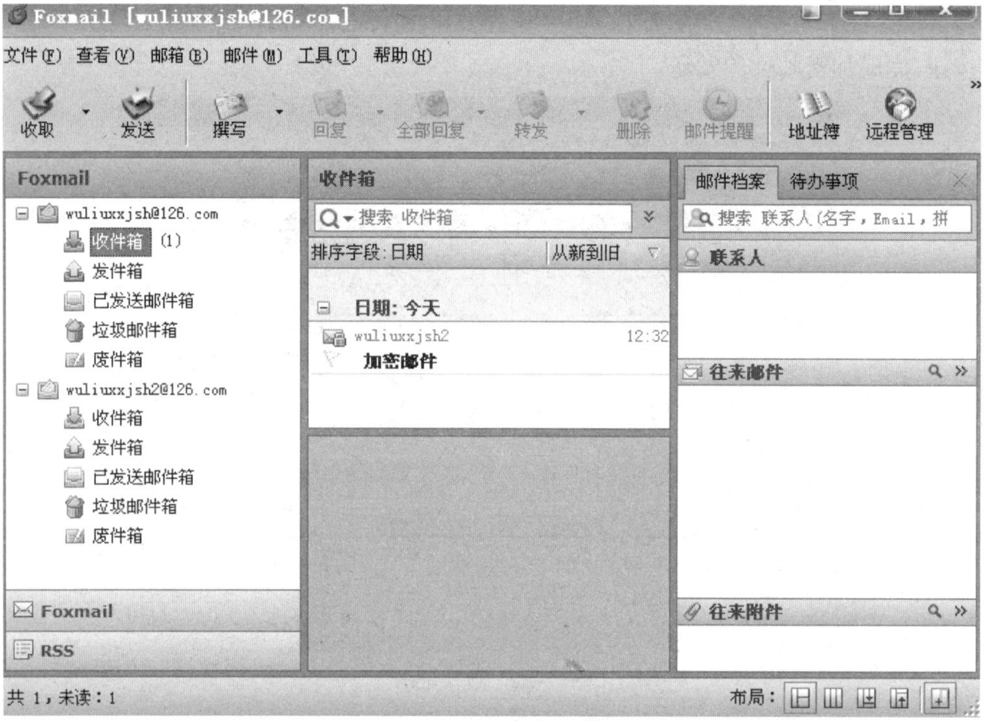

图 3-23　成功收到加密邮件

发送加密邮件，发送方必须使用接收方的公钥加密邮件，所以发送方必须要有接收方的公钥。

3. 发送数字签名邮件

以上述的两个邮箱账户为例，下面假设从邮箱 wuliuxxjsh@126.com 向邮箱 wuliuxxjsh2@126.com 发送数字签名邮件，申请天威诚信公司的个人试用数字证书。下面通过 Foxmail 发送数字签名邮件。

（1）选中 wuliuxxjsh@126.com 邮箱账户，单击“撰写”按钮，打开邮件撰写对话框。

（2）输入收件人邮箱地址 wuliuxxjsh2@126.com，主题为“数字签名邮件”，内容为“测试发送数字签名邮件”。单击“选项”按钮，在下拉菜单中勾选“数字签名”选项，如图 3-24 所示。

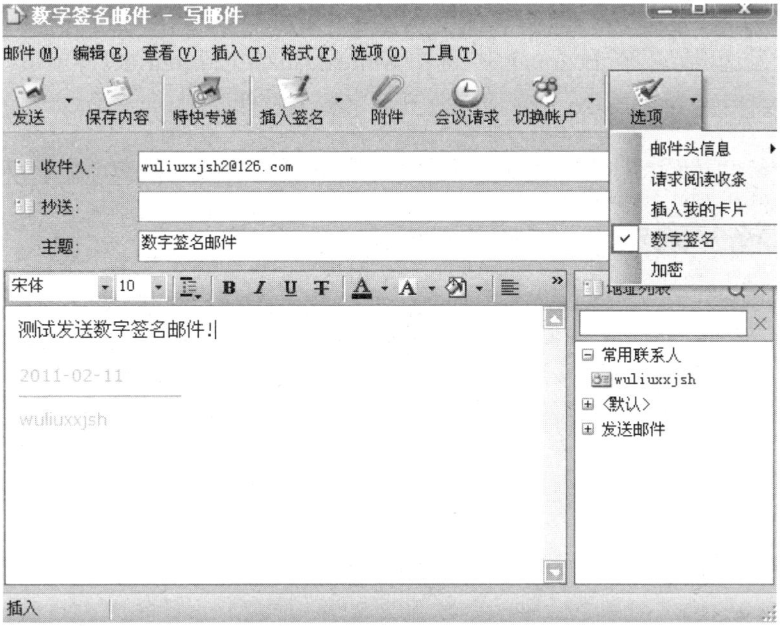

图 3-24　撰写数字签名邮件

（3）由于是向 wuliuxxjsh2@126.com 账户发送数字签名邮件，所以必须添加 wuliuxxjsh@126.com 该账户的数字证书，以便获取其私钥，来为邮件添加数字签名。单击“发送”按钮，弹出选择证书对话框，如图 3-25 所示。选择要用哪个证书来对邮件进行数字签名，单击“确定”按钮，完成数字签名邮件的发送。

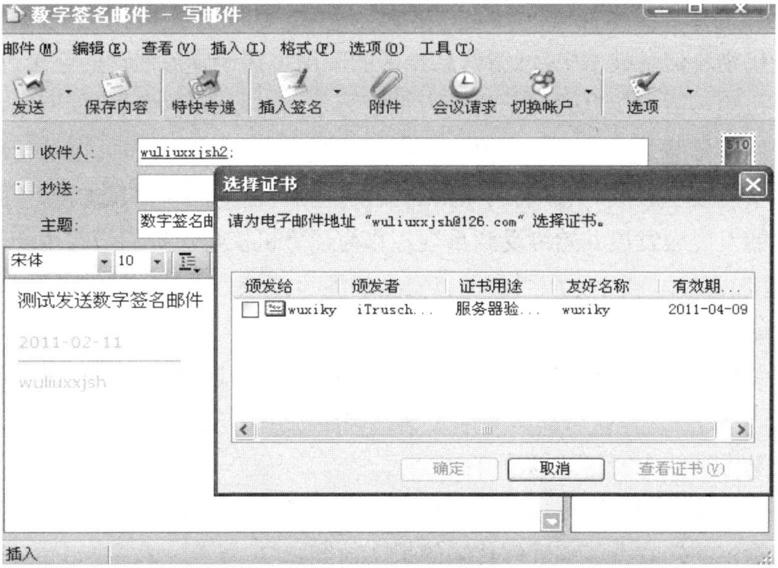

图 3-25　选择证书

(4)邮件发送完毕后,我们在邮箱账户 wuliuxxjsh2@126.com 中,验证数字签名邮件是否发送成功。在 Foxmail 中,选中 wuliuxxjsh2@126.com 账户,单击"收取"按钮,查看收件箱。如图 3-26 显示成功收到数字签名邮件。

图 3-26 成功收到数字签名邮件

二、相关知识

(一)信息保密技术概述

在现代物流信息技术中,网络信息技术的应用贯穿于物流活动的整个过程,因此确保整个传输环节中信息的安全就成为重中之重。而要研究如何确保网络信息的安全就无法回避信息加密技术这一环节。信息加密技术是应用最早、也是一般用户接触最多的安全技术领域,从最初的保密通信发展到目前的网络信息加密,一直伴随着信息技术的发展而发展并始终受到重视。作为计算机信息保护的最实用和最可靠的方法,信息加密技术被广泛应用到信息安全的各个领域。它是一门涉及数学、密码学和计算机的交叉科学。

随着数据库技术和计算机网络应用的不断深入,信息的安全传输也有着广阔的应用前景。数字签名、数字证书等都是由密码学派生出来的新技术和应用。密码学要实现的基本功能主要包括以下方面。

(1)机密性:保证机密信息不被窃听,或窃听者不能了解信息的真实含义。仅有发送方和指定的接收方能够理解传输的报文内容。

(2)完整性:保证数据的一致性,防止数据被非法用户篡改。

（3）身份认证：对信息的来源进行判断，能对伪造来源的信息予以鉴别。

（4）不可否认性：建立有效的责任机制，防止用户否认其行为。

1. 基本概念

密码学是以研究秘密通信为目的，即对所要传送的信息采取一种秘密保护，以防止第三者对信息的窃取的一门学科。它包含两个分支：密码编码学和密码分析学。

密码编码学研究如何编码，采用怎样的编码体制才能保证信息被安全地加密，是一种消息保密技术。

密码分析学是一种破译密文的科学和技术，是在未知密钥的情况下从密文推演出明文的技术。

一个加密系统必然包含一种加密体制，而每种加密体制必然包含两个基本要素：密码算法和密钥。密钥是密码算法中的一些可变参数，而密码算法则是一些经密码研究人员测试过的可靠数学公式。密码学分为加密和解密两个过程，同样其密码算法也分为加密算法和解密算法，前者将明文变为密文，后者将密文变为明文，对应的，密钥也分为加密密钥和解密密钥。

2. 密码系统模型

一个完整的密码系统至少由明文、密文、密码方案和密钥四个部分组成。

（1）信息的原始形式称为明文（plaintext，通常记作 P）。

（2）经过变换加密的明文称为密文（ciphertext，通常记作 C）。

（3）密码方案是通过密码算法来实现加密与解密目的的具体规则。

（4）密钥是唯一能控制明文与密文之间变换的关键。它通常是一串随机字符串，由使用该密码体制的用户随机选取。图 3-27 描述了明文经过加密后变为密文，然后再由密文经过解密后得到明文的全过程。

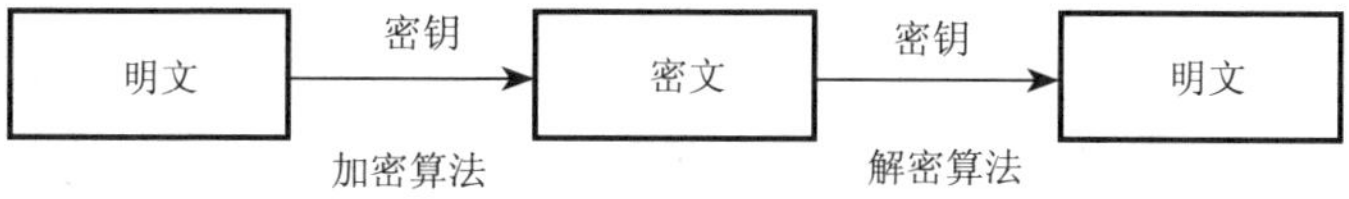

图 3-27 加解密过程

（二）基本加密算法概述

1. 对称加密算法

对称加密算法又称私有密钥加密算法，它只用一个密钥对信息进行加密和解密。加密密钥能够从解密密钥中推算出来，同时解密密钥也可以从加密密钥中推算出来。而在大多数的对称算法中，加密密钥和解密密钥是相同的，所以也称这种加密算法为单密钥算法。它要求发送方和接收方在安全通信之前商定一个密钥。对称算法的安全性依赖于密钥，泄漏密钥就意味着任何人都可以对他们发送或接收的消息解密，所以密钥的保密性对通信至关重要。

2. 非对称加密算法

非对称加密算法又叫公开加密算法。与对称加密算法不同，非对称加密算法需要两个密钥：公开密钥（publickey）和私有密钥（privatekey）。公开密钥与私有密钥是一对，如果用公开密钥对数据进行加密，只有用对应的私有密钥才能解密；如果用私有密钥对数据进行加密，那么只有用对应的公开密钥才能解密。因为加密和解密使用的是两个不同的密钥，所以这种算法叫作非对称加密算法。之所以又叫作公开密钥算法是由于加密密钥可以公开，即陌生人可以得到它并用来加密信息，但只有用相应的解密密钥才能解密信息。在这种加密算法中，加密密钥被叫作公开密钥，而解密密钥被叫作私有密钥。

3. 单项散列算法

单项散列算法是指使用散列算法算出发送信息的散列值的过程。散列值相当于发送信息的指纹，因为它对每条信息都是唯一的。设计良好的散列算法，可以保证两条不同的信息所得到的散列值肯定不相同。因为这个特性，所以散列算法常被用来判别信息在传输过程中是否被篡改。如果信息被篡改，原散列值就会与由接收者所收到信息计算出的散列值不匹配。

（三）主流加密技术

1. 对称加密技术

对称加密技术是指采用单钥密码系统的加密方法，同一个密钥可以同时用作信息的加密和解密，这种加密方法称为对称加密，也称为单密钥加密。

对称加密的优点在于加密算法对于信息的加密和解密速度快、效率高。对称加密的主要问题是由于加密和解密双方使用相同的密钥，因此在发送和接收数据之前，发送和接受双方必须获取事先协商好的密钥，这就使得分发密钥成为对称加密体系中最薄弱、风险最大的环节。在现有条件下很难确保实现密钥的安全分发。

DES 是一种对称加密算法，是使用最广泛的密钥系统。比如像自动取款机的加密系统。DES 算法具有极高的安全性，到目前为止，除了用穷举搜索法对 DES 算法进行攻击外，还没有发现更有效的办法。比如假设使用一台速度是每秒检测一百万个密钥的计算机，来破译一个 56 位长的密钥，那么搜索完全部密钥就需要将近 2 285 年的时间，可见，这是难以实现的。当然，随着科学技术的发展，当出现超高速计算机后，可以考虑把 DES 密钥的长度再增长一些，以此来达到更高的保密程度。

2. 非对称加密技术

非对称加密技术又叫公开加密技术。每个使用者都有一对密钥，其中一个为公开的，一个为私有的。发送信息时用对方的公开密钥加密，收信者用自己的私有密钥进行解密。公开密钥加密算法的核心是运用一种特殊的数学函数——单向陷门函数,即从一个方向求值是容易的。但其逆向计算却很困难,从而在实际上成为不可行的。

非对称加密的优点在于用户不必记忆大量提前商定好的密钥,因为发送方和接收方事先根本不必商定密钥,发送方只要可以得到可靠的接收方的公开密钥就可以给他发送信息了,而且即使双方根本互不相识。但为了保证可靠性,非对称加密算法需要一种与之相配合使用的公开密钥管理机制,这种公开密钥管理机制还要解决其他一些公开密钥所带来的问题。

RSA 公钥加密算法是 1977 年由美国麻省理工学院三位年轻教授提出的。RSA 是目前最有影响力的公钥加密算法,它能够抵抗到目前为止已知的所有密码攻击,已被 ISO 推荐为公钥数据加密标准,是第一个能同时用于加密和数字签名的算法。据专家测算,攻破 512 位密钥 RSA 算法大约需要 8 个月时间,现在在技术上还无法预测攻破具有 2 048 位密钥的 RSA 加密算法需要多少时间。美国 Lotus 公司悬赏 1 亿美元,奖励能破译其 Domino 产品中 1 024 位密钥的 RSA 算法的人。从这个意义上说,遵照 SET 协议开发的电子商务系统是绝对安全的。由于进行的都是大数计算,使得 RSA 最快的情况也比 DES 慢上好几倍,无论是软件还是硬件实现。速度一直是 RSA 的缺陷。一般来说只用于少量数据加密。

3. 消息摘要

消息摘要(Message Digest)又称为数字摘要(Digital Digest)。它是一个唯一对应一个消息或文本的固定长度的值,它由一个单向散列函数对消息进行运算而产生。消息摘要主要用于保证消息的完整性。如果消息在途中改变了,则接收者通过对收到消息的新产生的摘要与原摘要比较,就可知道消息是否被改变了。目前主流的消息摘要算法有 MD5 和 MAC。

(1)MD5(中文名为“消息摘要算法第五版”)。MD5 计算机安全领域广泛使用的一种散列函数,用以提供消息的完整性保护。MD5 的典型应用是对一段信息(Message)产生信息摘要(Message-Digest),以防止被篡改。

(2)MAC(消息认证码)。前面所描述的单向散列函数都没有使用密钥,这样任何一个人可能都会根据自己的需要产生任何一个报文的散列值,这种情况有时是人们不期望看到的。解决问题的方法是采用密钥的单向散列函数,使用密钥的单向散列函数通常也称为消息认证码(MAC)。消息认证码具有与前面所讲的散列函数相同的特性,但消息认证码使用了一个密钥,只有具有该密钥的人才能生成消息认证码。

（四）常用安全认证技术

安全认证技术以密码学为依托，是物流信息技术中重要的安全技术。目前常用的安全认证技术包括：数字证书、数字签名、数字信封等。

1. 数字证书

数字证书就是互联网通信中标志通信各方身份信息的一系列数据，提供了一种在 Internet 上验证身份的方式。数字证书包含用户身份信息、用户公钥信息以及证书发行机构对该证书的数字签名信息。它是由一个权威机构，又称为证书授权中心发行的，人们可以在网上用它来识别对方的身份。

1）数字证书的格式：

数字证书包括以下内容：① 版本信息，用来与 X.509 的将来版本兼容；② 证书序列号，每一个由 CA 发行的证书必须有一个唯一的序列号；③ CA 所使用的签名算法；④ 发行证书 CA 的名称；⑤ 证书的有效期限，现在通用的证书一般采用 UTC 时间格式，它的计时范围为 1950 ～ 2049；⑥ 证书主题名称；⑦ 被证明的公钥信息，包括公钥算法、公钥的位字符串表示；⑧ 包含额外信息的特别扩展。

2）数字证书的分类

目前，数字证书认证中心主要签发安全电子邮件证书、个人和企业身份证书、服务器证书以及代码签名证书等几种类型证书。

2. 数字签名

在我们的工作和生活中，很多事情的处理需要当事者签名，例如，商业上的合同、订单和协议以及财务的凭证等都需要当事者的签名来证明其真实性。签名是证实当事者的身份和数据真实性的表示形式。

1）基本概念

数字签名（又称公钥数字签名、电子签章）其实就是经过加密后的消息摘要，指在网络中传输信息时，通过在所发送信息上附加一小段只有信息发送者才能产生而别人无法伪造的特殊个人数据标记，来代表发送者个人身份，起到与传统手写签名同样的作用。它是对电子形式的消息进行签名的一种方法。

2）工作原理

数字签名技术是公开密钥加密技术和单向散列函数相结合的产物。信息的发送方用一个散列函数从所要发出的信息中生成消息摘要。发送方用自己的私钥对这个消息摘要进行加密，得到数字签名。然后，得到的数字签名将作为信息的附件和信息一起发送给接收方。接收方接收到信息后，首先用与发送方一样的散列函数从接收到的原始信息中计算出消息摘要，接着再用发送方的公钥来对报文附加的数字签名进行解密。如果得到的两个消息摘要相同，那么接收方就能确认该数字签名是发送方的。通过数字签名能够实现对原始信息的鉴别。

一个数字签名必须保证以下几点。

（1）在技术上，信息的接收者必须有能力对信息发送者所做的数字签名进行核实。

（2）在技术上要保证发送者在对信息签名发送后不能抵赖

（3）在技术上要保证信息的接收者无法伪造信息发送者对发送信息的数字签名

3. CA（认证中心）

1）基本概念

CA 俗称认证中心，也称数字证书认证中心，英文为 Certification Authority，简称 CA。CA 中心作为受信任的第三方，负责为网络环境中的各个实体颁发数字证书，以证明各实体身份的真实性，并负责在交易中检验和管理证书；数字证书的用户拥有自己的公私钥对。

证书中包含有证书主体的身份信息、其公钥数据、发证机构名称等，发证机构验证证书主体为合法注册实体后，就对上述信息进行数字签名，形成证书。在公钥证书体系中，如果某公钥用户需要任何其他已向 CA 注册的用户的公钥，可直接向该用户索取证书，而后用 CA 的公钥解密即可得到认证的公钥；由于证书中已有 CA 的签名来实现认证，攻击者不具有 CA 的签名密钥，很难伪造出合法的证书，从而实现了公钥的认证性。

认证中心的建立并不是任何一个组织想建立就能建立起来的。除了作为第三方要求的公正性和具备良好信誉之外，还需要强大的技术支撑。因为数字证书本身涉及许多先进的密码技术。比如，CA 提供的公开密钥与数字摘要机制等必须是可靠、先进的，此外密钥的长度必须达到一定位数，以保证 CA 及其发行证书的安全可靠，并且在管理机制、服务质量与认证速度上均需达到很高的水平。

2）CA 认证中心的主要功能

CA 在整个公钥加密体质以及安全的网络通信过程中的地位是至关重要的。它必须是所有合法注册用户所信赖的具有权威性、信赖性及公正性的第三方机构。CA 的核心功能就是发放和管理数字证书。概括地说，CA 认证中心的功能主要有证书发放、证书更新、证书撤销和证书验证。具体描述如下。

（1）接收验证用户数字证书的申请。

（2）确定是否接受用户数字证书的申请，即证书的审批。

（3）向申请者颁发（或拒绝颁发）数字证书。

（4）接收、处理用户的数字证书更新请求。

（5）接收用户数字证书的查询、撤销。

(6) 产生和发布证书的有效期。

(7) 数字证书的归档。

(8) 密钥归档。

(9) 历史数据归档。

3) VeriSign 威瑞信

VeriSign(威瑞信)是世界上最著名的 CA 认证中心,是一个提供智能信息基础设施服务的公司,总部位于美国加利福尼亚州。威瑞信的数字信任服务通过其域名登记、数字认证和网上支付三大核心业务,在全球范围内建立起了一个可信的虚拟环境,使任何人在任何地点都能放心地在网络上进行信息交换。

作为威瑞信公司起家的核心业务威瑞信的数字证书是目前市场上同类产品中功能最完善、安全性最高的数字证书,而且能够广泛支持多种应用和多种设备。它主要包括: SSL 证书和代码签名证书两类。全球 500 强企业中有 93% 的企业、全球前 40 大银行、全球 50 大电子商务网站中的 47 个都选用威瑞信的 SSL 证书。整个互联网共有超过 50 万个网站选用威瑞信的 SSL 证书来确保网站机密信息安全。

威瑞信通过强大的加密功能和严格的鉴权措施,保护着全世界超过 500 000 台 Web 服务器的安全,其中包括亚马逊、雅虎购物等。在全球范围内众多知名网站均安装了威瑞信的 SSL 服务器证书加强网站安全防护。为了扩展自己的业务范围,威瑞信已经与全世界几十个国家和地区的 50 多家数字信任服务提供商建立了合作关系,授权其加入了威瑞信的信任网络,使威瑞信成为目前全球最大的数字证书颁发机构,好比互联网世界的工商管理局。

四、注意事项

(1) 发送加密邮件时,发送方使用接收方的公钥对邮件进行加密,接收方收到后使用自己的私钥进行解密。

(2) 发送签名邮件与发送加密邮件不同,发送数字签名邮件,发送方必须使用自己的私钥签名邮件,所以发送方必须安装数字证书。

五、思考与练习

(1) 简述密码系统的组成。

(2)简述主流的加密技术有哪些,各有什么特点。

(3) 什么是数字证书? 简述它在信息安全中所起到的作用。

(4) 什么是数字签名? 它在信息安全中起到怎样的作用?

(5) 什么是 CA 认证机构? 目前全球最大的 CA 认证机构是哪家公司? 试作简要介绍。

第二部分:电子商务模式应用

当前,电子商务在我国发展迅猛,但针对电子商务模式的分类还没有权威统一的界定,并且还在不断发展中。结合电子商务现行发展的态势,目前业界普遍认可的分类方式,可以将电子商务模式分为B2B、B2C、C2C、O2O和SNS等几种主要模式。

本部分内容针对电子商务的以上每种主要模式分别展开,设有学习目标、任务实施、相关知识、注意事项和思考与练习共5个模块,在每章中既有学习目标引领也有思考与练习实践,既有理论知识学习也有实践项目训练,既有课内实践训练也有课后能力训练,同时还配套有江苏必胜客教育科技有限公司的校园电商实训系统和淘宝网作为实践学习平台,为学习者构造循序渐进式的学习过程和全方位学习资源。

第四章　B2B 模式应用

技能项目：

掌握 B2B 平台进行企业会员注册的方法；

掌握在 B2B 平台的后台操作，如店铺管理、类目管理、分类管理、商品管理、订单管理、会员管理、物流配置和支付方式等；

熟练地在 B2B 平台上进行前台操作流程。

相关知识：

B2B 网站类型；

B2B 电子商务的交易流程；

B2B 电子商务的主要盈利模式；

B2B 电子商务典型企业的应用。

任务一　网站主要功能

一、学习目标

通过对本任务的学习，学习者应熟练地在 B2B 平台上进行企业会员注册，掌握 B2B 网站类型。

二、任务实施

B2B 是企业之间通过网络通信手段进行商品或服务交易的电子商务模式，是目前电子商务活动中业务量最大的一种交易模式，对提高企业效益等有巨大的效用。在电子商务活动中，会有许多不同的角色，每个角色一般会对应一个工作任务。

这部分内容以江苏必胜课教育科技有限公司的电子商务综合实训平台设计具体任务。学员们根据各自的兴趣，自由选择和组合，为后期平台运营作准备。

1. 角色分工

教师：1 人，分配账号和密码。

商城管理员：2~3 人，成立电商实训平台运营公司。

企业用户：2 人左右，以某行业为例，成立一个公司。

2.B2B 商城管理员操作

1）商城管理员登录

在网址栏输入 http://192.168.8.236:8100/shopadmin，登录平台后台，用户名为 admin，密码为 admin123，如图 4-1 所示。

图 4-1　商城管理登录界面

2）教师和班级设置

单击教学管理——教师账号，查看所有已设置的教师账号，并进行教师账号添加，如图 4-2 所示。

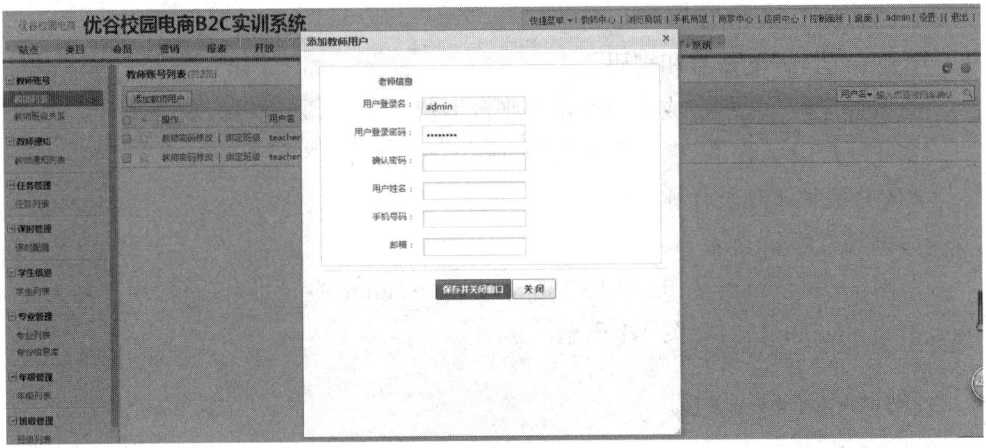

图 4-2　教师账号添加

单击教师密码修改，即可修改登录密码，如图 4-3 所示。

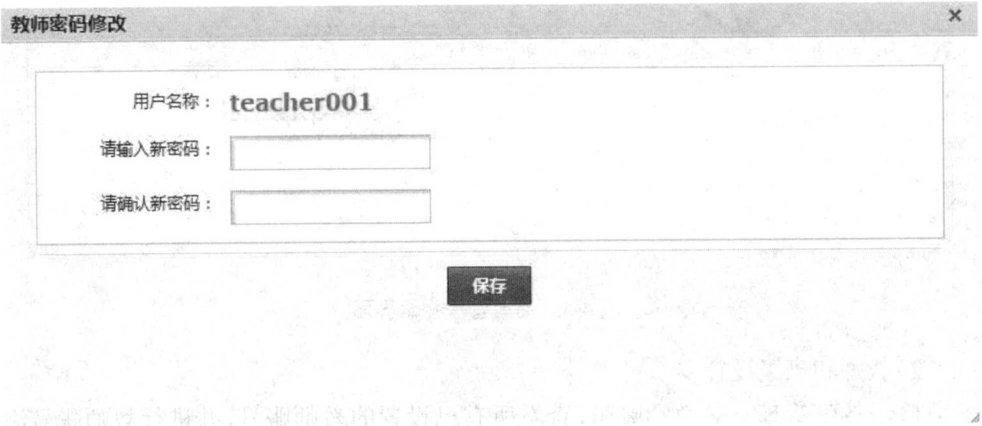

图 4-3　教师密码修改

另外，在教师账号列表中，选择指定教师账号，可为其绑定班级，绑定后，该教师可监控该班级下配置的所有学生操作，如图 4-4 所示。

图 4-4　绑定班级界面

3）专业、年级和班级设置

在此模块中，可设置所有学生信息，并进行学生账号管理。单击专业列表添加专业，单击年级类别添加年级，单击班级列表添加班级。单击学生列表，除了按照模板在 Excel 中设置好学生信息后，批量导入学生信息外，也可以一一新增学生信息。如图 4-5 所示。

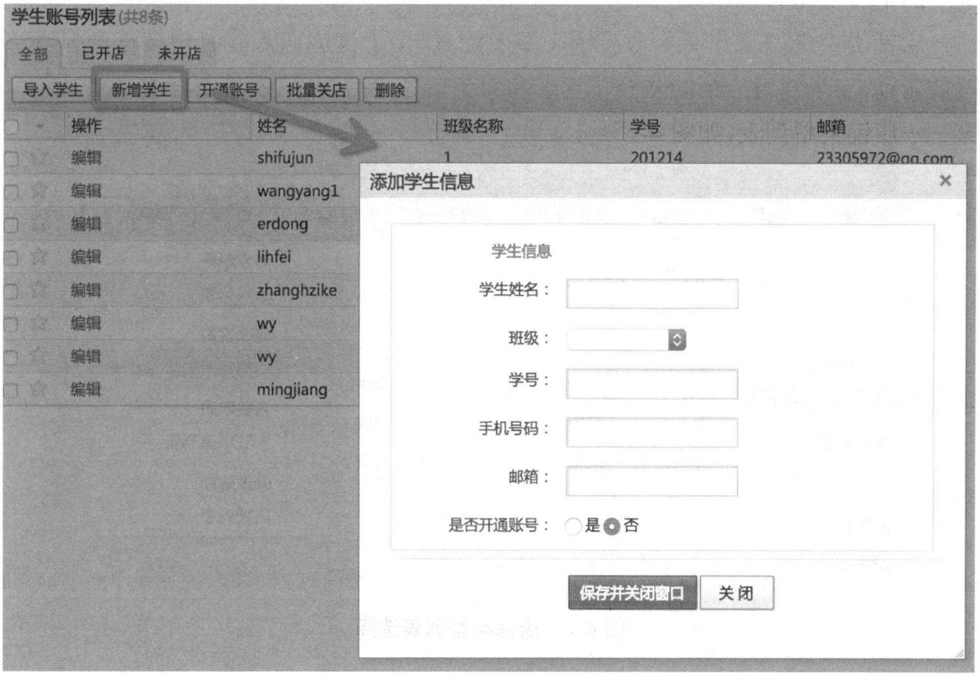

图 4-5　新增学生信息界面

学生信息添加后，单击选中按钮——开通账号，账号开通后，学生可使用分配的账号去商家端上传资料后，进行店铺开通，如图 4-6 所示。

图 4-6　开通账号界面

3. 企业用户操作

1）企业用户注册及登录

在网址栏输入 http://192.168.8.236:8100/shop，根据教师分配的账号注册并登录店铺。

2）店铺类型管理

店铺类型是用来定义平台店铺类型及配置，便于供应商入驻时申请符合自身情况的店铺，实现针对店铺的差异化管理和服务。登录后台，依次单击导航菜单——商家——店铺类型列表，如图 4-7 所示。

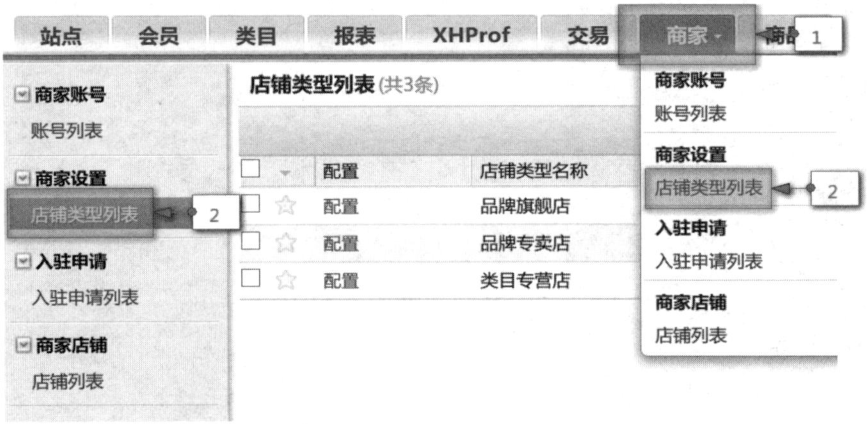

图 4-7　店铺类型列表选择

2. 店铺类型配置

进入店铺类型列表即可看到系统预设的三种店铺类型，分别为：品牌旗舰店、品牌专卖店、类目专营店。预设的三种店铺类型配置项基本相同，主要区别在于：品牌的旗舰店具有唯一性，所以配置为排他。品牌专卖店和类目专营店则为不排他。店铺类型不可增加，不可删除，单击各店铺类型左侧的“配置”按钮，可对店铺类型的配置项进行修改。如图 4-8 所示。

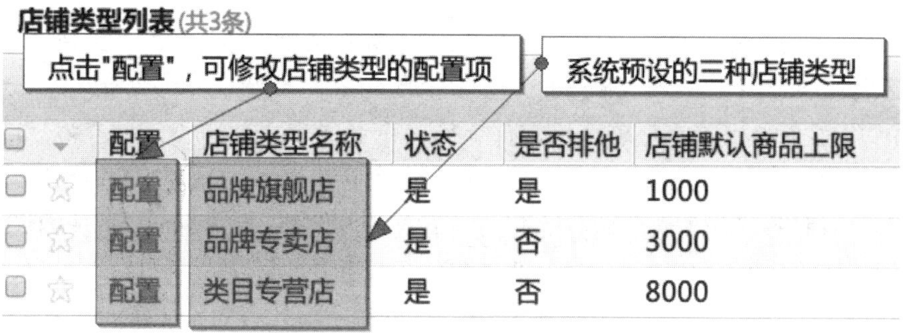

图 4-8　店铺类型列表配置

按照企业实际情况选择具体的类型配置项，具体如图 4-9 所示。

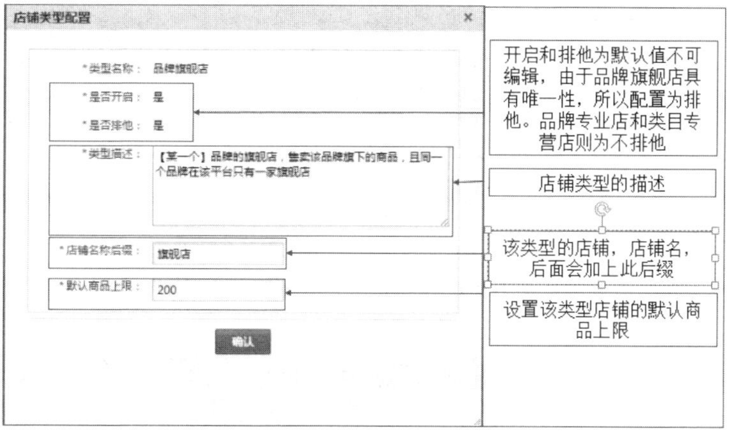

图 4-9　店铺类型配置说明

三、相关知识

在当前的电子商务领域，企业之间的网上商务活动是电子商务的主流，世界上 60% 以上的电子商务交易额是在企业之间产生的。传统的企业之间的交易往往要耗费企业大量的资源和时间，无论是销售、分销还是采购都要占用产品成本。通过 B2B 的交易方式，买卖双方能够在网上完成整个业务流程，从建立最初印象到货比三家，再到讨价还价、签单、网上支付和交货，直到最后的售后服务都在网上进行。本节简要介绍这种企业之间的电子交易模式。

（一）B2B 电子商务概述

从概念上讲，B2B（Business to Business）电子商务是商业对商业，或者说是企业之间的电子商务交易模式，即企业与企业之间通过互联网进行产品、服务及信息的交换，实现网上的商务活动。简单地说，B2B 电子商务就是企业与企业之间进行的电子商务活动。的供电子商务的业务流程一般是由商业机构（或企业、公司）使用 Internet 发布企业相关的供求信息，向供应商（企业或公司）订货或接受客户订货，签订购销合同，完成网上支付及票据的签发、传送和接收，确定配送方案并监控配送，实现网上售后服务。这类电子商务除交易当事人双方之外，还需要涉及相关的银行、认证、税务、保险、物流配送、通信等行业部门的运作和协调；而对于国际间的 B2B 电子商务，还要涉及海关、商检、担保、外运、外汇等行业部门。通过 B2B 的交易方式，企业之间的交易可以减少许多事务性的工作流程和管理费用，降低了企业的经营成本。网络的便利性及延伸性使企业扩大了活动范围，企业的跨地区、跨国界发展更方便、成本更低廉。B2B 的典型代表有阿里巴巴、中国制造网和慧聪网等。

B2B 电子商务不仅仅是建立一个网上的买卖者群体，也为企业之间的战略合作提供了基础。任何一家企业，不论它具有多强的技术实力或多好的经营战略，要想单独实现 B2B 是完全不可能的。单打独斗的时代已经过去，企业间建立合作联盟逐渐成为发展趋势。企业之间可以通过网络在等方面建立互补互惠的合作，形成水平或垂直形式的业务整合，以更大的规模、更强的实力、更经济的运作真正达到全球运筹管理的模式。

（二）B2B 方式

B2B 包括网上交易市场和网上交易两种方式。

1. 网上交易市场

网上交易市场是指提供给具有法人资质的企业，使它们可以用于之间的实物和服务交易的、由第三方经营的电子商务平台。这种模式下，电子商务网站（平台）由中立的第三方负责经营，服务提供方必须具备法人资格，买卖双方也必须是企业法人，有在工商部门备案的独立固定网址；在网上交易市场中开展实物交易和服务。平台上的商品（服务）描述真实详细，平台具备安全可靠的支付功能和物流解决方案，服务功能齐全，包括咨询服务、交易服务、售后服务等。如阿里巴巴、慧聪网。

2. 网上交易

网上交易是指具有法人资质的企业在互联网上注册网站，向其他企业提供或采购实物和服务。这种模式下，电子商务网站由具备独立法人资格的企业负责经营，交易对象也具有法人资格，在网上开展实物（服务）交易。网站上的商品（服务）描述真实详细，网站具备安全可靠的支付功能和物流解决方案，服务功能齐全，包括咨询服务、交易服务、售后服务等。如宝钢在线。

（三）B2B 平台类型

B2B 平台主要有行业垂直类和水平综合类两种类型。

1. 行业垂直类 B2B

电子商务网站这种网站会针对一个行业做深、做透，如全球纺织网、中国化工网、全球五金网等。此类网站在专业上更具权威性、精确性，其缺点是受众过窄、难以形成规模效应。

2. 综合水平类 B2B

电子商务网站这种网站基本涵盖了各个行业，主要在广度上下工夫，如阿里巴巴、慧聪等。这类网站在品牌知名度、用户数、跨行业、技术研发等方面具有行业垂直类 B2B 网站难以企及的优势，但在用户精准度、行业服务深度等方面略有不足。

（四）B2B 网站功能

B2B 网站功能主要包括：产品信息发布、关键字设置、免费会员权限设置、分析竞争对手、引擎优化、邮件列表杂志订阅、销售信息、分类排名、论坛管理、系统管理。

1. 产品信息发布

产品信息发布模块设计的目的在于能够使企业便捷地将产品和服务等信息在 B2B 电子商务网站平台上进行展示。发布产品信息最需要注意关键字的选择，客户根据关键字来搜索查询产品。关键字是 B2B 网站排名的重要因素，如果产品查询的结果比较靠后，则能够通过 B2B 网站系统模块适当调整关键字，调高排名位置。

2. 关键字设置

关键字设置模块是企业产品在 B2B 电子商务网站操作的重点，多家企业产品的关键词常常出现共同争取和互相竞争的状况。对此应用 B2B 电子商务网站的企业可通过系统后台有效发掘和扩展关键词，并且 B2B 平台运营商可以使会员（包括免费会员）排上前十。

3. 分析竞争对手

分析竞争对手模块主要是从采购商的角度来分析竞争对手的不足，促使采购商在产品介绍、产品图片、厂房介绍、各种认证的编辑上下功夫，提升竞争力。

4. 引擎优化

B2B 电子商务平台提供定制开发服务，对于网站级别较高的 B2B 电子商务平台设置引擎优化模块，使得会员的二级网页获得百度、360 以及搜狗等搜索引擎抓取，为提高会员知名度创造便利条件。

5. 邮件列表杂志订阅

B2B 电子商务平台设置邮件列表杂志订阅模块，增强企业的产品推广力度。在申请订阅之后，B2B 电子商务平台会通过此模块，把最新的行情以及一些信息发到客户的邮箱。

7. 销售信息

B2B 电子商务平台的强大操作性主要通过销售信息模块体现出来，企业通过运用此模块，对产品展示内容的标题进行设置，并且可以不断刷新更新速度，达到强有力的产品宣传推广目标。

8. 分类排名

B2B 电子商务平台进行研发设计时，特别重视产品的分类排名以及产品分类的准确性、多样性特点。很多采购商依赖于排名来对产品进行筛选，国外客户、年长的客户尤其如此。B2B 电子商务平台设置的分类排名模块，使得买家可通过常用分类来查找产品信息。

9. 论坛管理

用网络流行的论坛程序，经修改，整合到整个系统中，主要与会员系统合并，统一后台管理。论坛栏目可以和网站栏目对应。

四、注意事项

（1）教师分配账号前，需要统计好学生姓名、班级、学号、手机号码和电子邮箱。

（2）本部分内容以校园电商实训系统为例实施任务，也可以以阿里巴巴、慧聪网等网站申请账号，开通店铺，了解 B2B 网站的功能。

五、思考与练习

（1）简述 B2B 网站的主要功能。

（2）结合实际谈谈，您是否接触过 B2B 网站？是什么网站？有何特点？

任务二　商城后台流程操作

一、学习目标

通过对本任务的学习，学习者应熟练地掌握在 B2B 平台上进行后台操作，学会如何进行店铺管理、类目管理、分类管理、商品管理、订单管理、会员管理、物流配置和支付方式等。

二、任务实施

众所周知，电子商务考验的不单是企业的前台运作能力，更重要的应该是后台的供应链管理能力。本节主要讲解店铺的基本配置、类目管理、分类管理、商品管理、订单管理、会员管理、物流配置和支付方式等。通过本节的学习，学者能够灵活地使用后台管理系统添加各种类型的商品，处理各种订单以及物流信息等，满足客户对商品的各种需求。

1. 商城类目管理

1）品牌管理

单击“类目”——“品牌列表”进入品牌列表页，再单击“添加品牌”即可添加品牌，如图 4-10 所示。

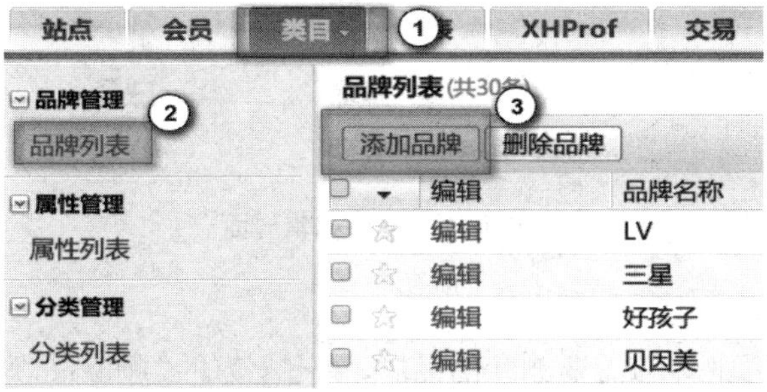

图 4-10 品牌管理界面

添加品牌配置项说明如图 4-11 所示。

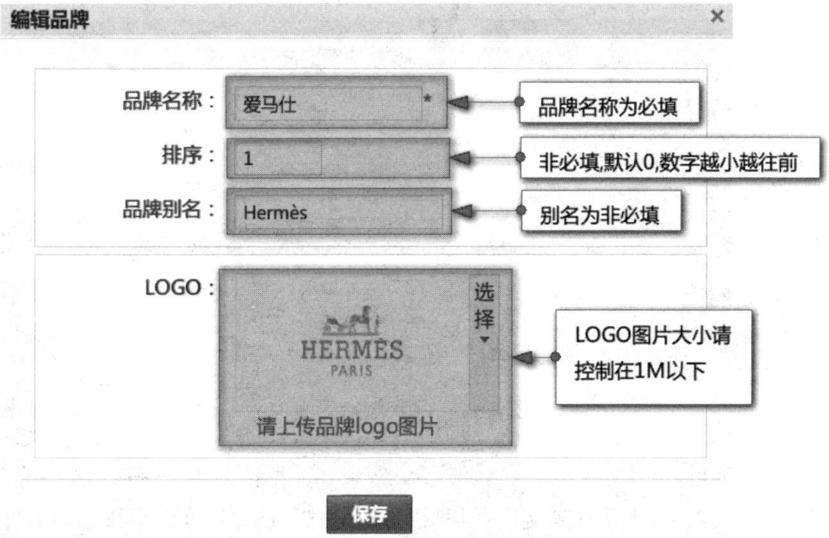

图 4-11 品牌配置项说明

2）品牌编辑

在品牌列表页中单击任意品牌的“编辑”按钮即可对品牌进行编辑，如图 4-12 所示。

图 4-12　品牌编辑界面

3）品牌删除

在品牌列表页中勾选需要删除的品牌，单击上方的“删除品牌”按钮即可对品牌进行删除，如图 4-13 所示。需要注意的是，已经与三级分类绑定的品牌是无法被删除的，必须先解除绑定才能删除。

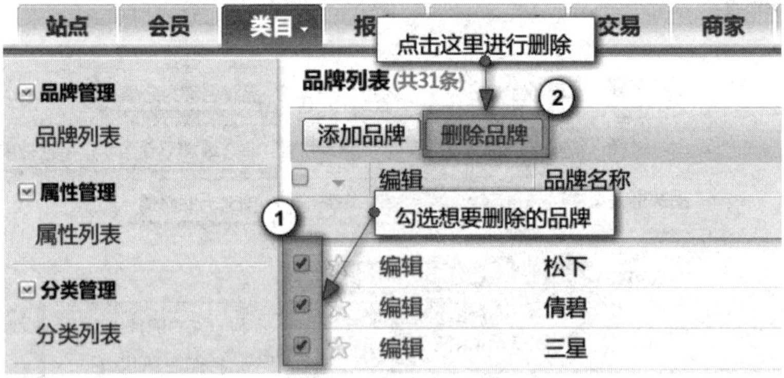

图 4-13　品牌删除界面

4）新品牌关联

商家可以在入驻申请中提交新品牌申请，新品牌在线下通过审核后，管理员可以将新商品添加入系统。在入驻申请表中，如果商家申请了新品牌，他提交的申请表会出现“关联品牌”按钮，如图 4-14 所示。

图 4-14　关联品牌界面

单击关联品牌可以商家提交的新品牌与需要关联的分类，前往品牌列表添加新品牌并与所需的分类绑定，如图 4-15 所示。

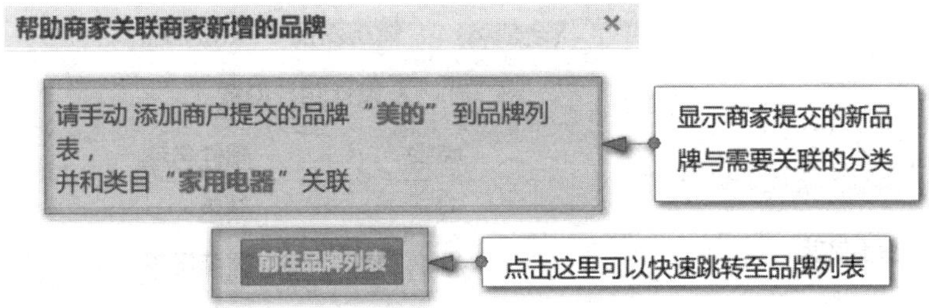

图 4-15　关联新增品牌界面

添加完新品牌后，再次单击之前入驻申请表的“关联品牌”按钮，如图 4-16 所示。

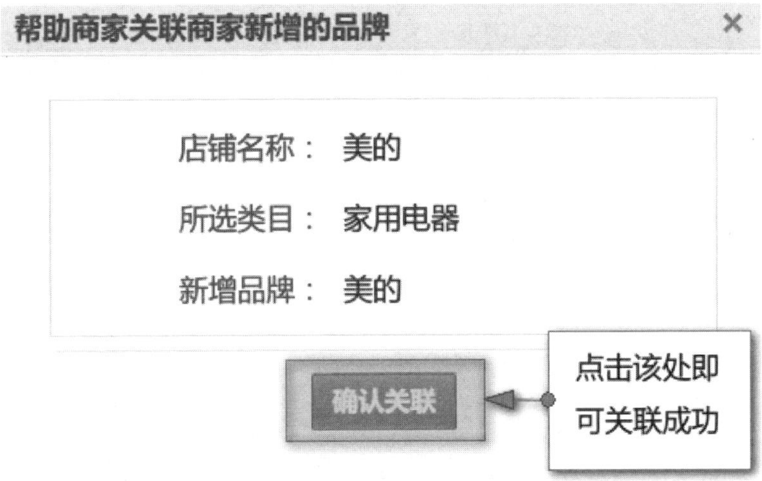

图 4-16　确认关联界面

实训要点提示：

品牌可以方便顾客使用品牌寻找商品以及品牌相关店铺，商家可以在入驻申请中提交品牌申请，设立品牌旗舰店或品牌专营店。品牌可以与三级分类进行绑定。

2. 属性管理

1）添加属性

单击“类目—属性列表”进入属性列表页，再单击“添加属性”即可添加属性，如图 4-17 所示。

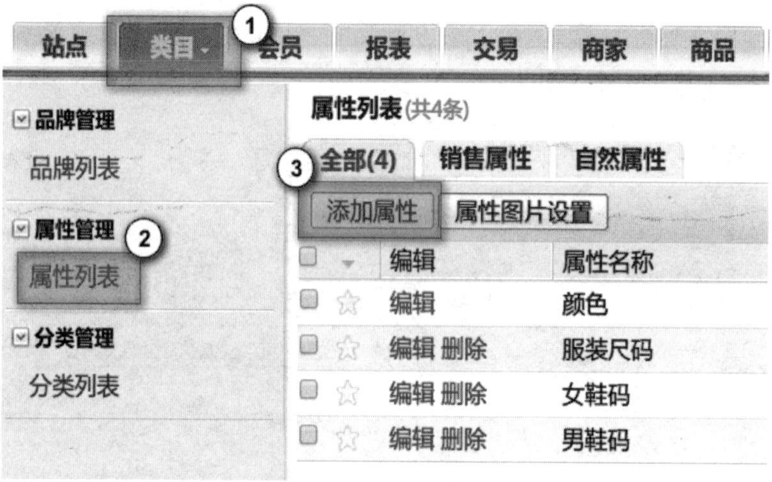

图 4-17　添加属性界面

添加属性配置项说明如图 4-18 所示。

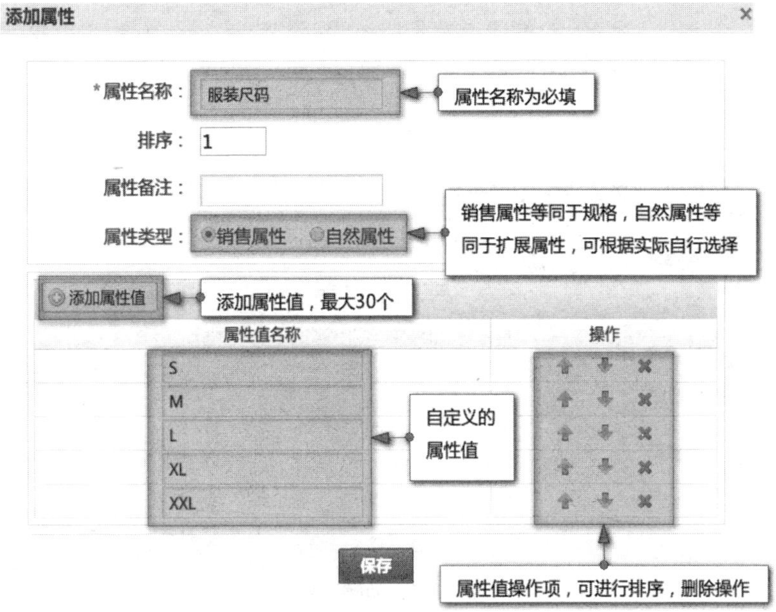

图 4-18　添加属性配置项说明

需要注意的是系统预设了一个，同时也是唯一一个图片展示的属性——颜色。该属性提供属性图片配置，可以在前台展示属性图片。管理员也可以自行编辑属性配置，包括属性名称、属性值、属性图片等（除属性类型外），如图 4-19 所示。

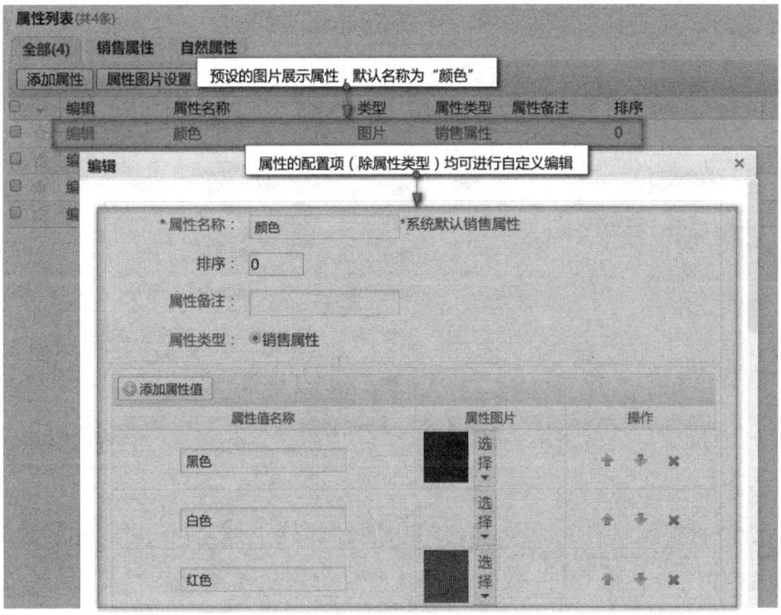

图 4-19　属性配置编辑界面

2）编辑属性

在属性列表页中单击任意属性的“编辑”按钮即可对属性进行编辑，如图 4-20 所示。

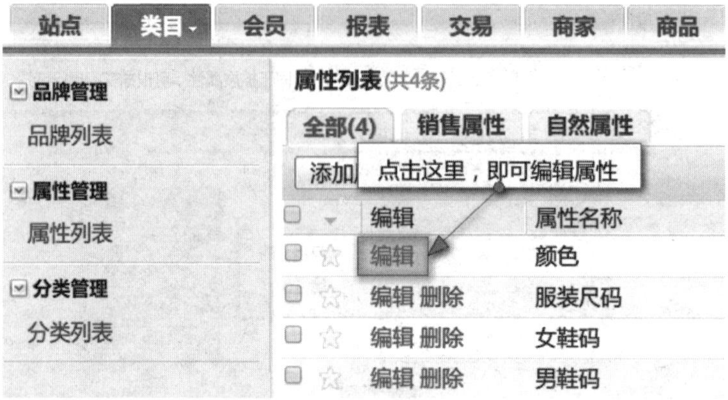

图 4-20　品牌编辑

3）删除属性

在属性列表页中单击任意想要删除属性的“编辑”按钮即可对属性进行删除。需要注意的是，已经与三级分类绑定的属性是无法被删除的，必须先解除绑定才能删除。另外默认的图片展示属性，也无法被删除。如图 4-21 所示。

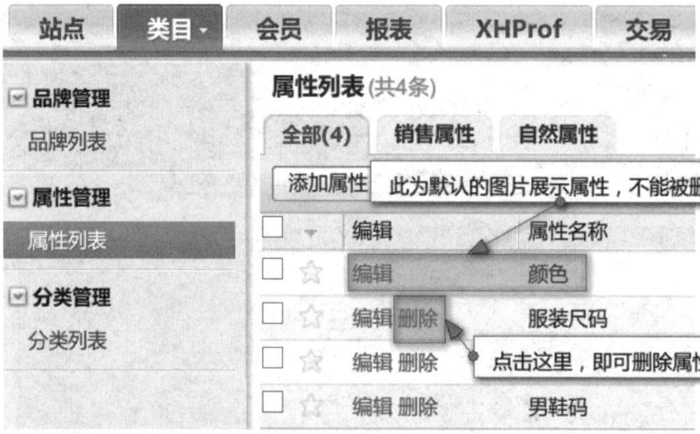

图 4-21　属性删除

实训要点提示：

属性分为销售属性与自然属性。销售属性等同于规格，定义具体的最小销售单元；自然属性等同于扩展属性，做产品特性的介绍展示所用。属性可以与三级分类进行绑定。

3. 分类管理

1）添加一级分类

单击“类目—分类列表”进入分类管理页，再单击“添加一级分类”即可添加一级分类，如图 4-22 所示。

图 4-22　添加分类

添加分类属性配置项说明如图 4-23 所示。

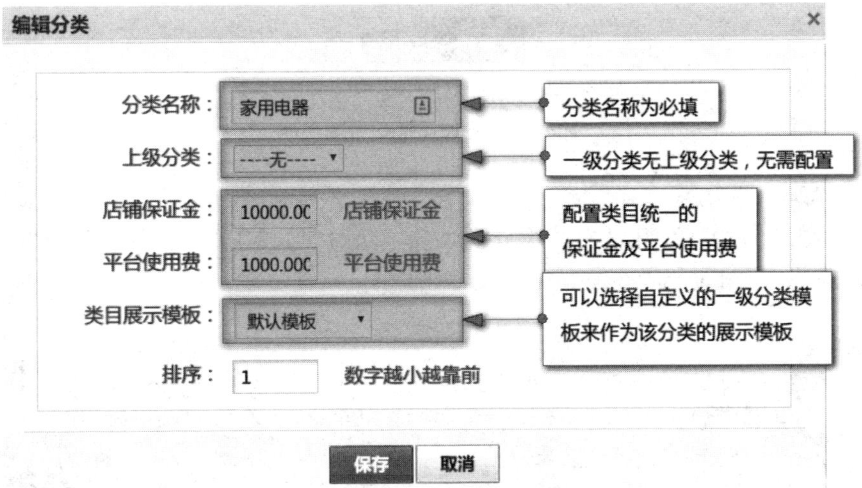

图 4-23　添加分类属性配置项说明

2）添加二级分类

添加一级分类后，可以为一级分类添加二级分类，单击“添加二级分类”即可添加二级分类，如图 4-24 所示。

图 4-24　添加二级分类界面

添加属性配置项说明如图 4-25 所示。

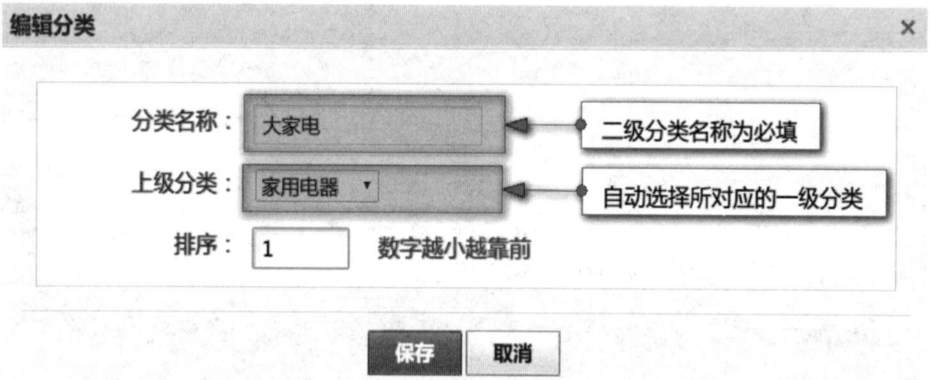

图 4-25　添加属性配置项说明

3）添加三级分类

添加二级分类后，可以为二级分类添加三级分类，单击“添加三级分类”即可添加三级分类，如图 4-26 所示。

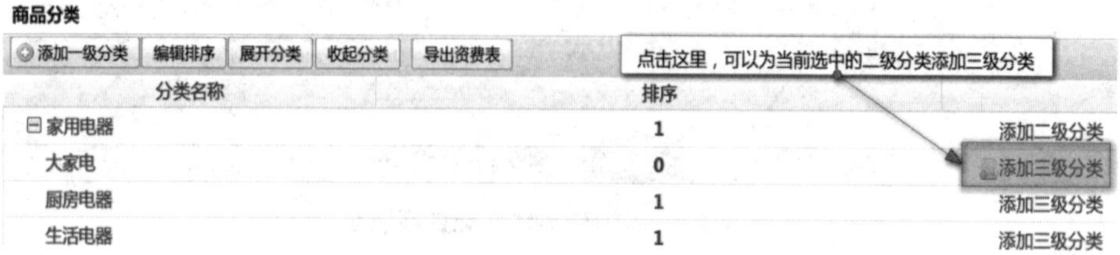

图 4-26　添加三级分类界面

添加属性配置项说明如图 4-27 所示。

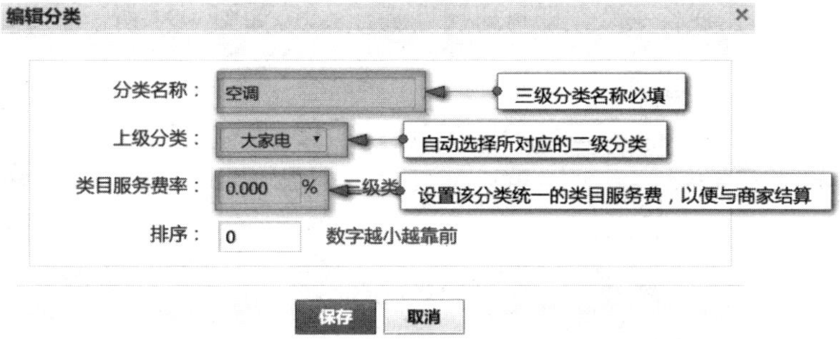

图 4-27　编辑分类界面

4）三级分类绑定品牌、属性及参数

三级分类可以绑定品牌、属性及参数，以供商家添加商品的时候按规定设置商品数据，实现商品信息的规范化。管理员可以在三级类目列表页中为任意三级类目绑定品牌、属性及参数。如图 4-28 所示。

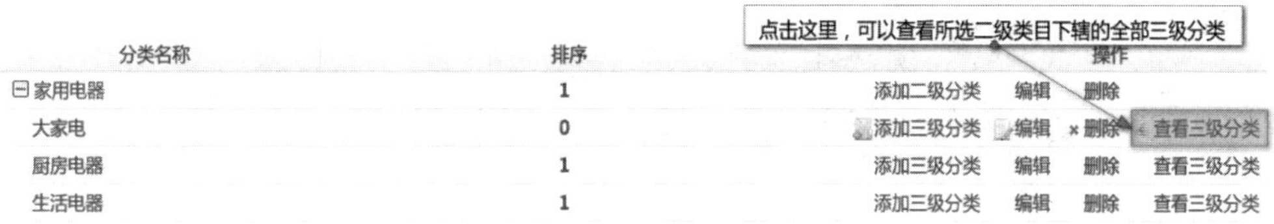

图 4-28　查看三级分类明细

在三级类目列表页中可以看到品牌、属性及参数关联项。如图 4-29 所示。

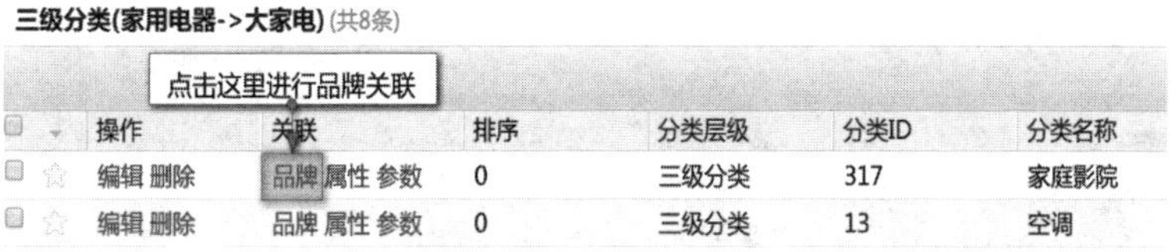

图 4-29　三级分类关联品牌

单击品牌关联项，平台管理员可根据企业需要，选择关联的品牌，如图 4-30 所示。

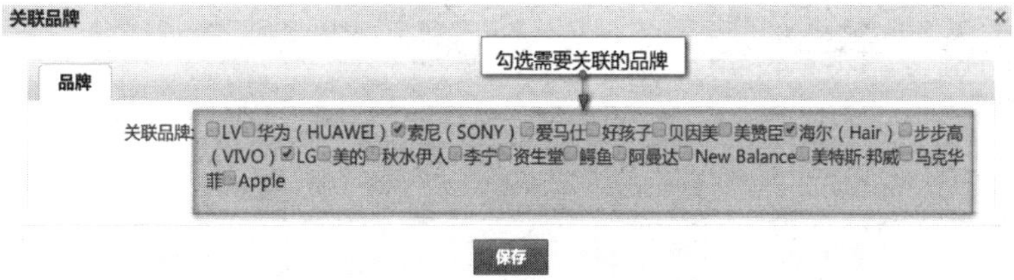

图 4-30　关联品牌的选择

关联属性：单击属性关联项即可对属性进行关联，如图 4-31 所示。

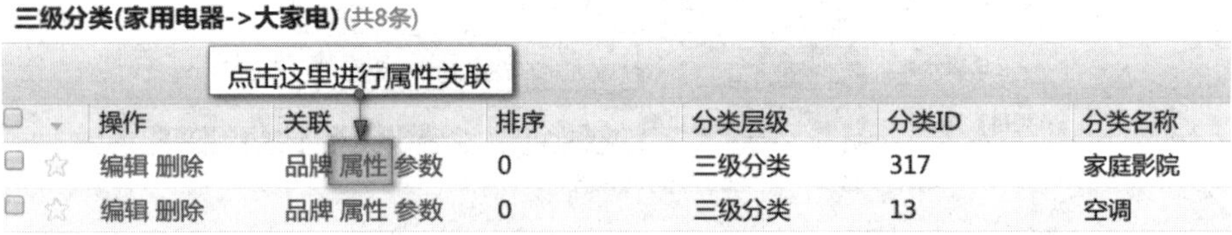

图 4-31　属性关联界面

选择需要关联的属性，一个三级分类最多关联 3 个销售属性、10 个自然属性。如图 4-32 和 4-33 所示。

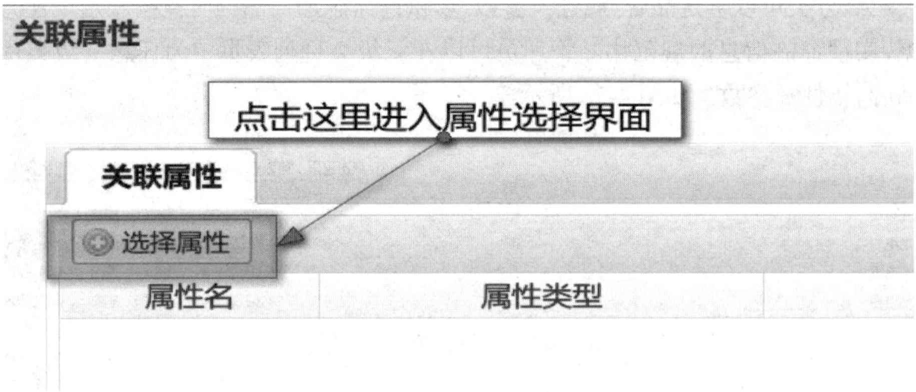

图 4-32　选择属性关联

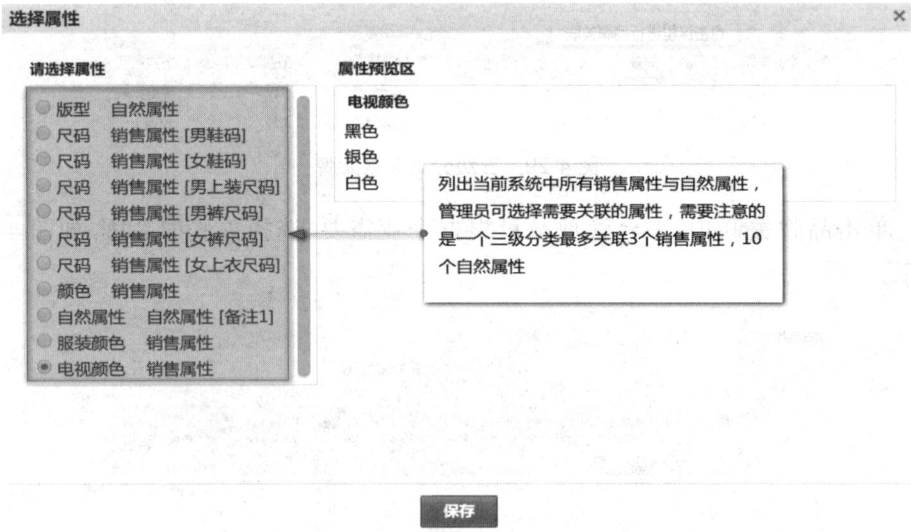

图 4-33　具体属性关联

选择的关联属性会显示在关联属性页面，管理员可以在此页面对所选择的属性进行排序及删除操作。如图 4-34 所示。

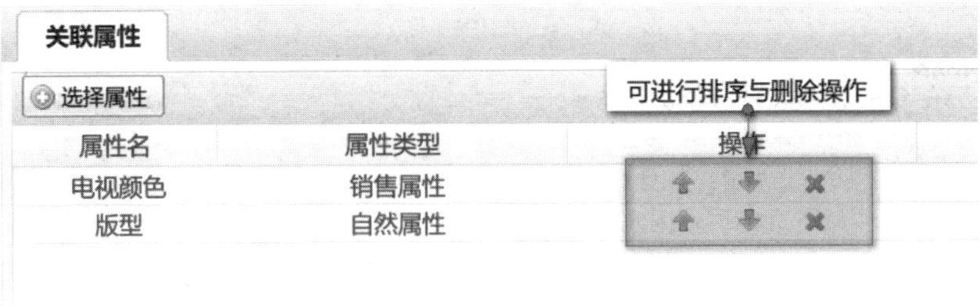

图 4-34　关联属性排序与删除操作界面

关联参数：单击参数关联项即可对属性进行关联。如图 4-35 所示。

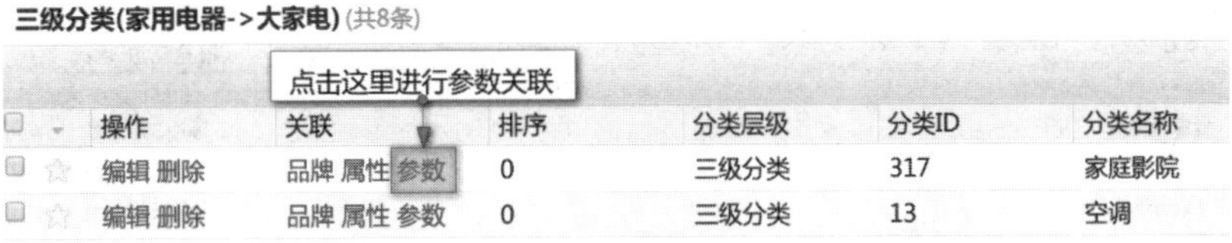

图 4-35　关联参数界面

参数是产品本身具体性能指标量化介绍说明，参数是用参数组管理的，需要先添加参数组，然后在组中添加参数内容。如图 4-36 所示。

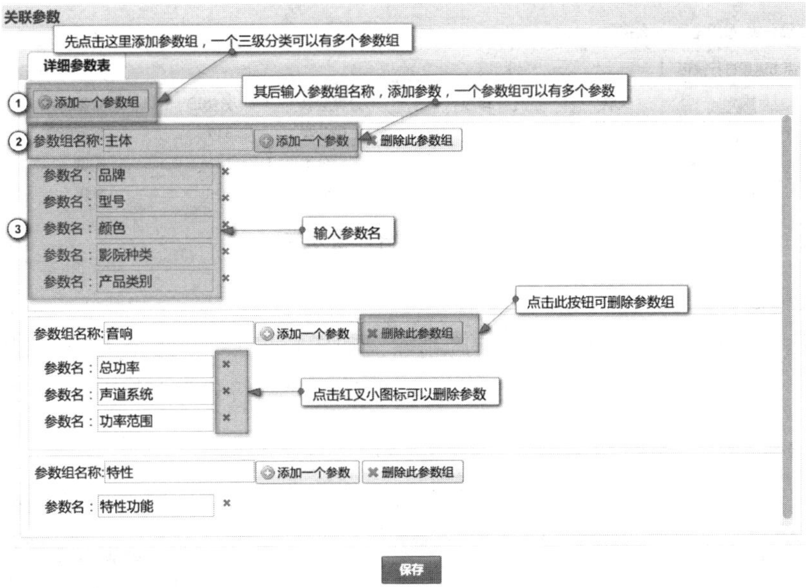

图 4-36　关联参数说明

5)编辑分类

编辑一级分类:单击一级分类的“编辑”操作项即可对一级分类进行编辑,如图4-37所示。

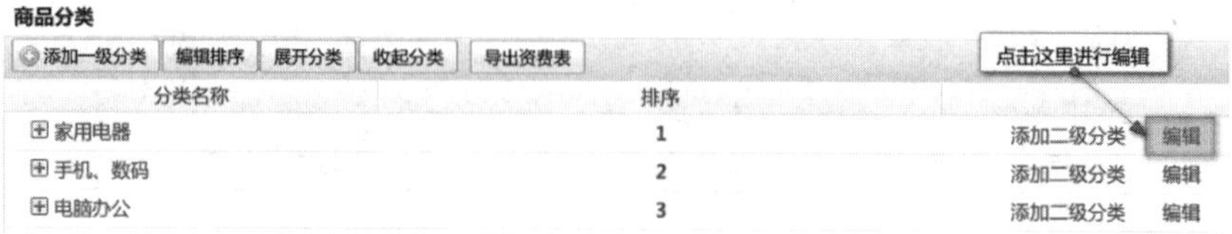

图 4-37　编辑一级分类

编辑二级分类:单击二级分类的“编辑”操作项即可对二级分类进行编辑,如图4-38所示。

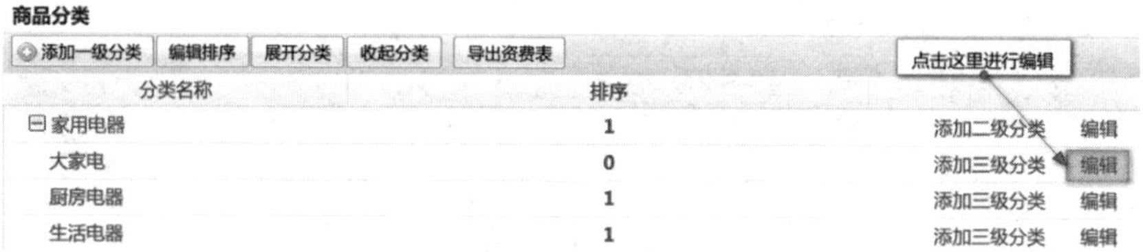

图 4-38　编辑二级分类

编辑三级分类:单击三级分类的“编辑”操作项即可对三级分类进行编辑,如图4-39所示。

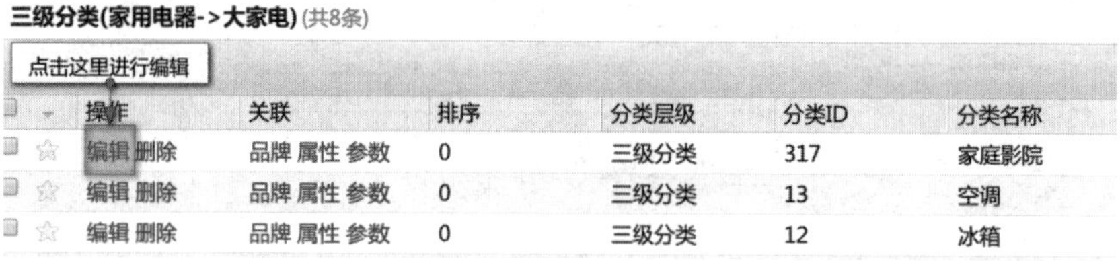

图 4-39　编辑三级分类

6)删除分类

删除一级分类:单击一级分类的“删除”操作项即可对一级分类进行删除,如果一级分类下含有二级分类则无法被删除,需要先删除二级分类。如图4-40所示。

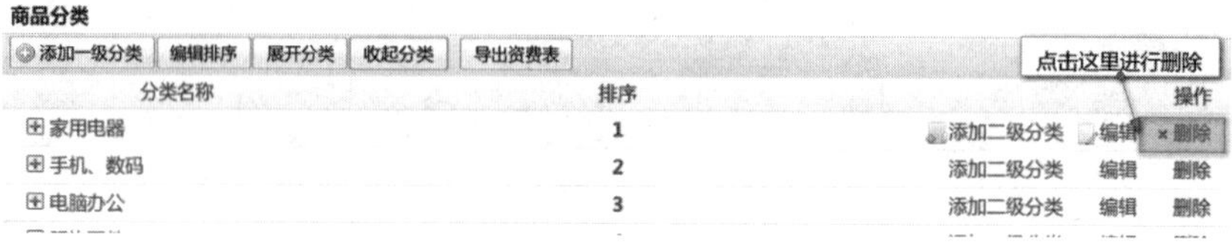

图 4-40　删除一级分类

删除二级分类：单击二级分类的“删除”操作项即可对二级分类进行删除，如果二级分类下含有三级分类则无法被删除，需要先删除三级分类。如图 4-41 所示。

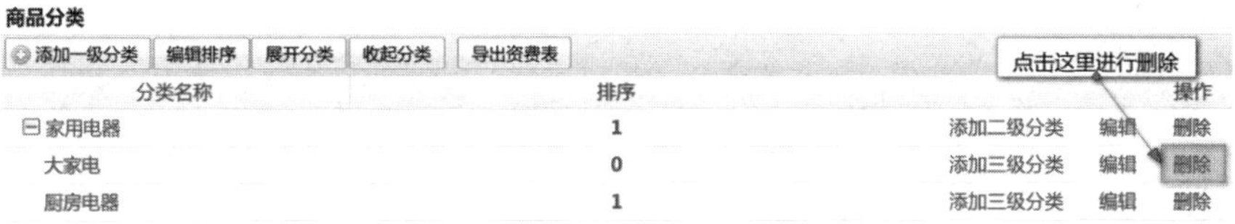

图 4-41　删除二级分类

删除三级分类：单击三级分类的“删除”操作项即可对三级分类进行删除。如图 4-42 所示。

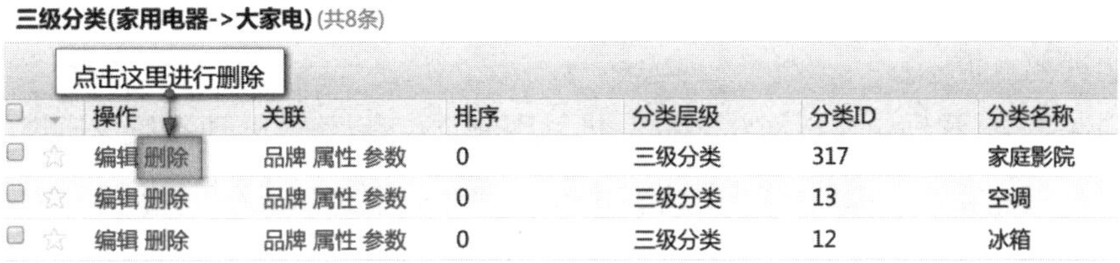

图 4-42　删除三级分类

实训要点提示：

分类用于定义产品类目及品牌，可供商家入驻的时候选择其签约类目和品牌，以便规范商家的产品管理及销售行为；同时可针对类目设定服务费及费率

4. 商品管理

1）商家商品列表

依次单击“商品—商品列表”即可进入商品列表页查看平台所有商品。如图 4-43 所示。

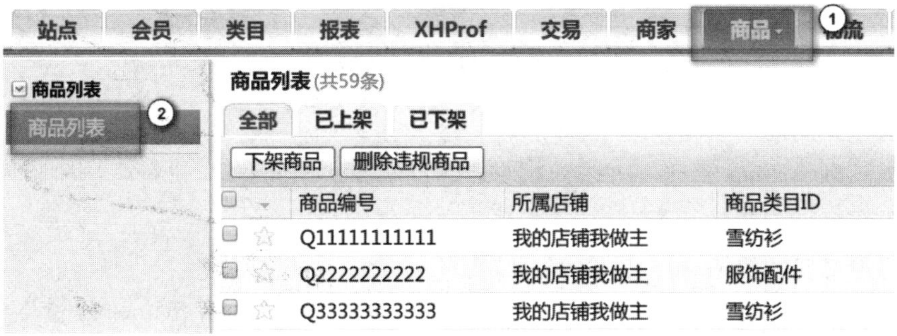

图 4-43　查看商品类别

2）商品强制下架

选中商品后单击下架商品，即可对商品强制下架。如图 4-44 所示。

图 4-44 商品强制下架

实训要点提示：

强制下架：管理员可以对指定商品进行强制下架，以快速处理劣质及违规商品的投诉。

3）强制删除商品

选中商品后单击删除违规商品，即可对商品强制删除。如图 4-45 所示。

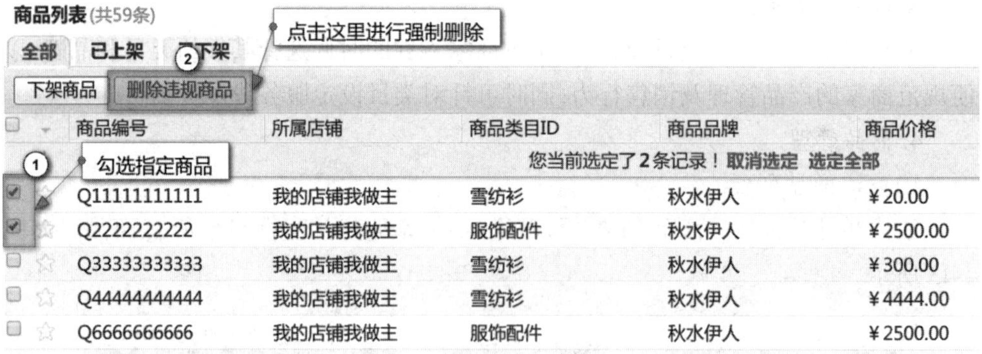

图 4-45 强制删除商品

实训要点提示：

强制删除商品：管理员可以针对明显违反法律法规的商品，进行强制删除操作。

5. 商家订单管理

1）商家订单列表

查看订单列表：后台依次单击“交易—订单列表”即可进入订单列表页查看平台所有订单。如图 4-46 所示。

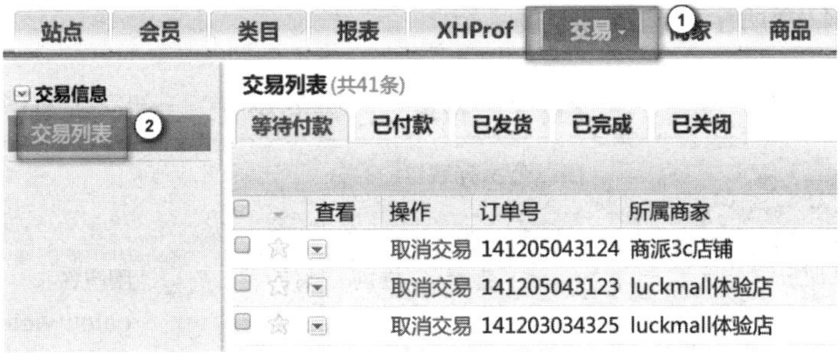

图 4-46 商家订单列表

2）未付款订单取消

运营方可以根据情况特殊性对未付款订单进行取消。

取消未付款订单：管理员在订单列表单击任意未付款订单的“取消交易”操作项即可取消订单（已付款订单无此操作项）。如图 4-47 所示。

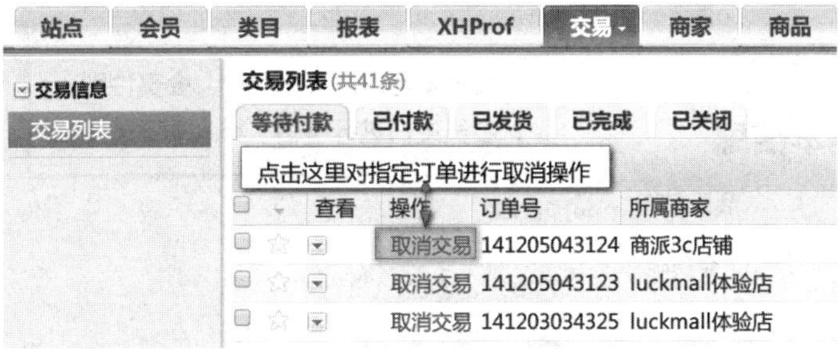

图 4-47 取消交易订单界面

取消订单的同时也可以反馈取消原因给商家。如图 4-48 所示。

图 4-48 取消订单原因反馈给商家

6. 会员管理

1）会员列表

查看会员列表：依次单击“会员—会员列表”即可进入会员列表页查看平台所有

会员。如图 4-49 所示。

图 4-49　商城会员列表

2）会员编辑

会员信息包括会员昵称、会员性别、会员生日等，但是会员名称、会员电话、会员 E-mail 管理员无权修改，会员可对具体信息进行编辑。如图 4-50 所示。

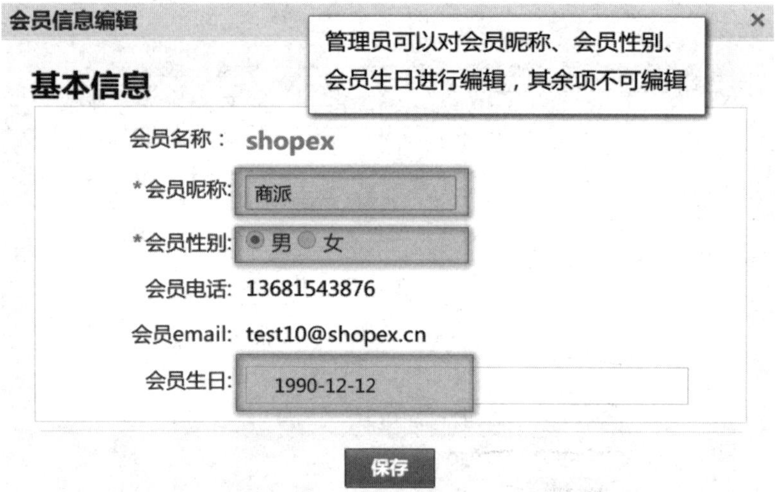

图 4-50　会员基本信息

3）会员等级

会员等级说明：对会员来说，是用成长值来划分不同的会员等级，例如成长值 0~1000 分为普通会员，成长值 10 000 以上的为黄金 A 会员，每个等级折扣不同。如下图 4-51 所示.。

说明：当会员的成长值达到升级标准后会自动升级。

编辑与添加会员等级：编辑会员等级与添加会员等级界面相同，参照操作即可。运营商可在后台，单击会员－会员等级—添加等级，如图 4-52 所示。

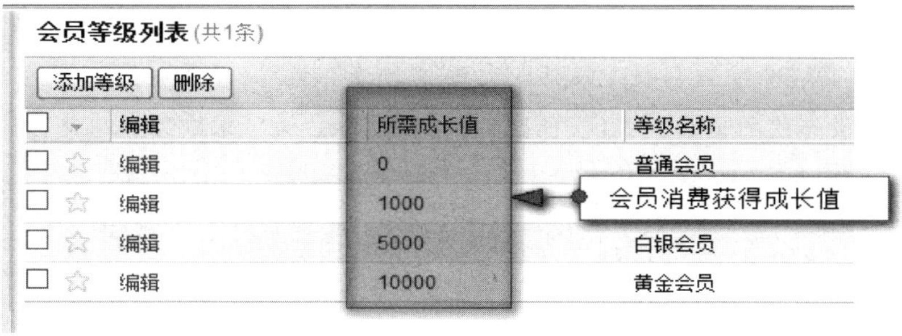

图 4-51 会员等级列表

图 4-52 编辑与添加会员等级

单击后弹出等级添加页面，可添加具体等级名称、设置成长值及会员等级图片，如图 4-53 所示。

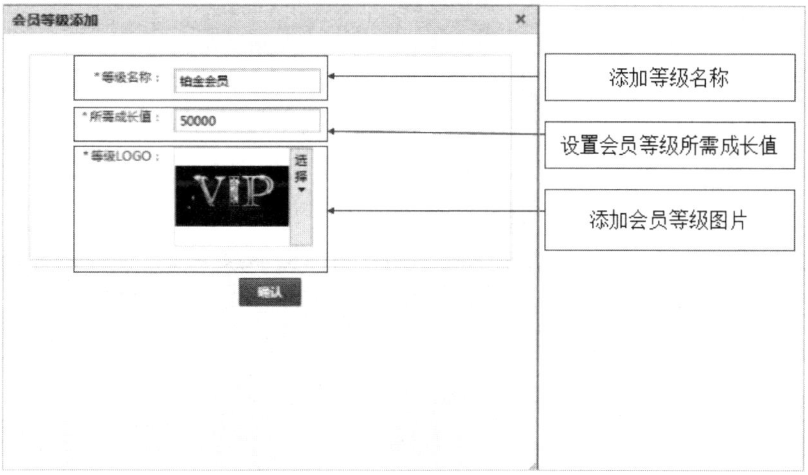

图 4-53 会员等级添加

说明：如果某会员等级设置为默认会员等级，则新会员注册后直接成为此等级会员，每个商店必须有且只有一个默认的会员等级，默认会员等级无法删除。

会员等级在会员中心的表现：在前台会员中心，会员登录后会显示该会员所属的会员级别，如图 4-54 所示。

图 4-54 会员等级表现

单击成长值后可进入查看成长记录，如图 4-55 所示。

图 4-55 成长记录

实训要点提示：

会员可以通过联系管理员申请修改部分会员信息，包括会员昵称、会员性别、会员生日，但是会员名称、会员电话和会员 E-mail，管理员无权修改。

另外，一般情况下，商店中会有多个会员等级，不同等级的会员可以享受不同的折扣价格，这样可以吸引会员持续消费。同时可以根据积分设置会员升级的标准，积分越多会员等级越高，享受的折扣越低。完整的会员体系可以方便商家对会员进行管理，同时也会给会员本身带来一定的便利。

4）注册协议

配置注册协议：单击“会员—注册协议”即可进入注册协议配置页。如图 4-56 所示。

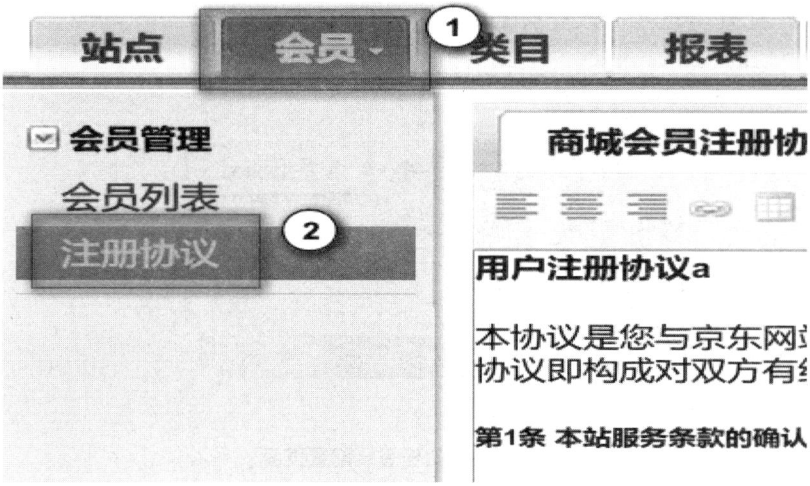

图 4-56　注册协议

5)信任登录

除了用户在商城注册的账号,系统还支持第三方信任登录包含:QQ、淘宝网、新浪微博、人人网、开心网以及搜狐网等。

信任登录配置:在运营商管理,信任登录配置可以配置第三方信任登录账号的 appKey 和 appSecret。如图 4-57 所示。

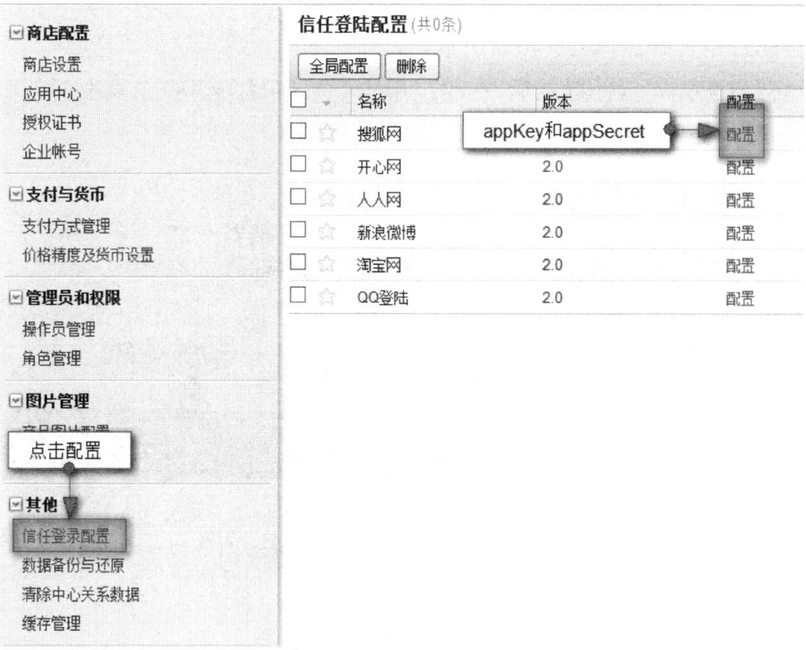

图 4-57　信任登录配置进入界面

单击“配置”，进入信任登录配置页面，如图 4-58 所示。

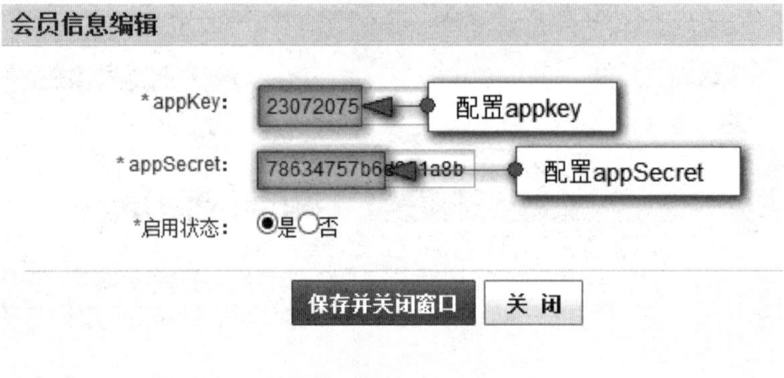

图 4-58　信任登录配置页面

配置保存后再设置前台开启状态，如图 4-59 所示。

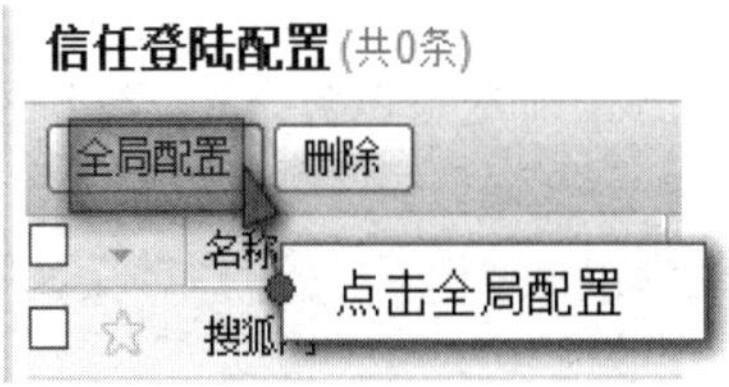

图 4-59　信任登陆配置

图 4-60　信任登录全局配置界面

设置前台是否开启，如图 4-60 所示。

当运营商配置完信任登录后，在用户单击“登录”跳转至登录页面时便可看到相应的登录图标，如图 4-61 所示。

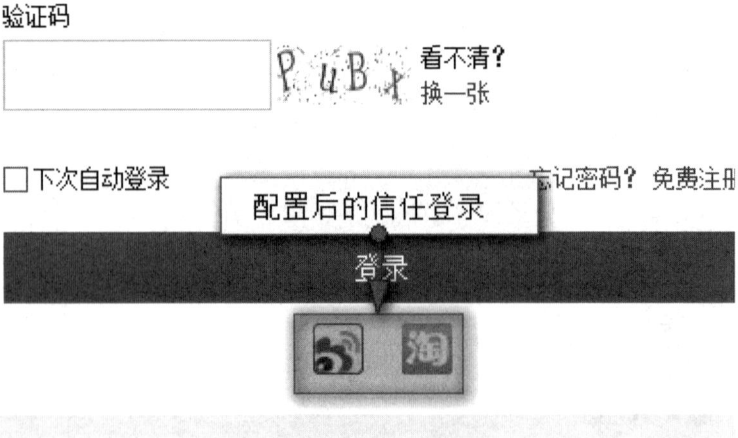

图 4-61　信任登录前台展示

单击相应的信任登录，登录成功后返回页面如下图 4-62 所示。

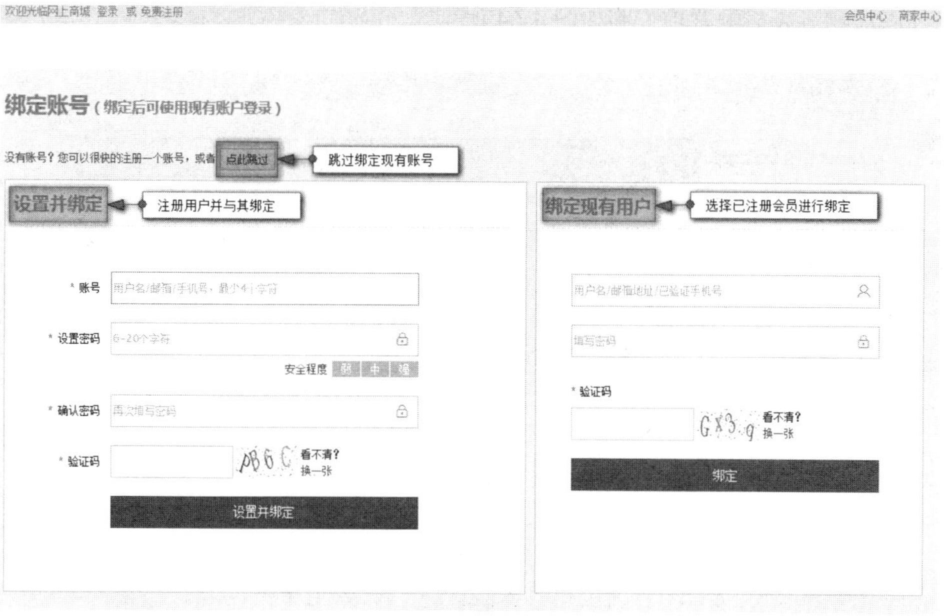

图 4-62　信任登录成功界面

单击返回后有三个选择：

A. 点此跳过

快速注册，不与现有任何用户进行关联，但下次购物时仍需要用该账户进 信任登录。

B. 设置并绑定

注册新用户，并与信任登录账号绑定，如果按此操作，下次购物时可使用用户名登录，保留之前信任登录的用户所有信息。

C. 绑定现有用户

当在商城拥有已注册过用户，则可以绑定该账户，绑定后即登录已注册的会员中心。

7. 物流配置

1）物流公司设置

管理员可以预先定义物流公司信息，以供商家使用，为商家提供更为便捷的工具。

添加物流公司：单击“物流—物流公司”进入物流公司列表页，再单击“添加物流公司”即可添加物流公司，如图 4-63 所示。

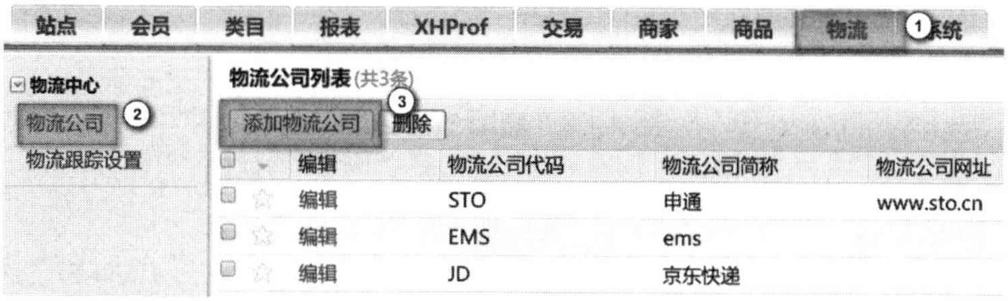

图 4-63　添加物流公司

添加物流公司配置项说明如图 4-64 所示。

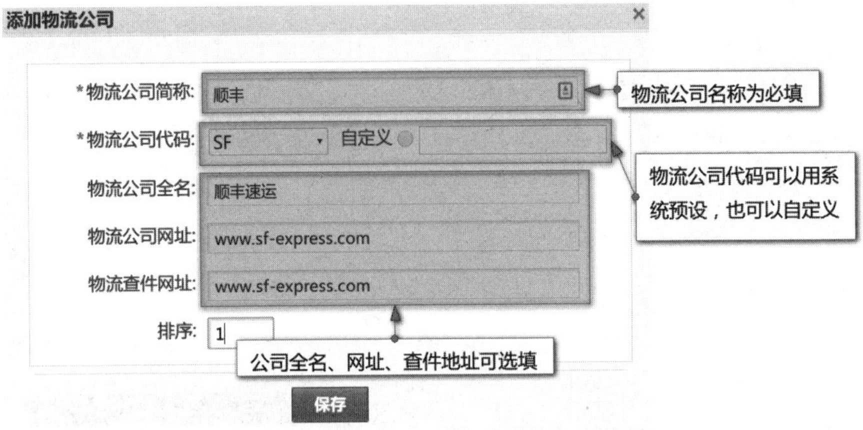

图 4-64　添加物流公司配置项说明

编辑物流公司：如需对物流公司具体信息进行修改，可单击“编辑”，如图 4-65 所示。

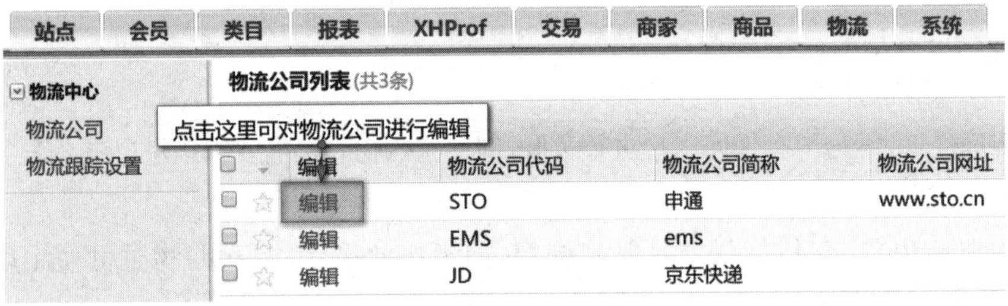

图 4-65　编辑物流公司

删除物流公司：如需删除原有物流公司，可单击“编辑”按钮，如图 4-66 所示。

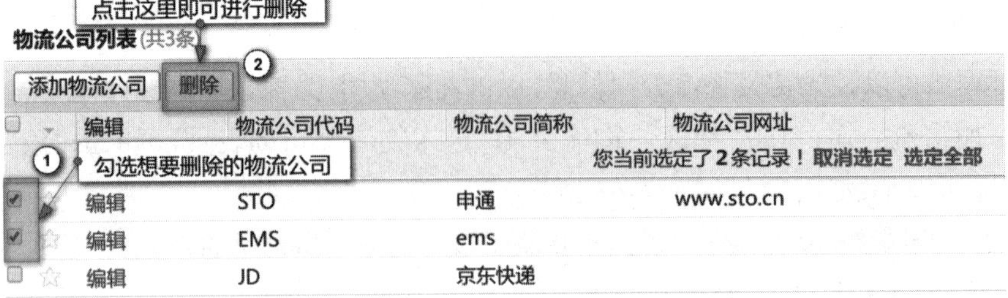

图 4-66　删除五楼公司

2）第三方物流跟踪接口设置

本系统提供华强宝物流查询，配置第三方物流跟踪接口可在后台“物流—物流跟踪设置”中进行配置。如图 4-67 所示。

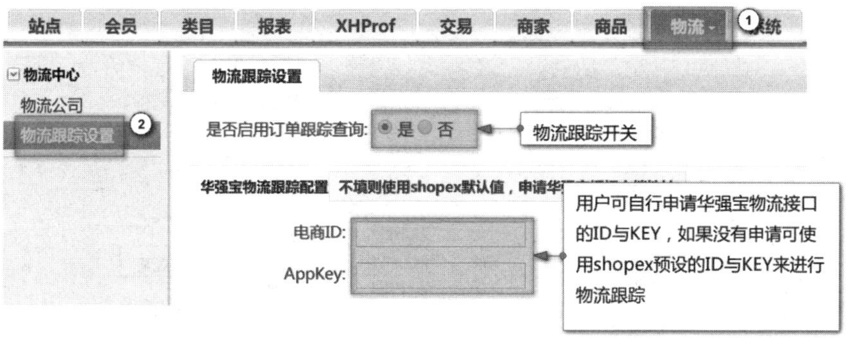

图 4-67 物流跟踪设置

用户可自行申请华强宝物流接口的 ID 与 KEY，如果没有申请可使用 shopex 预设的 ID 与 KEY 来进行物流跟踪。

8. 支付方式

1）支付方式配置

管理员可以在后台“控制面板—支付方式管理”中配置支付方式，以帮助会员进行订单支付，如图 4-68 所示。

图 4-68 支付方式管理进入界面

2）支付宝配置

选择支付宝，单击“配置”即可设置，如图 4-69，4-70 所示。

图 4-69　支付宝配置进入界面

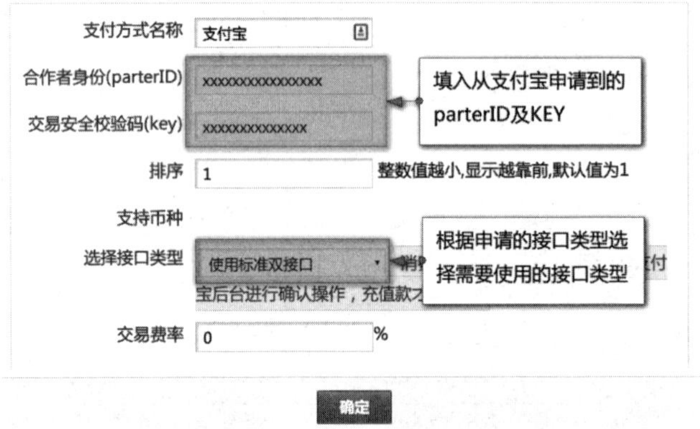

图 4-70　支付宝具体信息界面

9. 平台账户管理

在平台日常运营过程中，有时会需要多个部门、多人员协作操作，比如审核商家入驻、管理类目、处理订单等，使用角色与权限管理可以有效解决这个问题。

1）角色管理

添加角色：单击“控制面板—角色管理”进入角色管理页面，然后新建角色，即可添加角色。如图 4-71 和 4-72 所示。

图 4-71　角色管理设置

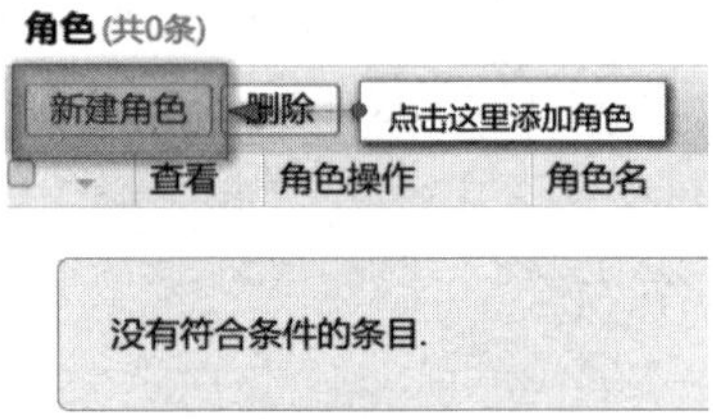

图 4-72　新建角色界面

系统提供后台各个模块的对应权限，管理员可以选择相应的权限给予添加新的角色,如图 4-73 所示。

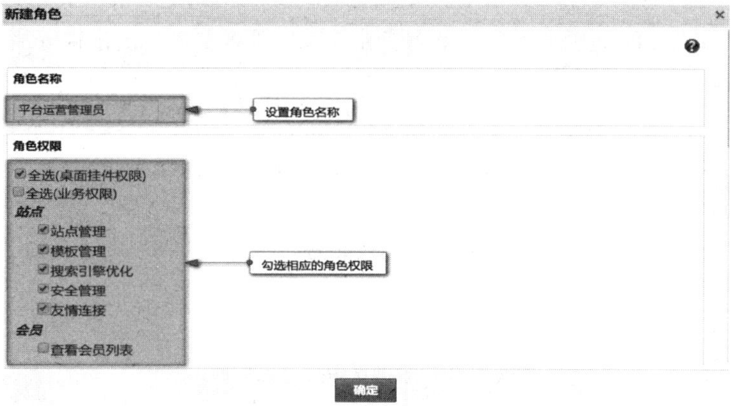

图 4-73　角色名称和权限设置

编辑角色:如需对角色进行具体编辑,可单击编辑,如图 4-74 所示。

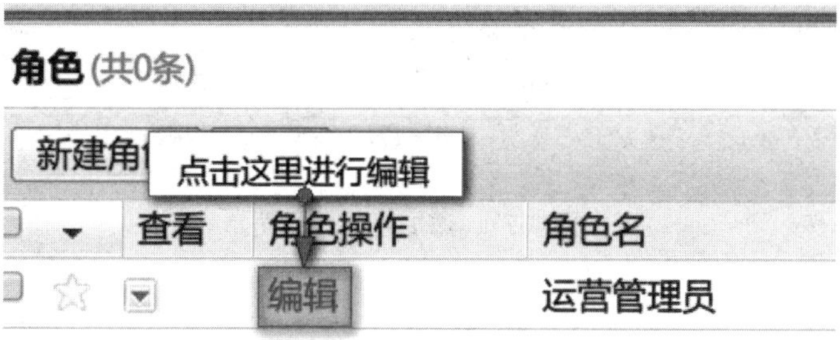

图 4-74　编辑角色界面

删除角色:如需删除角色,可勾选后单击“删除”,如图 4-75 所示。

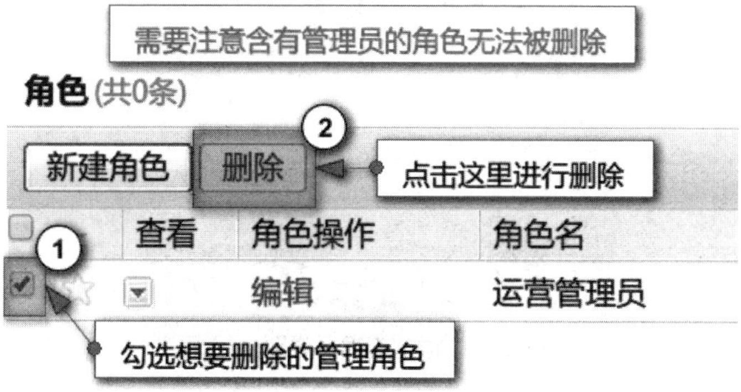

图 4-75　删除角色界面

2)管理管理员

添加管理员:添加管理员的前提是角色已经设置结束,如果没有角色,需要先添加角色。单击“控制面板—操作员管理”进入操作管理页面,如图 4-76 所示。

图 4-76　添加管理员进入界面

单击“添加管理员”,即可添加管理员,具体说明项如图 4-77 和图 4-78 所示。

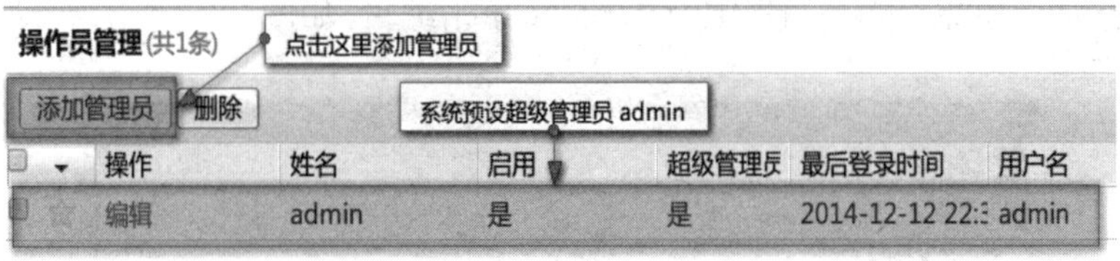

图 4-77　添加管理员界面

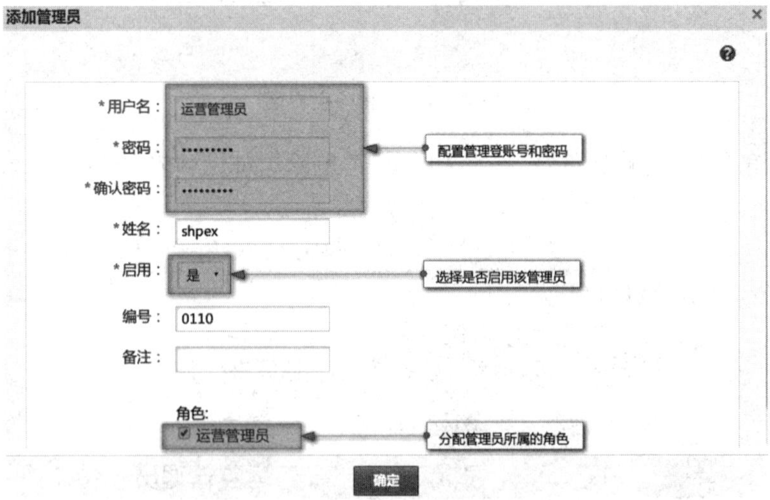

图 4-78　添加管理员说明项界面

编辑管理员:如需对管理员信息进行具体编辑,可勾选后单击“编辑”,如图 4-79 所示。

删除管理员：如需删除管理员信息，可勾选后单击“删除”，如图 4-80 所示。

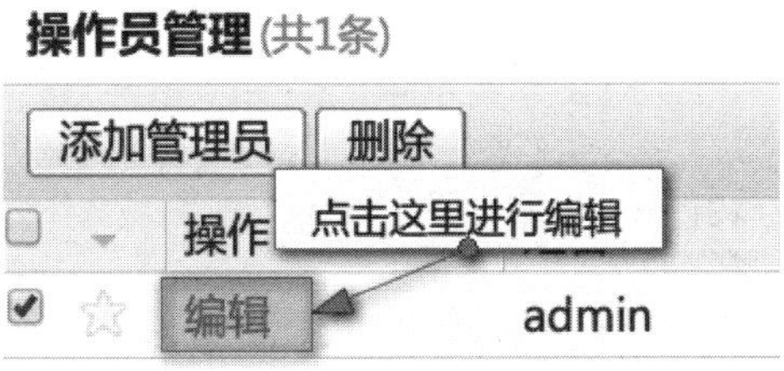

图 4-79　编辑管理员界面

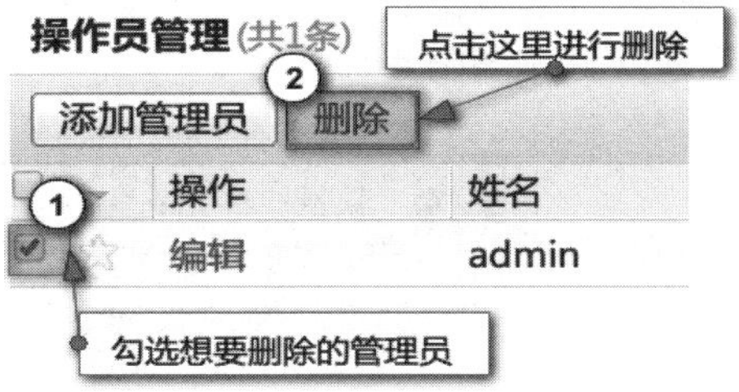

图 4-80　删除管理员界面

10. 平台账户管理

1）商店基本设置

单击“商店配置—商店基本设置”，可设置商城 logo，商城名称和注册页左侧大图，如图 4-81 所示。

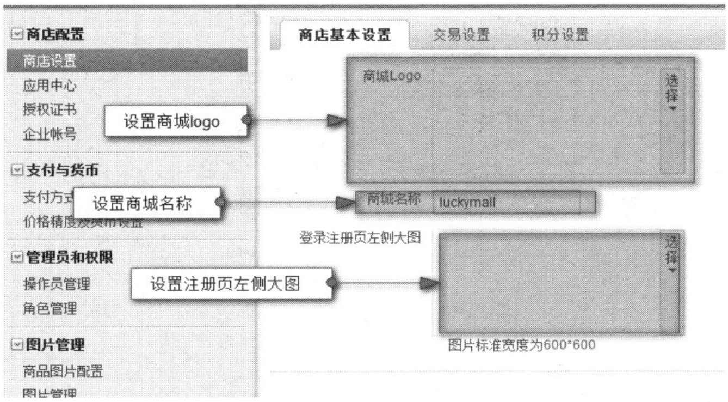

图 4-81　商店基本设置

2）交易设置

此处设置商城订单交易自动关闭与完成时间间隔，如图 4-82 所示。注意，交易关闭间隔时间设置单位（小时 h），交易完成间隔时间设置单位（天 d）

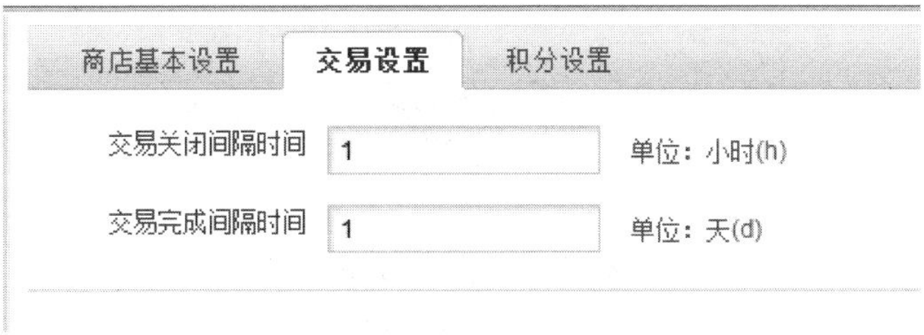

图 4-82　交易设置

3)积分设置

此处可以设置积分兑换比率,数值为金额的比率值。比率为 10,积分为消费的金额乘以 10。如图 4-83 所示。

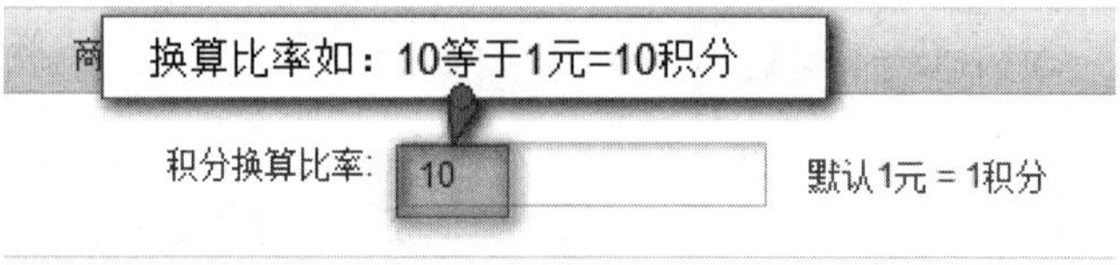

图 4-83　积分设置

11. 入驻审核

1)进入入驻申请列表

登录后台,依次单击导航菜单的商家—入驻申请列表,如图 4-84 和 4-85 所示。

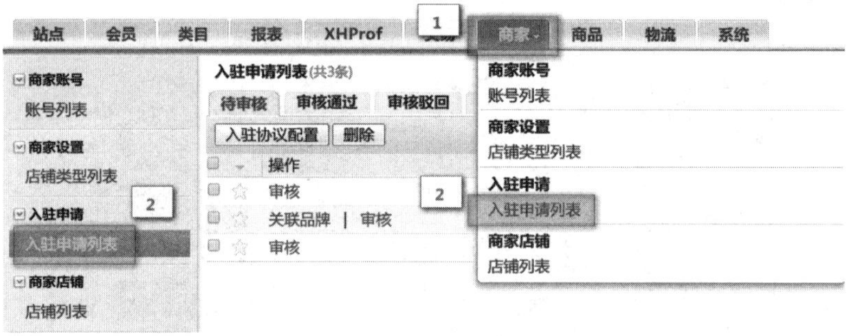

图 4-84　进入入驻申请列表

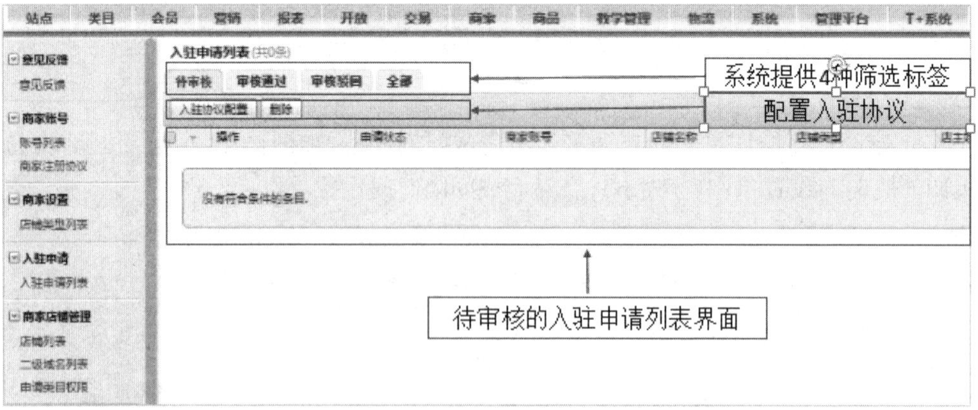

图 4-85　入驻申请列表界面

2)对入驻申请进行审核

单击待审核的入驻申请左侧的“审核”按钮即可进行审核操作,如图 4-86 所示。

查看商家提交的入驻申请信息后，如无问题，即可选择“同意开店”，如果信息填写有误或者不符合开店条件，即可选择“不同意开店”，单击“确认”按钮，完成审核。如图 4-86 和图 4-87 所示。

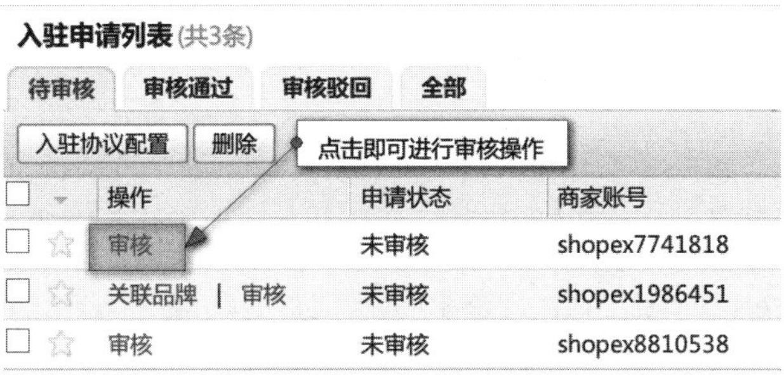

图 4-86　审核入驻申请

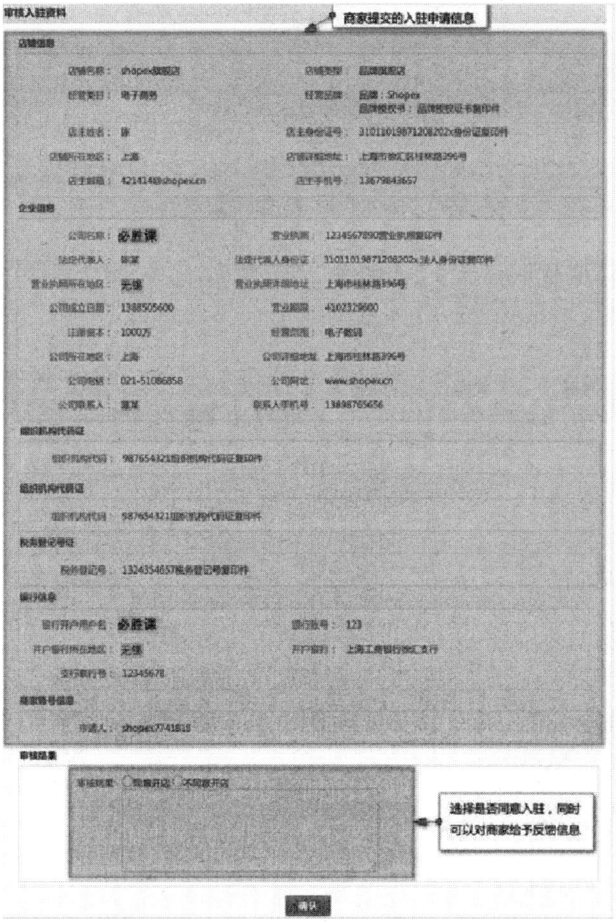

图 4-87　选择是否同意入驻商城界面

管理员可以在“审核通过”及“审核驳回”筛选标签页中查看到通过的入驻申请与被驳回的入驻申请。商家的入驻申请被驳回后,可以修改申请信息再次提交申请,管理员也可以在待审核中重新对申请进行审核。

实训要点提示:管理员可以对供应商入驻申请进行审核,以确保入驻的供应商拥有相匹配的资质,保证平台所售商品有品牌及质量保障

3)店铺开关

为通过入驻审核的商家开通店铺:管理员可在“入驻申请列表”中的“审核通过”筛选标签页查看到具备开通店铺资格的商家,并且帮他们开通店铺,如图4-88所示。

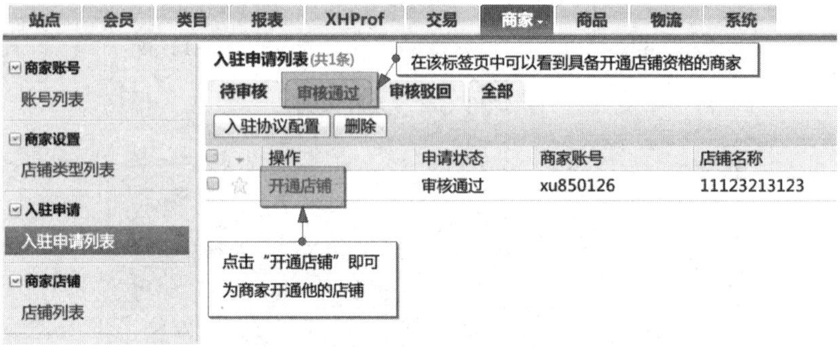

图4-88　开通店铺

关闭商家的店铺:管理员可在“商家—店铺列表”中关闭当前已开启的店铺。如图4-89所示。

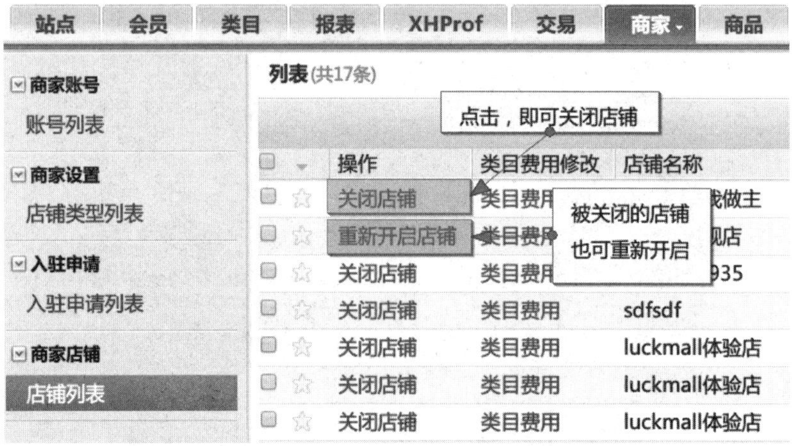

图4-89　关闭店铺

4)商家入驻信息管理

商家的入驻申请一旦通过审核便无法自行修改,商家可以通过向管理员申请修

改入驻信息。管理员可在“商家—店铺列表”中对商家的入驻信息进行修改，如图 4-90 所示。

图 4-90　商家入驻信息管理

5）商家账号密码修改

商家的账号登录密码无法自行修改，一旦商家忘记密码，可以联系管理员修改密码。

管理员可在“商家— “账号列表”中对商家的入驻信息进行修改。如图 4-91 所示。

图 4-91　商家账号密码修改

三、相关知识

（一）B2B 三要素

1. 买卖

B2B 网站平台为消费者提供质优价廉的商品，在吸引消费者购买的同时促使更多商家入驻。

2. 合作

与物流公司建立合作关系，为消费者的购买行为提供最终保障，这是 B2B 网站平台硬性条件之一。

3. 服务

物流主要是为消费者提供购买服务，从而实现再一次的交易。

（二）B2B 电子商务的交易流程

B2B 电子商务中买卖双方的网上交易流程有着共同的特点，典型的交易流程有以下 8 个步骤。

（1）在 B2B 平台上，买家首先要向卖家发出“用户订单”，该订单应包括产品名称、数量等一系列与产品有关的信息。

（2）卖家收到“用户订单”后，根据“用户订单”的要求向供货商查询产品情况，发出“订单查询”。

（3）供货商在收到并审核完“订单查询”后，给卖家返回“订单查询”的回答，基本上是有无货物等情况。

（4）卖家在确认供货商能够满足商业客户“用户订单”要求的情况下，向运输商发出有关货物运输情况的“运输查询”。

（5）运输商在收到卖家的“运输查询”后，给卖家返回“运输查询”的回答，如有无能力完成运输，以及有关运输的日期、线路、方式等。

（6）在确认运输无问题后，卖家立刻给商业客户的“用户订单”一个满意的回答，同时给供货商发出“发货通知”，并通知运输商运输。

（7）运输商接到“运输通知”后开始发货。接着买家向支付网关发出“付款通知”。支付网关通过银行结算，将买家支付的货款划拨到卖家的账户。

（8）支付网关向卖家发出交易成功的“转账通知”。

四、注意事项

本部分内容以校园电商实训系统为例实施任务，也可以以阿里巴巴和慧聪网等网站开通店铺。

五、思考与练习

（1）简述商城后台主要涉及哪些功能。

（2）结合实际试试，B2B 电子商务的主要赢盈利模式有哪些？

任务三　商城用户前台流程操作

一、学习目标

通过对本任务的学习，学习者应熟练地在 B2B 平台上进行前台操作流程，模拟电子商务 B2B 交易过程，能将 B2B 交易环境中相关要素灵活体现，使学生直观体验电子商务环境里角色的变化以及前台操作。

二、任务实施

1. 商家登录

作为商城的商家，获得账号后（后台教师端口统一分配）即可进入商城首页，单击“商家中心”，开始编辑。如图 4-92 所示。

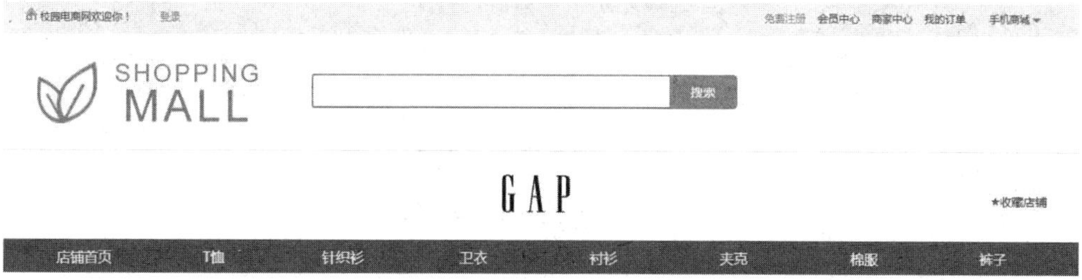

图 4-92　商家中心进入界面

进入商家登录页面后，输入用户名和密码，如图 4-93 所示。

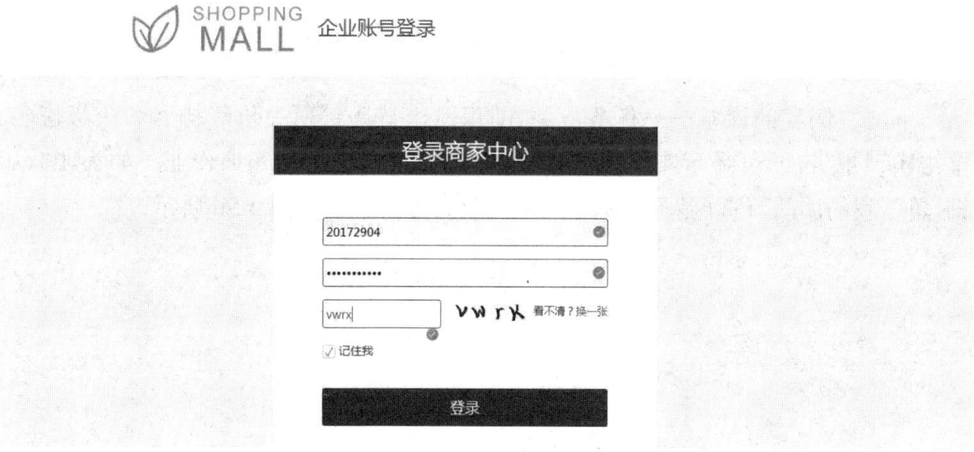

图 4-93　商家中心用户名和密码登录界面

1）登录我的任务

登录成功后，所有学生开设的商铺后台会显示我的任务，学生根据步骤一一单击开始。

2）编辑和使用常用菜单

单击左侧常用菜单——编辑常用菜单，即可选择五个快捷菜单。如图 4-95 所示。

图 4-94　商家中心后台主界面

图 4-95　常用菜单编辑界面

单击左侧我的课堂——任务成绩，即可跳出该店铺所在班级排名和年级排名。单击实训报告，即可显示实训报告基本信息，便于学生上交实训作业。如为团队店铺，单击我的团队，可以显示团队分工角色及具体信息。如图 4-96 所示。

图 4-96　任务成绩查询界面

单击右上角“我的店铺”，此时即可进入商家店铺首页。如图 4-97 所示。

图 4-97　浏览店铺界面

2. 商家后台首页

商家后台首页是商家管理店铺的总页面，在首页可以看到的内容包括（1 商品相关，2 订单相关，3 店铺入驻信息）用来快速了解店铺情况以及快速进入待处理业务页面。如图 4-98 所示。

图 4-98　商城后台

1）待处理业务快捷入口

单击商家首页 - 我的工作台内可以查看到当前店铺的业务提醒，包括“待处理业务信息”和“商品信息”。单击商家商品或商品总数进入对应状态的商品列表，单击“维护商品”进入商品维护列表；单击“待处理业务信息”进入相对应状态的订单列表，单击“管理订单”进入订单管理列表。如图 4-99 和图 4-100 所示。

图 4-99 业务提醒

图 4-100 维护商品

2）店铺运营简报

在商家首页可以查询到店铺运营的简报，包括交易数据，业务数据。如图 4-101 所示。

时间	新增订单金额	新增订单数量	平均客单价	已完成订单金额
昨日	¥0.00	0	¥0.00	¥0.00
前日	¥0.00	0	¥0.00	¥0.00
近7天	¥0.00	0	¥0.00	¥0.00
近30天	¥0.00	0	¥0.00	¥0.00

时间	新增订单数量	已完成订单数量	已发货订单数量	已取消订单数量
昨日	0	0	0	0
前日	0	0	0	0
近7天	0	0	0	0
近30天	0	0	0	0

图 4-101 商家运营概况

3）修改密码

商家可以在首页右侧单击修改密码修改商家登录密码。

3. 店铺设置

店铺设置包含了店铺名称、商标、描述、联系方式、邮箱、QQ 和旺旺等店铺初始化的配置，如图 4-102 所示。

图 4-102　店铺设置

为了便于店铺正常展开，本系统链接了 QQ，单击“初次使用需要激活 QQ 推广”，如图 4-103 所示。

图 4-103　QQ 推广设置

系统自动弹出您所要登录的 QQ，选择自己的头像，如图 4-104 所示。

图 4-104 登录 QQ

按照 QQ 推广步骤可一一展开推广，如图 4-105 所示。

3）店铺装修

A. 模板启用

单击“启用模板”，启用当前模板，启用模板后，单击“页面编辑”可对当前模板进行编辑。如图 4-106 所示。

图 4-105 实施 QQ 推广

图 4-106　店铺装修模板

B. 布局管理

店铺装修，需要先对页面进行布局管理，系统默认提供首页、列表页和默认页三个页面供编辑。系统提供 1 000、800/200 和 200/800 三种基本布局。装修时，可选中布局模块，拖动至对应位置。拖动后的布局样式如图 4-107 所示。

在布局界面选中”布局“，拖动布局面板可与上下布局交换位置。

C. 模块设置

布局设置完毕后，需要配置所有模块。目前，系统预置了以下模块，如图 4-108 所示。同布局操作相同，选中某模块，拖动至布局页面相应位置即可完成模块设置。此外，可根据模块宽度进行筛选。

图 4-107　模块拖动界面

图 4-108　布局模块设置

4）页面编辑

页面布局设置完毕后，可对页面进行编辑，在对应模块单击“编辑”按钮，会显示该模块的编辑界面，根据不同模块的不同特性，有不同的设置项：以店铺招牌为例，单击“编辑”按钮，如图 4-109 所示。

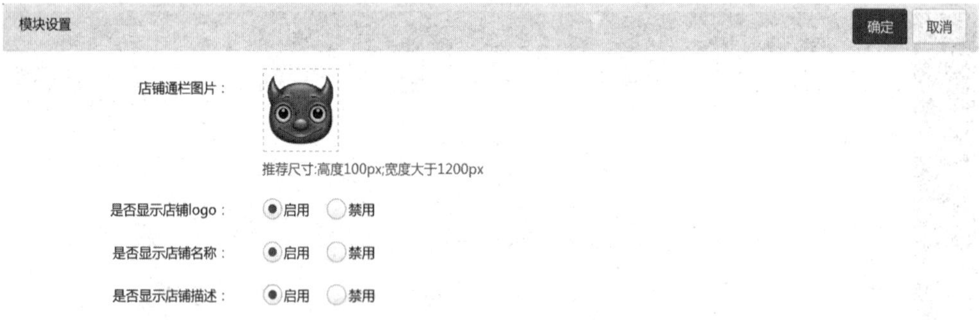

图 4-109 基本信息模块设置

可以看到，店铺招牌的模块设置内容包括通栏图片，是否显示店铺 logo，是否显示店铺名称以及是否显示店铺描述。以商品排行为例，单击“编辑”按钮，如图 4-110 所示。

图 4-110　商品模块设置

可以看到，商品排行模块的设置内容包括栏目名称，展示商品数量，商品展示范围等。

5）店铺预览与发布

在店铺装修过程中，可随时进行预览，预览的内容不会同步到前台界面上；单击“发布站点”后，装修后的店铺即同步在前台界面上。装修完毕的前台店铺界面效果如图 4-111 所示。

6）WAP 店铺装修

在店铺装修时单击“WAP 端”即可进入 wap 端界面装修，如图 4-112 所示。

WAP 端店铺装修操作与 PC 端相同，唯一的区别是 PC 端支持左右栏布局，WAP 端只支持通栏布局。

图 4-111　前台店铺界面

图 4-112　wap 端界面装修

4. 商品管理

店铺最重要的就是管理和维护商家的商品。如图 4-113 所示。

1)商品发布及维护

图 4-113　商品发布及维护

选择运营商预设的商城类目,选择后保存,如图 4-114 所示。

图 4-114　产品信息

A. 基本内容

包含了商品分类,标题,副标题,品牌,货号,商品图片。如图 4-115 所示。

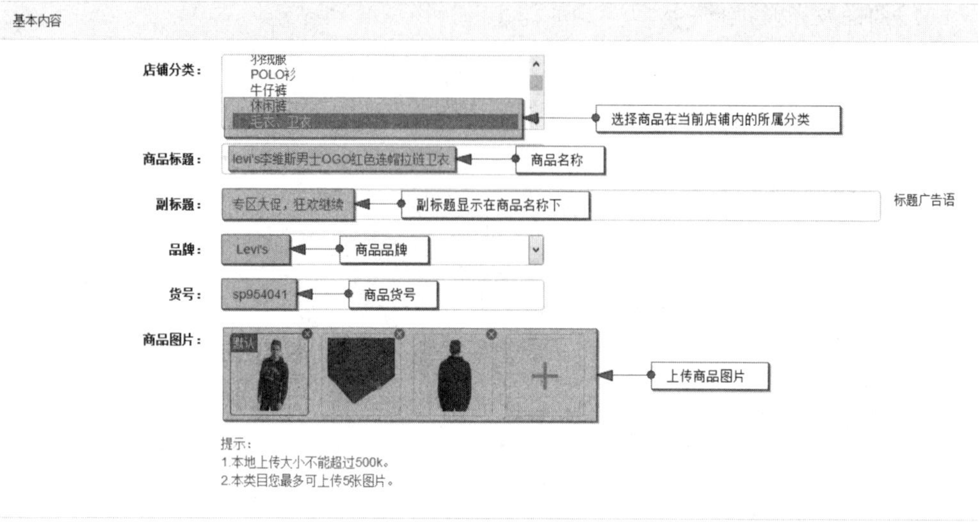

图 4-115　基本内容

商品信息包括标准售价、数量、市场价等信息。标准售价:商品销售价格;商品数量:商品销售库存;减库存时机:分为下单后,付款后,根据减库存时机来扣减库存;市场价:商品市场价;成本价:设置商品的成本价格;重量:商品重量,设置后会影响商品运费;排序:商品在列表页排序。如图 4-116 所示。

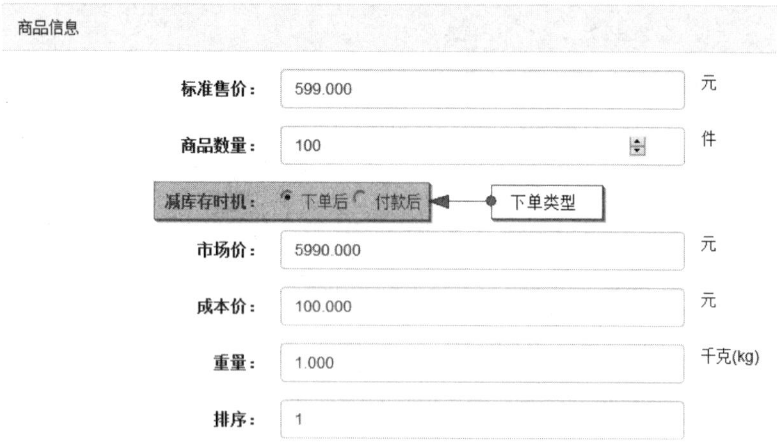

图 4-116　商品信息

自然属性应选择运营商分类关联的自然属性,如图 4-117 所示。

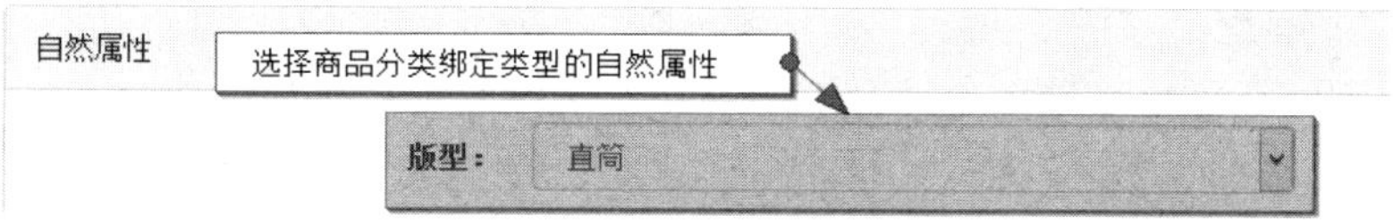

图 4-117　自然属性界面

详细参数：添加运营商设置的商品参数，在商品详情页显示，如图 4-118 所示。

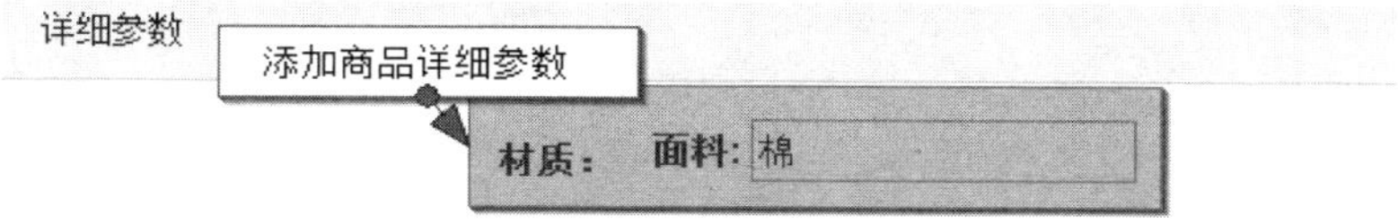

图 4-118　详细参数

销售属性 & 商品规格：勾选需要的规格单击生成货品，生成后的货品单独设置销售价，库存，商家编码，条形码。如图 4-119 所示。

图 4-119　销售属性 & 商品规格设置

商品描述：最后设置商品描述，用于商品详情页展示，如图 4-120 所示。

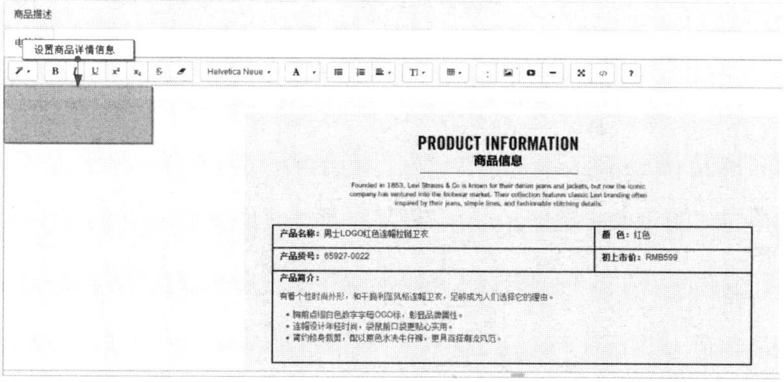

图 4-120　商品描述界面

2）店铺分类

商家店铺分类是商家用于商品分类展示用的商品类型。如图 4-121 所示。

图 4-121　店铺分类列表

店铺分类深度为二级，且店铺名称不可重名，如图 4-122 所示。

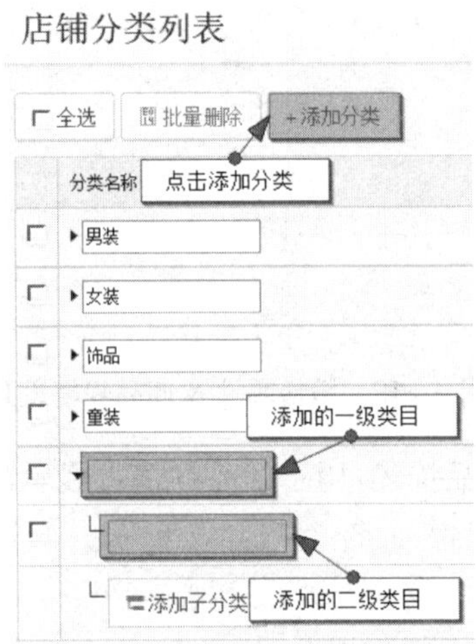

图 4-122　店铺分类列表说明项

3）商品列表

商品列表是展示商家商品信息，可进行批量上下架，删除操作，并且可以进行商品编辑操作。

5. 进销存

1）功能描述

模拟建立基础货品、供应商管理、采购的入库与出库、库存盘点等，让学生了解商业活动中的进销存流程。

2）产品解决方案

进销存菜单：“进销存”频道页左侧增加“货品”“采购”“库存”等子菜单，如图 4-123 所示。

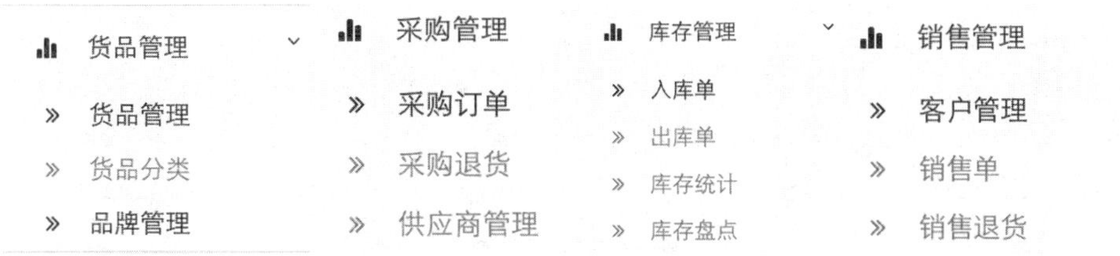

图 4-123　进销存右侧菜单项

货品：货品分类，如图 4-124 所示。

图 4-124　货品分类

货品管理：单击“货品管理”进入货品管理页面，显示货品列表；可按照货品名称和编号进行查询；商家可对货品进行新增、编辑、删除操作；勾选多项，可进行批量删除。如图 4-125 所示。

新增货品：货品新增前需要新增货品分类及品牌。如图 4-126 所示。

3）采购

供应商管理：学生模拟商家开店铺，如果商家不是生产商，或销售的不仅是自己生产的商品，则商家就需要向供应商采购，充实库存。单击“供应商管理”进入供应商管理页面，以列表形式查看供应商详情：可按照供应商编码、供应商简称进行查询；可对供应商进行添加、编辑、删除操作；勾选多项，可进行批量删除；进行删除操作时，显示删除确认提示。如图 4-127 所示。

图 4-125　货品管理列表

图 4-126　货品添加表单

新增供应商：如要添加供应商，单击“添加供应商”即可，如图 4-128 所示。

新建采购单：新建采购单时，先判断是否已维护供应商及货品，若未维护，则引导维护。如图 4-130 所示。

图 4-127　供应商管理界面

图 4-128　供应商添加页面

单击【选择货品】，显示货品列表，如图 4-130 所示。采购订单保存后，由系统按规则自动生成采购单编号。

采购订单管理：商品缺货时，由采购人员新建采购单，商家可对采购单进行管理。

采购订单列表：单击“采购订单”进入采购订单管理页面，以列表形式查看采购订单；采购订单查询。可按照采购单名称、采购单编号、供应商和货号进行查询。如图 4-131 所示。

图 4-129　采购订单添加

图 4-130　选择货品弹窗

图 4-131　采购订单管理页面

采购确认：单击“确认”（或“查看”），当前页面刷新到采购详情页面，如图 4-132 所示。

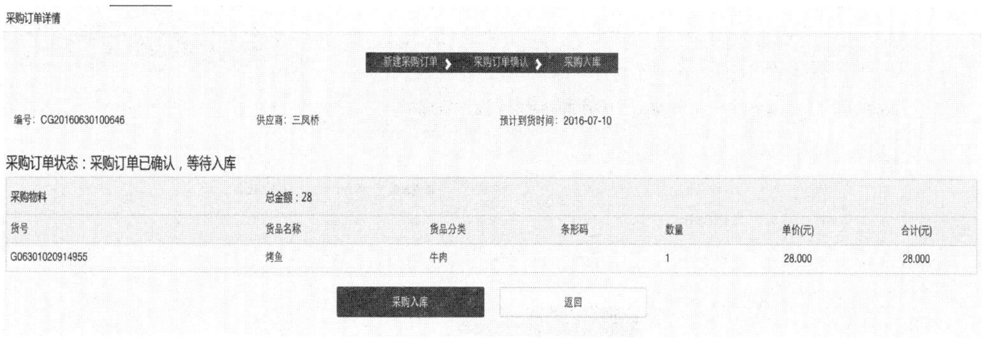

图 4-132　采购详情页面

单击 采购订单确认 ，即将采购订单状态更新为“已确认，待入库”。

采购入库：当采页面；单击 采购入库 完成入库操作。

采购退货：单击新建采购进货单，按照说明项输入信息，如图 4-133 和 4-134 所示。

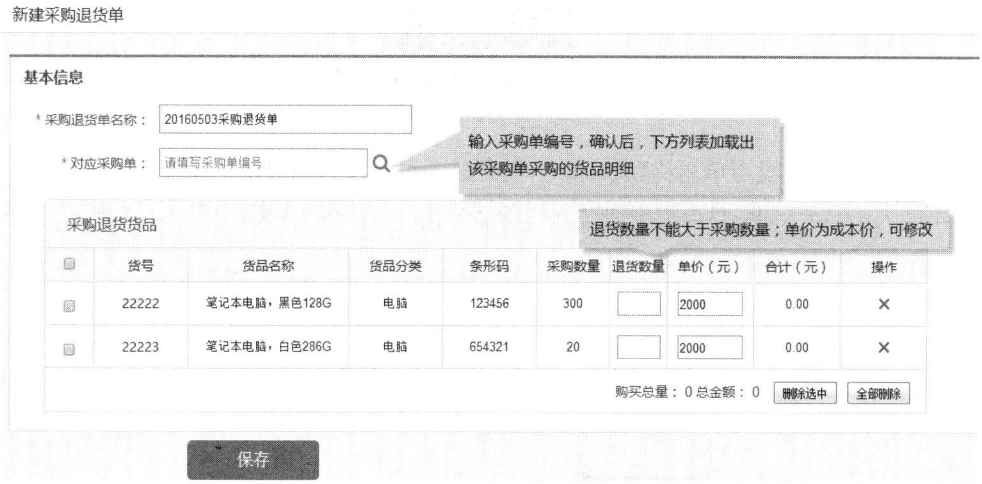

图 4-133　新建采购退货单

4）库存

A. 库存统计

库存统计数据信息可按要求查询，设置报警库存可单击预警值设置，如图 4-135 所示。

图 4-134　采购退货单确认（出库）

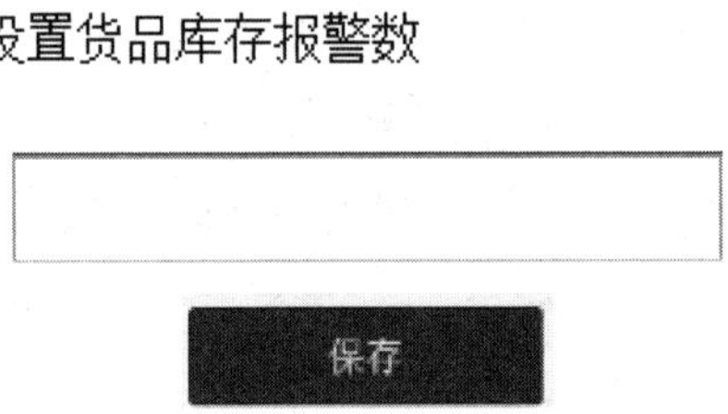

图 4-135　设置货品库存报警数

B. 库存盘点

新建盘点表，盘点单名称默认为“当天日期 + 盘点”；盘点时间默认为当天，可修改，但不能大于当天日期；盘点类型通过选择货品分类，可选全部分类，如图 4-136 所示。

图 4-136　新建盘点

C. 盘点列表

可根据盘点名称、编号及时间进行查询；单击查看，跳转到明细界面；单击确认，确认盘点。确认后，对应货品的库存更新，账面数量更新为实际数量。盘盈则自动生成入库单，盘亏则自动生成出库单。如图 4-137 所示。

图 4-137　盘点列表

D. 入库单

入库类型包括采购入库、退货入库、手工入库和盘点入库，具体说明如表 4-1 所示。

表 4-1　入库单列表

入库类型	说明
采购入库	采购确认后生成采购入库单，关联采购订单号
退货入库	销售退货入库，生成退货入库单，关联销售退货号
手工入库	人工新增入库
盘点入库	盘盈入库，关联盘点单号

E. 手工入库

入库单号一般为自动生成。入库时间默认为当天，可修改，但不能大于当天日期。如图 4-138 所示。

F. 出库单

出库类型包括采购退货出库、销售出库、手工出库和盘点出库。如表 4-2 所示。

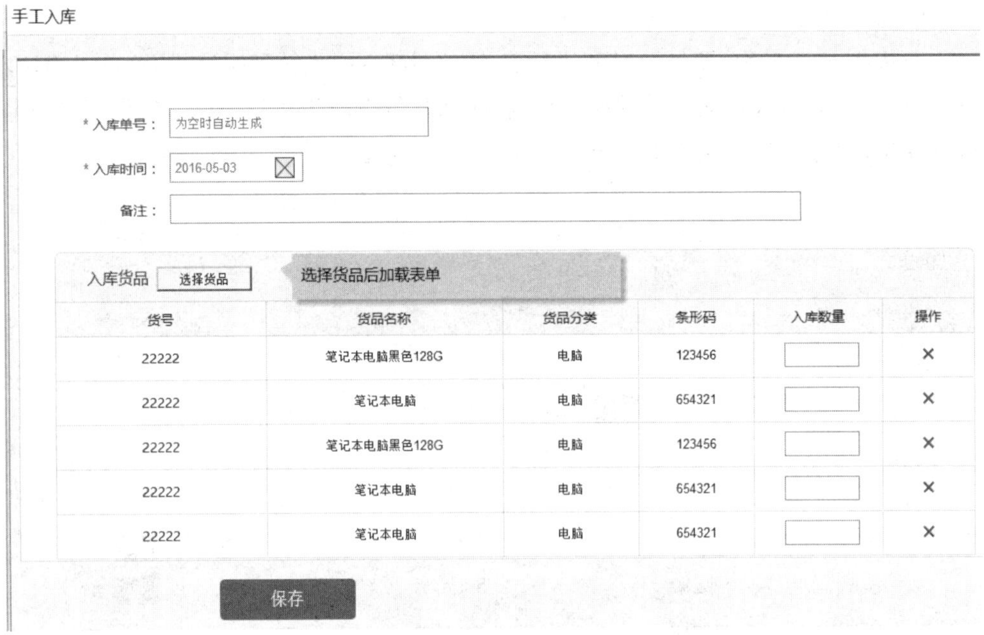

图 4-138　手工入库

表 4-2　出库单列表

出库类型	说明
采购退货出库	采购退货单确认后生成采购退货出库单，关联采购退货单号
销售出库	销售出库，生成销售出库单，关联销售单号
手工出库	人工新增出库
盘点出库	盘亏出库，关联盘点单号

G. 手工出库

出库单号一般为自动生成。出库时间默认为当天，可修改，但不能大于当天日期，如图 4-139 所示。

6）订单管理

订单管理包含订单查询，订单列表对订单进行相应操作。

订单查询：可根据输入的查询条件进行订单筛选管理操作，如图 4-140 所示。

订单列表可以对不同的订单进行查看，包括待支付、待发货、待收货、已收货、已取消。当订单状态为“待付款”状态时，卖家可取消订单。

订单详情：在订单列表页选择订单，单击“订单详情”可进入订单详情页，可对订单进行查看操作，如图 4-141 所示。

图 4-139　手工出库

图 4-140　订单管理

发货：当订单状态为“已支付”状态时，商家可对订单进行发货操作，如图 4-142 所示。

未付款订单取消：商家可单击“取消订单”，将未支付的订单取消。

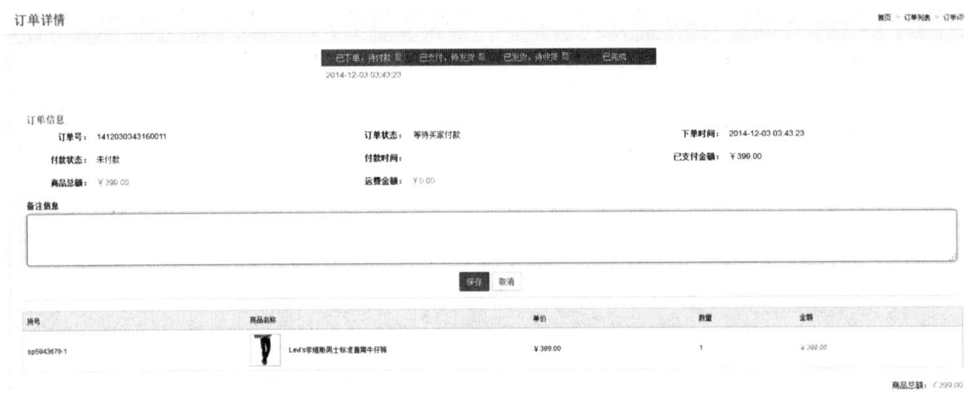

图 4-141　订单详情

图 4-142　发货

7）商家服务

商家结算汇总：此处可以查询商家结算的汇总，可做导出操作，对需要的数据进行下载，并且可以查看每笔账单的明细。如图 4-143 所示。

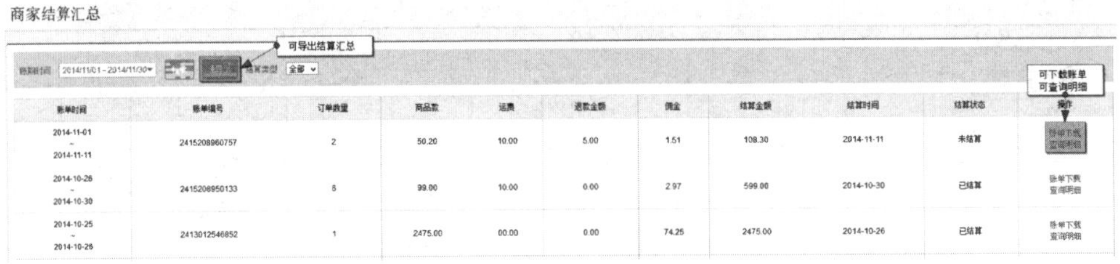

图 4-143　商家结算汇总表

8）店铺运营报表

A. 商家运营概况

商家可以在运营报表查看店铺运营概况，包含新增订单金额、订单数量、平均客单价、已完成订单数量、已发货订单数量等。如图 4-144 所示。

B. 交易数据分析

此处显示店铺的交易数据以供分析，如图 4-145 所示。

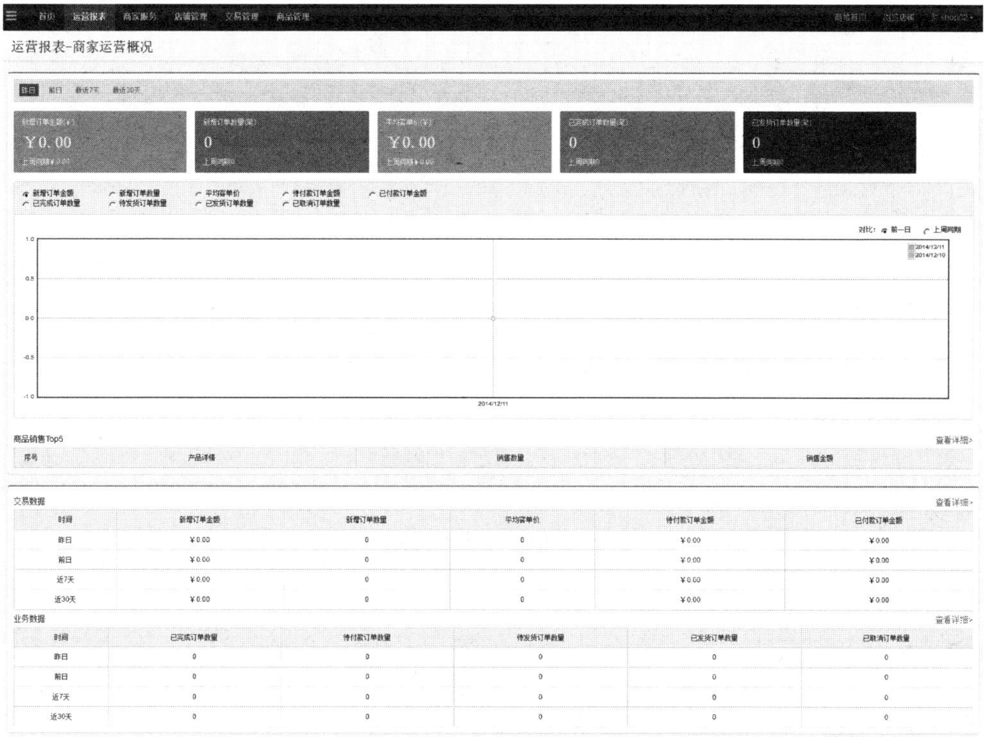

图 4-144　商家运营概况

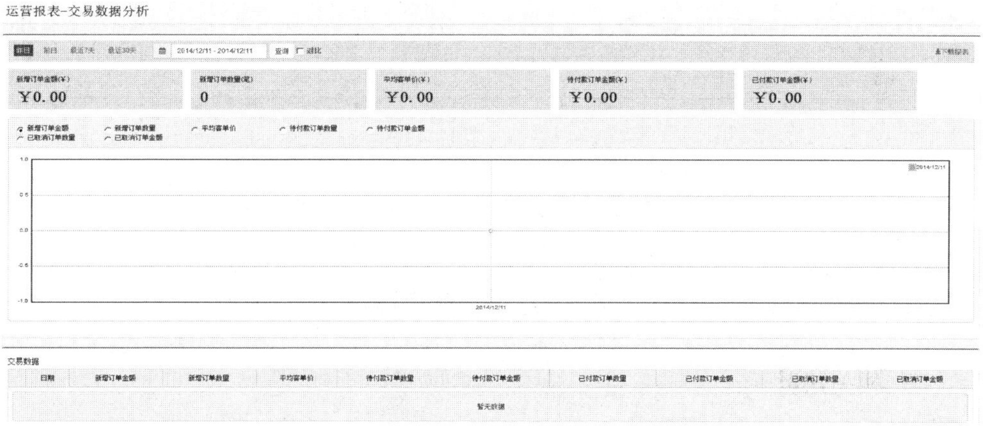

图 4-145　交易数据分析

C. 业务数据分析

此处显示店铺的业务数据以供分析，如图 4-146 所示。

D. 商品销售分析

此处显示店铺的商品销售以供分析，如同 4-147 所示。

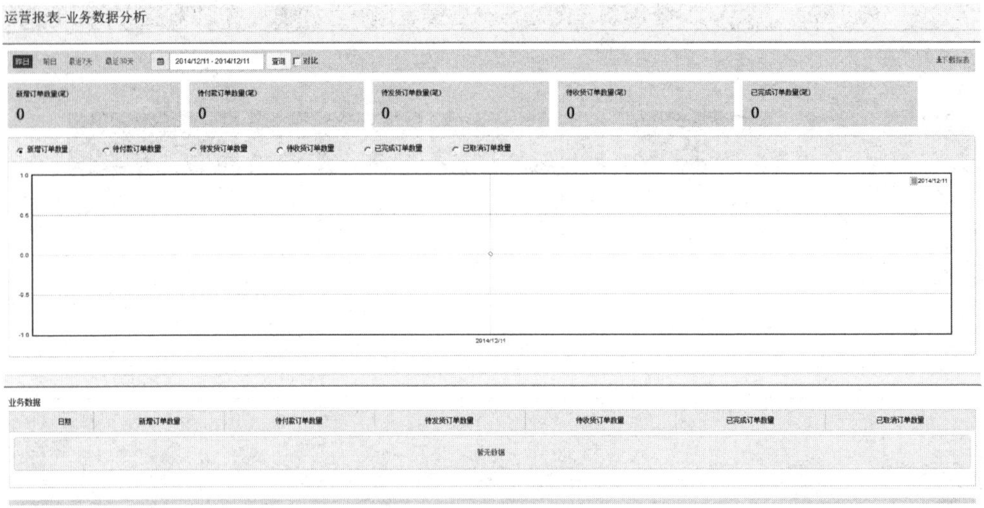

图 4-146　业务数据分析

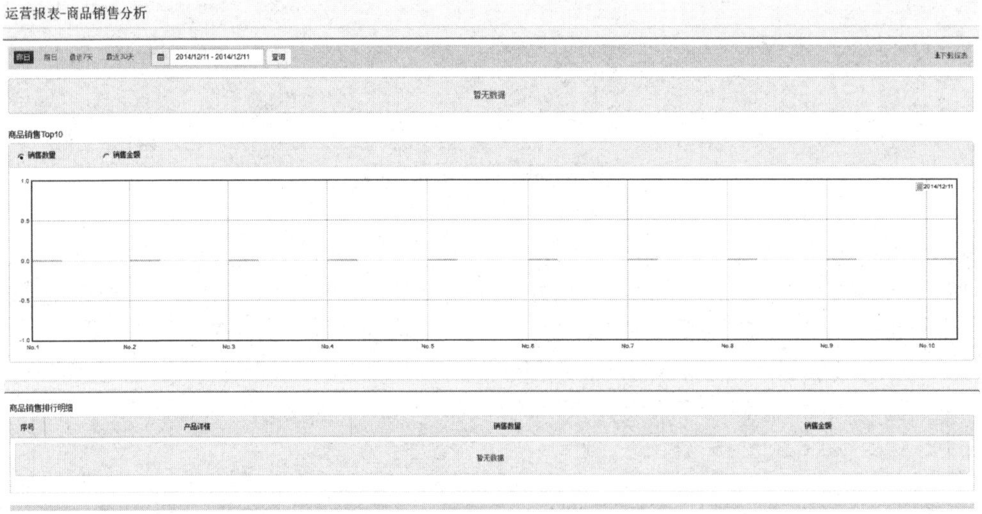

图 4-147　商品销售分析

三、相关知识

(一)B2B 电子商务的主要盈利模式

B2B 电子商务的顺利实施一般需要依赖比较有影响的第三方电子商务交易平台,该平台为企业之间电子商务活动提供了实际的网上交易虚拟环境,并为企业产品发布、网上商务洽谈、网上交易合同拟订、物流配送方式选择、网上支付及售后服务提供全方位支持,保障企业之间电子商务的顺利进行。第三方电子商务交易平台也是一个现实的企业,其生存和发展也必须赢利。B2B 电子商务平台的主要赢利方式如下。

1. 会员费

企业要通过第三方电子商务交易平台参与电子商务交易,必须注册为 B2B 网站的会员,且每年要交纳一定的会员费,才能享受网站提供的各种服务。目前,会员费已成为 B2B 网站最主要的收入来源。例如:阿里巴巴网站收取诚信通会员费,每年为 1 688 元;中国化工网和中国五金商机网等 B2B 电子商务平台都按年度收取相应的会员费。

2. 广告费

网络广告是门户网站的主要盈利来源,同时也是 B2B 电子商务网站的重要收入来源。阿里巴巴网站的广告根据其在首页的位置及广告类型来收费;中国化工网有弹出广告、Banner 广告、文字广告等多种表现形式可供用户选择。

3. 竞价排名

企业为了促进产品的销售,都希望在 B2B 网站的信息搜索中将自己的排名靠前,而网站在确保信息准确的基础上,根据会员交费的不同对排名顺序作相应的调整。阿里巴巴的竞价排名是诚信通会员专享的搜索排名服务——网销宝。当买家在阿里巴巴搜索供应信息时,竞价企业的信息将排在搜索结果的前三位,以便被买家第一时间找到。中国化工网的化工搜索是建立在全球最大的化工网站(www.chemnet.com)上的化工专业搜索平台,对近 20 万个化工及化工相关网站进行搜索,搜索的网页总数达 5 000 万,同时采用搜索竞价排名方式,确定企业排名顺序。

4. 增值服务

平台为企业提供一些让企业经营方便的服务,如企业旺铺、网上交易管理软件、客户关系管理软件等,这些增值服务有利于企业电子商务活动的进行,但企业也要支付一定的费用。

5. 线下服务

B2B 电子商务的线下服务主要包括展会、期刊、研讨会等。通过展会,供应商和采购商可以面对面地交流,一般的中小企业还是比较青睐这种方式的。期刊主要提供关于行业资讯等信息,期刊里也可以植入广告。例如,环球资源网的展会现已成为重要的赢利模式:占其收入的 1/3 左右,而 ECVV 组织的线下展会和采购会也已取得不错的效果。

6. 商务合作

商务合作包括广告联盟,与政府、行业协会的合作以及与传统媒体的合作等。广告联盟通常是网络广告联盟,亚马逊通过这种方式已经取得了不错的成效。但在我国,联盟营销还处于萌芽阶段,大部分网站对于联盟营销还比较陌生。国内做得比较成熟的几家广告联盟有百度联盟、谷歌联盟等。

（二）B2B 典型企业

随着“互联网 +”的浪潮席卷社会经济的各个产业链，积极顺应互联网经济大势，已经成为传统行业求生存、求发展的基本共识。大力进军电子商务市场，也已被视为传统企业成功转型的不二法门。而作为电子商务经济最成熟模式的 B2B 电子商务市场，正式进入百家争鸣的春秋战国时代，群雄逐鹿，鹿死谁手？答案或许就在这实力排名前十的 B2B 电商平台之中。

根据交易量、营收状况、注册用户规模、网站权重、用户体验及流量等标准综合评选中国 B2B 网站前 10 强如下。

1. 阿里巴巴

阿里巴巴是众所周知的行业龙头，强大的创新能力、信息整合能力和无可匹敌的品牌影响力，让阿里一直稳坐行业第一把交椅，但是阿里自身愈来愈庞大的业务体积并没有带来服务水平的同步提高，外部则有来自以世界工厂网为代表的 B2B 后起之秀们更细致更专业更有深度的竞争冲击，阿里的这把龙头交椅会不会再像以前坐得那么稳当，在这风云变幻犹如家常便饭的互联网行业，真是不得而知。

2. 慧聪网

慧聪网作为中国最老牌的 B2B 网站之一，运营模式基本和阿里巴巴大同小异，因为是做分类商情杂志出身，所以具有非常强大的线下服务能力，这是其他 B2B 平台难以望其项背的绝对优势，但是收费项目价格相对阿里巴巴等同类平台稍微昂贵，服务质量褒贬不一。

3. 中国制造网

由焦点科技开发和运营的中国制造网，是国内最早的 B2B 电子商务网站之一，连续 4 次被评为中国最具商业价值百强网站，因为主要业务集中在海外市场，所以在国内的知名度比不上阿里巴巴、世界工厂网、慧聪网这些国内外兼顾并重的 B2B 平台，但是其在海外市场的实力和口碑不容小觑。

4. 世界工厂网

世界工厂网绝对是中国电子商务市场的一匹黑马，自 2009 年 1 月上线以来，虽然有阿里、慧聪等老牌 B2B 平台稳如泰山地占据着中国的电子商务市场份额，但世界工厂网凭借着优质的服务质量、按效果付费的运营模式和专注服务于工业品采购的差异化道路选择，夹缝中开拓新市场，截至 2015 年 10 月，注册采购会员超过 700 万，注册供应商超过 350 万，日独立访客（UV）数量达到 150 万，形成 2 600 万的企业库数据和 2.5 亿的产品库数据，成为了能和阿里、慧聪相比肩的行业巨擘，帮助中国中小企业快速成长，同时也为自己赢得了良好口碑和源源不断的合作伙伴。

5. 环球资源网

环球资源网是一家做杂志出身的 B2B 电子商务平台，因为公司的核心业务是通过一系列英文媒体，包括环球资源网站、印刷及电子杂志、采购资讯报告、“买家专场采购会”和贸易展览会等形式进行，所以又被称为多渠道 B2B 媒体公司。相对于阿里和世界工厂网等 B2B 平台，环球资源在线下服务项目及品牌营销方面具有相当大的优势。

6. 中国供应商

中国供应商是 B2B 电子商务市场的“国家队”，后台强大，实力雄厚，最大的特点是免费，因为有一批国家级媒体资源的强力支持，所以丰富多样的广告服务成为了中国供应商的一大竞争优势。

7. 马可波罗网

马克波罗网由闽商财团投资组建，号称全球领先的精准采购搜索引擎，依靠搜索引擎强大的 SEO 优化能力为客户带来巨大流量，首创电子商务精确广告营销模式，采取按广告效果收费的合作模式，比年费会员制更符合中小企业的发展需求，因此受到很多中小型企业的青睐。

8. 敦煌网

敦煌网是一家以在线交易为主的 B2B 电商平台，采取和世界工厂网一样的佣金制，无会员费，交易成功后，从买方收取费用，极大地降低了供应商的成本和交易风险，吸引了一大批国内中小供应商入驻，也在此基础上为采购商提供品种丰富物美价廉的商品，形成了一种区别于阿里模式的良性互动 B2B 电商模式。

9. 网络 114

网络 114 基于中国第一黄页的行业背景，独创了垂直搜索社区型 B2B 电子商务模式，海量的行业专业信息和经验丰富的信息采集团队是网络 114 的个性化优势，是很多中小企业进军电子商务和网络营销推广的很好选择。

10. 中国网库

中国网库是首家提出“单品电子商务”模式的 B2B 电子商务网站，专注于细分行业的电子商务应用，帮助各单品领域内有一定特色和优势的实体企业通过单品电子商务平台获得持续稳定的网上生意，进而以点带面，全面提升销售业绩，在社会化分开愈来愈细的经济趋势下，中国网库的这种运营模式有很大的想象空间。

四、注意事项

（1）操作时，每个团队应提前准备好至少 10 个以上的商品，包括商品名称、图片和商品详情等资料。

（2）教师需要提前统计学生团队销售的商品类别，建议限制某一个固定行业。

五、思考与练习

（1）简述加入 B2B 电子商务的主要赢利模式。

（2）结合实际分析店铺运营数据。

第五章 B2C 模式应用

技能项目：

熟练地在 B2C 平台上进行企业会员注册；

熟练地在 B2B 平台上完成下单，并运用支付平台完成货款支付；

熟练地在 B2C 平台上处理订单信息，完成发货及进行物流信息查询。

相关知识：

B2C 电子商务主要经营模式；

B2C 电子商务基本运作流程；

B2C 电子商务的三种类型；

B2C 电子商务基本赢利模式；

B2C 电子商务典型企业。

随着电子商务的发展和生活节奏的加快，网上购物因其方便、快捷、经济等特点已成为人们购物的首选方式，天猫、1 号店、京东商城、亚马逊、当当网等著名电子商务网站为人们提供了服装、食品、书籍、数码 3C、家电、玩具、家居、箱包、体育用品及办公用品等成千上万种的商品以供选择，方便了互联网时代人们的工作与生活。通过对本章内容的学习，主要模拟电子商务 B2C 交易过程，能将 B2C 交易环境中相关要素灵活体现，直观体验电子商务环境里角色的变化，以及前台操作和后台管理。

任务一 网站主要功能

一、学习目标

通过对本任务的学习，学习者应熟练地在 B2C 平台上进行企业会员注册，掌握 B2C 电子商务主要经营模式。

二、任务实施

现代人工作节奏越来越快，而网上购物具有价格便宜、快捷、方便等优点，因此越来越多的网民更喜欢在网上购买自己喜爱的商品。小溪在同事那儿听说天猫商城的商品价廉物美，她下班回家后第一时间打开电脑，在百度上输入“天猫”进行搜索，随后单击进入天猫，想选择一款皮鞋。“天猫”中的各式皮鞋琳琅满目，小溪最终进入了“达利拉”店铺，并选择了“女士秋冬季坡跟真皮妈妈鞋中跟中年女鞋子单鞋休闲牛皮鞋”，通过支付成功进行了货款支付，第四天就收到了快递来的皮鞋。

“天猫”通过前期的营销手段，大大提高了商城的信用和响应客户的速度。小溪的这次交易是在企业（供应商）和消费者之间进行的，属于 B2C 交易。这个 B2C 交易过程涉及卖方“天猫”和买方小溪，包括以下三个环节：①小溪在该平台上注册成为会员；②“天猫”在 B2C 后台发布商品并进行库存管理；③小溪浏览商品并购买。

1. 会员注册与管理

进入“天猫”，单击左上角“免费注册”，按照基本信息填写注册信息，如图 5-1 所示。

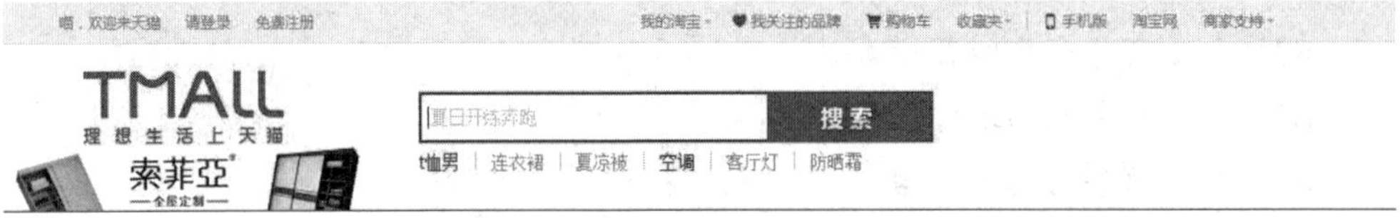

图 5-1　会员注册

2. 会员信息维护

登录账户后，单击个人图片，可进入“修改我的资料”。如图 5-2 所示。

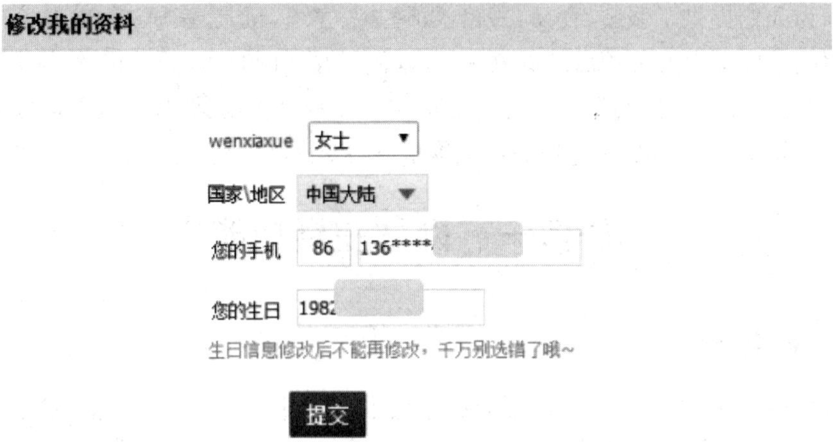

图 5-2　修改我的资料

三、相关知识

当前，越来越多的传统经销商也开始进入 B2C 电子商务领域拓展其在线零售业务。包括苏宁和国美等全国性连锁也都开辟了自己的 B2C 网站，大量的 B2C 厂商已做好进入垂直细分市场的准备。对新渠道的需求催生了 B2C 市场在被 C2C 市场超越之后，开始了新一轮的急速上升。预计未来几年中国 B2C 市场复合增长率将持续提高，2016 年电商交易额预计超过 20 万亿元，B2C 电子商务营业额破 6 万亿元。

（一）B2C 电子商务概述

企业与个人客户之间也有相应的电子商务模式，即 B2C（Business to Consumer，商家对客户）模式，中文简称为“商对客”。“商对客”也就是通常说的商业零售，直接面向消费者销售产品和服务。这种形式的电子商务一般以网络零售业为主，主要是企业借助于 Internet 开展在线销售的电子商务交易模式。

B2C 电子商务就是企业对消费者通过电子化、信息化的手段，尤其是 Internet 技术，把本企业或其他企业提供的产品或服务，直接销售给消费者的新型商务模式。这种模式基本上等同于电子化的零售，它随着 Internet 的出现而迅速发展起来。目前，各类企业在 Internet 上纷纷建立网上虚拟商场，从事网上零售业务。由于这种模式节省了客户和企业双方的时间，也扩展了空间，大大提高了交易效率，节省了不必要的开支，因此深受广大网民的欢迎。

简单地说，B2C 即企业通过 Internet 为消费者提供一个新型的购物环境——网上商店（如亚马逊中国、中国巨蛋网、京东商城、当当网等），消费者通过网络在网上购物、支付。这种模式节省了客户和企业的时间和空间，大大提高了交易效率，特别是对于工作忙碌的上班族，可以为其节省宝贵的时间。但是，在网上出售的商品的特征也非常明显，仅局限于一些特定商品，如图书、音像制品、数码类产品、鲜花、玩具、饮食等。这些商品对购买者视、听、触、嗅等感觉体验要求较低，像服装、音响设备、香水需要消费者特定感官体验的商品不适宜在网，当然也不排除少数消费者就认定某一品牌、某一型号而不需要现场体验就决定购买，但这样的消费者很少，人们更愿意相信自己的体验、感觉来决定是否购买。所以，B2C 市场上成功的企业如当当网、亚马逊中国等，都是卖一些特定商品的。B2C 电子商务的付款方式是货剑付款与网上支付相结合，而大多数企业的配送选择物流外包方式以节约运营成本。随着用户消费习惯的改变以及优秀企业示范效应的促进，网上购物用户还会不断增长。

一般来说，B2C 电子商务主要由 从下 3 个部分组成。

1）网上商店

网上商店是商家直接面向消费者的场所。网上商店中的商品与实际商场中的商品不一样，实际商品是物理的实体，虚拟商品由图像展示和文字描述组成。随着电子商务的发展，目前已有部分网站将虚拟商品以视频和语音介绍的形式展示，消费者可从多个角度观察商品。

2）物流配送

物流配送体系是关系到网上商店能否顺利发展的关键，同时也是电子商务的最大瓶颈。商家根据实际情况选择配送模式，主要有企业自营配送模式、第三方配送模式、共同配送模式、互用配送模式、基于合作的配送体系等。

3）支付结算

支付方式决定了资金的流动过程。目前，B2C 电子商务模式中主要的支付方式有送货上门付款、汇款方式和电子支付。其中，送货上门付款方式是最原始的付款方式，即货到付款；汇款方式则是指客户完成订货后，通过邮政系统或银行系统付款；电子支付则是指通过银行卡或信用卡在网络上完成的支付。随着电子商务的发展，使用电子支付方式付款，已成为电子商务支付的主流。

（二）B2C 电子商务主要经营模式

随着 B2C 电子商务活动的发展和演化，目前产生了一些相对稳定的 B2C 电子商务经营模式，包括网上综合商城、网上百货商店、网上垂直商店、复合品牌店、轻型品牌店和服务型网店等形式。

1. 网上综合商城

网上综合商城类似于传统的商城，如义乌小商品城、武汉汉正街、广州天河电脑城等，只是网上综合商城是网上平台代替传统的购物场所。网上综合商城有庞大的购物群体、稳定的网站平台、完备的支付体系及诚信安全体系（尽管目前仍然有很多不足），促进了买卖双方自由、安全的交易。例如，淘宝商城就如同传统商城一样，其提供的是网上购物的环境，自己是不卖东西的，靠为商家提供配套服务的费用来维系自身的运作和发展。相对于传统商城，网上综合商城在人气足够、产品丰富、物流便捷的情况下，具有相当的成本优势，并且是 24 小时的“不夜城”，没有区域限制，具备产品丰富等优势。网上综合商城代表有淘宝商城、365 商城等。

2. 网上百货商店

网上百货商店也与传统百货商店相对应，百货就是具备满足日常消费需求的丰富产品线。传统的百货商店如北京西单商场就是一个典型代表。它具各自有仓库，可存放商品，能实现快速的物流配送和客户服务。这种类型的商店在网上经营就变成了网上百货商店，甚至会有自己的品牌。

网上百货商店代表有京东商城、当当网、亚马逊中国、天悦商城等。

3. 网上垂直商店

相对于传统的专业商场，网上垂直商店（如国美电器、步步云鞋店等）的产品存在着多的相似性,要么是满足于某一人群的;要么是满足于某种需要或某种平台的(如文具、器等)。

网上垂直商店的数量取决于市场的细分。设定细分的种类是 x 的话,那网上垂直商店数量就是 x 的 3~5 倍,因为每一个领域中总有三五家在相互竞争。而这样也确实给网上垂直商店领域营造了良好的竞争格局,促进了服务的完善。

网上垂直商店代表有麦考林、红孩子、中国巨蛋网等。

4,复合品牌店

随着电子商务的成熟,会有越来越多的传统品牌商加入电子商务战场,以抢占新市场,充新渠道,优化产品与渠道资源。电子商务在今后的发展将更加贴合大众的生活,由传统类商店搬运到线上完成交易的行业会越来越多。B2C 电子商务正走向一条复合型商店的道路,例如现在的佐丹奴、百丽、国美网上商城等。而后的发展更是会如雨后春笋,各个行业的产品都将涉足在线经营。复合品牌店代表有佐丹奴、百丽等。

5. 轻型品牌店

在环境的催熟下,轻型平台概念应运而生,具体表现是:企业做一个品牌已非一定要有自己的工厂,相反中国拥有了得天独厚的优势,品牌商可以更专注地提供个性化,更细腻地满足受众群体需求的产品,基于品牌定位,加强产品设计,通过信息化应用,配合日益成熟的电子商务台、日趋完善的物流配送乃至各种服务等,整条链条日趋细化与完善,使得品牌商可以专注做自己擅长的事情。通过外包,专心形成自己品牌的产品标准,然后用最好的原材料提供商,找最好的生产厂商,寻找高效益的有效推广渠道,强强结合,专业化品牌的优势将突现得淋漓尽致。由此,轻型品牌店是可行的,关键是要找出自己核心的竞争力。

品牌店代表有 VANCL、梦芭莎、MASAMASO、千寻、佑一良品。

6. 服务型网店

随着第三产业的迅速发展,服务型的网店越来越多,这种网店都是为了满足人们不同的个性需求,包括旅游服务、学习培训、医疗保健,甚至代买电影票等。

服务型网店代表有携程旅行网、中国教程网、易美网、亦得网等。

(三)B2C 网站前台功能

1. 商品展示

为客户提供产品详细信息,如图片编号、价格、尺寸、重量、价格等详细介绍。

2. 商品搜索

商品列表设置多种查看、商品搜索或高级搜索功能,如产品编号、产品名称、产品详情等,客户可以根据喜好搜索产品,迅速搜索感兴趣的产品。

3. 购物车 & 我的账户

购物车是 B2C 网站重要组成部分，通过购物车客户可以方便地查看选中的商品，再去“我的账户”进行结算。此外，购物车还具备查看功能，让顾客了解挑选过的商品。

4. 配送方法及运费

B2C 网站为客户提供多种选择收取商品的方式，以及是否需要运费、需要支付的运费价格等。

5. 订单结算和支付

B2C 网站具有完善的订单结算和支付功能。

6. 注册登录

顾客注册，可获得相应服务修改信息，查询会员等级，享受会员折扣，查看积分与订单情况。

7. 客户中心

B2C 电子商务平台客户中心具有提醒客户购买过的产品、查看过的历史记录以及对商品评价等功能。

8. 商家信息

查看商家的内容信息，如公司简介、联系方式、购物流程、付款方式等。商家信息的展现体现了 B2C 电子商务网站的客服水平和对用户的尊重程度。

B2C 网站前台还具有新闻动态、促销信息、商品知识、促销广告大图与动画展示、图片链接、友情链接区以及缺货登记等功能模块

（四）B2C 网站后台功能

（1）商品分类、添加分类、支持无限级类别。

（2）快速导航、最新订单、最新会员等。

（3）商品列表管理、修改、复制、移动、批量修改等。

（4）批量修改最新、推荐、特价商品。

（5）单个商品多图、多样式展示；相关商品、相关配件展示功能。

（6）强大后台商品搜索管理功能。

（7）客户服务类别管理、内容管理、会员管理、订单管理。

（8）订单确认邮件通知，新到订单邮件通知、邮件列表、发送、模版管理功能。

（9）反馈信息管理，评论、缺货登记等。

（10）详细的访问统计。

（11）系统设置、商城前台显示相关设置，如商品图片前台显示大小设置功能。

（12）自由配置内容、头部链接、底部链接、相关内容功能。

（13）首页 LOGO 管理，如首页促销大图多图以及文字链接管理。

（14）包装、品牌、产地、单位、地区代码、省份、送货方式、付款方式设置。

（15）密码、账户信息管理。

四、注意事项

（1）教师分配账号前，需要统计好学生姓名、班级、学号、手机号码和电子邮箱。

（2）本部分内容以校园电商实训系统为例实施任务，也可以以阿里巴巴、慧聪网等网站申请账号，开通店铺，了解 B2B 网站的功能。

五、思考与练习

（1）简述 B2B 网站前台和后台的主要功能。

（2）天猫会员有哪些权益？

任务二　前台用户流程操作

一、学习目标

通过对本任务的学习，学习者应熟练地在 B2B 平台上完成下单，并运用支付平台完成货款支付。

二、任务实施

1. 会员搜索浏览商品

利用关键字进行搜索，选择类别，填写所要搜索的商品名称之后单击“搜索”，如图 5-3 所示。

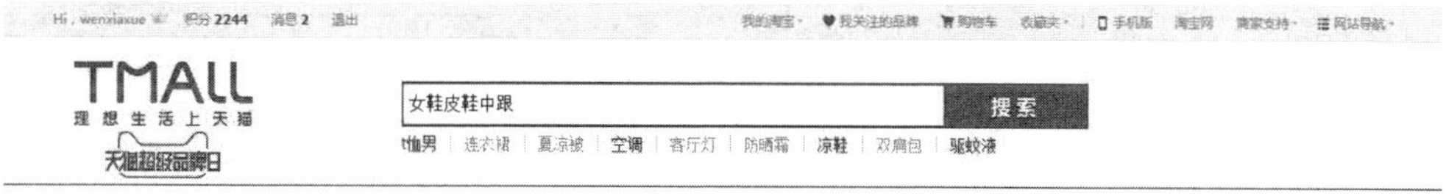

图 5-3　浏览商品

2. 购买商品

在搜索商品的结果中，选择“女士秋冬季坡跟真皮妈妈鞋中跟中年女鞋子单鞋休闲牛皮鞋”，单击“立即购买”，如图 5-4 所示。

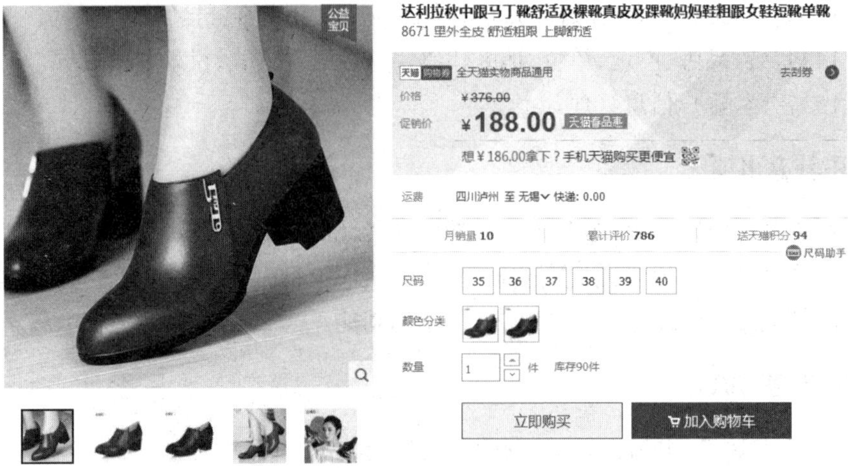

图 5-4 选择商品

填写收货地址，选择支付方式进行订购。比如银行卡支付，应选择银行卡类型，输入卡号、支付密码，单击“提交订单”即可，如图 5-5 所示。

图 5-5 提交订单

三、相关知识

(一)B2C 电子商务基本运作流程

B2C 电子商务活动的运作流程如下。

(1)用户通过 B2C 网站入口进入购物网站后，浏览商家在网站上陈列的商品。

(2)用户通过注册个人资料交给店家，而店家会将使用者的资料加以存储，以作为未来的行销依据。当使用者要在某家店消费时，会输入订单资料及付款资料。

（3）将用户的电子认证资料、订单资料及付款资料一并送到商店端的交易平台，店家保留订单资讯，其他的送到认证平台。

（4）收单银行请求授权，并完成认证。

（5）完成认证后，店家将资料传送到物流平台，最后完成物流的配送。

（二）B2C 电子商务的三种类型

1. 垂直型

垂直型 B2C 主要有两大特点："专"和"深"。"专"是指集中全部力量打造专业性信息平台，包括以行业为特色或以国际服务为特色；"深"是指此类平台具备独特的专业性质，在不断探索中将会产生许多深入且独具特色的服务内容与赢利模式。据此，垂直型 B2C 主要走的将是专业化的品牌经营之。

垂直型 B2C 的优势具体表现在以下三个方面：首先，在垂直细分领域作出自己的特色，形成品牌效应，可以满足那些看重品牌的消费者；其次，产品和服务的专业化，垂直型 B2C 在产品的划分上具有单一特性，有助于产品和服务的细分，通过精耕细作，更能抓住用户的心；再次，垂直型 B2C 的物流管理更加高效、便捷，可以满足消费者对快捷服务的要求。随着电子商务的不断发展，物流逐渐成为电子商务的一大短板，垂直型 B2C 的高效、便捷的物流管理有助于其进一步的发展壮大。相比优势之下，垂直型 B2C 网站的劣势也是不容忽视：过于专业化，韩剧《来自星星的你》爆红初雪怎能没有炸鸡啤酒?，将产品定位于某类或者某几类产品，这样了网站的盈利范围；走品牌性的经营之，虽说能不同程度地满足消费者的品牌爱好，但这样也往往使得目标群体过于狭窄；若产品和服务定位不精准或者没有做深耕细作，很容易使网站发展限于，比如说知名度有了，但是无法形成品牌的力量，品牌最重要的是建立一种长久的与用户的关系。

国内著名的凡客诚品、乐淘、好乐买等都是成绩斐然的垂直 B2C 网站，其均得益于发展目标的，专注一行的特点。

2. 综合型

综合型 B2C 也可以称为自营百货零售型 B2C。以 360buy 京东商城为例，目前，京东商城是国内规模最大的综合型 B2C 电子商务企业，其特点是产品线结构非常丰富，拥有广泛的、忠诚的注册用户，以及众多的合作供应商，拥有更有竞争力的价格和逐渐完善的自有物流体系等优势。京东商城接连受到国际著名风险投资基金的青睐，说明了具有战略眼光的投资人对综合型 B2C 的美好前景的认可。从中国 B2C 发展趋势来看，综合型 B2C 具有更快的发展速度和更广阔的发展前景。

京东商城、亚马逊、当当网等网站从垂直型成功转型为综合型网站验证了国内 B2C 电子商务发展的趋势。众多垂直型网站转型的原因无外乎以下几个原因：

①经过多年的发展，垂直型网站用户规模不断扩大，已经有能力扩展到其他行业；②网站的发展在于创造用户和满足用户需求，转型为综合型网站可以更好地满足用户不同的需求，提供一站式的产品和服务，能够更好地留住用户的心、培养用户的忠诚度；③扩展到其他产品线，增加收入渠道进而打“组合拳”，可以获得更多的利润。总的来说，追求利润是垂直型B2C网站转型的根本原因。

综合型B2C网站在满足用户不同需求的优势之下，其劣势也是明显的。综合型B2C网站商品种类繁多，需要与众多的供应商、制造商合作，其运营成本必然要剧增，仓储能力，客服等工作压力也会随之出现，物流亦成为综合商城的一大瓶颈。综合型B2C网站需要更多精力来应对各种挑战。

3. 平台型

平台型B2C，即由专业的电子商务平台开发商或运营商建设电子商务平台，多个买方和多个卖方通过这个集认证、付费、安全、客服和渠道于一体的统一平台为其提供相关服务完成交易的商业模式。平台型B2C在发展过程中必须做到以下几点：①提升用户体验，实现无忧购物；②完善商家服务体系，不仅要将商家请进来，还必须帮助商家活下来，活得精彩；③提升营销体系，从单一的打折促销提升到多样化的整合营销；第四，帮助在平台上成长起来的自主品牌，真正的成长为网购品牌。

由“淘宝商城”更名而来的“天猫”是平台型B2C的一个典型代表。天猫整合数千家品牌商、生产商，为商家和消费者之间提供一站式解决方案。天猫本身不从事买卖交易业务，只是吸引企业和消费者参与，为二者的网易提供配套服务以支持交易安全快捷的达成。天猫作为阿里巴巴集团电子商务生态圈中重要的一环，B2C平台战略，依托更好的产品和服务，提升满足消费者日益变化需求的能力，能够为商家提供高效低成本的通和创造长期价值。天猫作为的第三方交易平台具有技术框架布局和系统平台方面的明显优势，已经成为那些没有资金和实力建设自己网上平台的中小企业“触网”的首选。相对于垂直型B2C和综合型B2C，虽然中小企业选择第三方交易平台可以节约大量的人力、物力、财力。但是平台型B2C还是存在以下几点不足。①发展时间短，平台规模小。第三方交易平台出现时间不过几年，其业务规模和使用者数量需要时间的积累。②与企业业务结合程度不深。第三方交易平台一般是从企业外部逐渐切入企业内部的，其结果必然是与企业的业务结合程度不够紧密，这是第三方交易平台的一个主要瓶颈。③信用成本高。本来交易双方就存在信用问题，而第三方介入又使得平台本身和交易方存在信用问题。

四、注意事项

（1）学生在选购商品时，可以选择自己目前需要的物品购买。

（2）本部分内容以“天猫”为例设计任务，也可以在京东和凡客等网站申请账号，选购商品。

五、思考与练习

（1）B2C 交易流程有哪些主要步骤？

（2）B2C 交易各个角色如何很好地配合？

任务三　后台管理操作

一、学习目标

通过对本任务的学习，学习者应熟练地在 B2C 平台上处理订单信息，完成发货及进行物流信息查询。

二、任务实施

1. 添加商品、添加库存，商品上架 / 下架

1）添加商品

单击“商品管理”下拉列表中的“添加商品”，填写商品相关信息，如图 5-6 所示。

图 5-6　添加商品

2)上传商品

添加完商品之后,选择要上架的商品,单击“上传宝贝”,如图 5-7 所示。

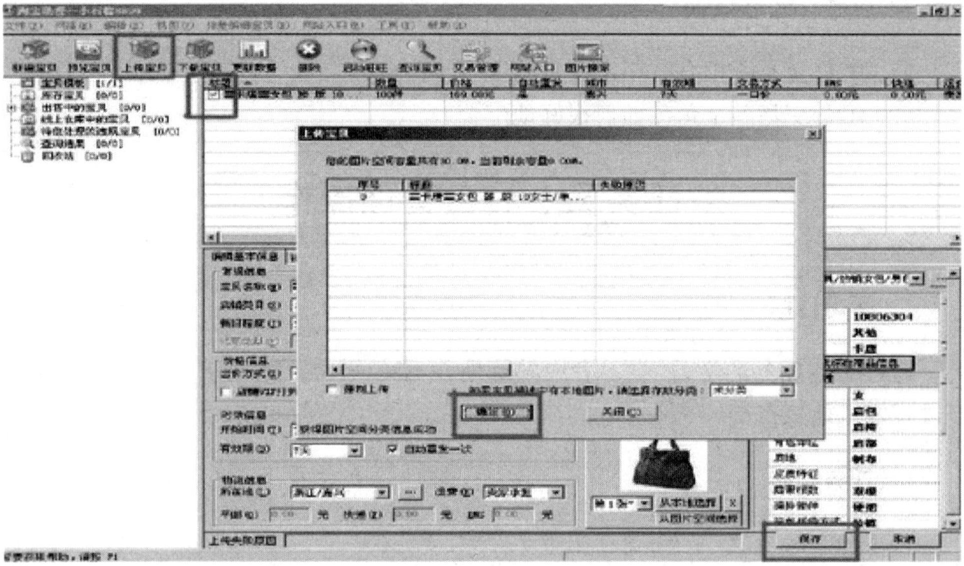

图 5-7　上传商品

2. 商品订单管理

消费者选购商品后,商家立即可在商品订单管理中看到订单提醒,包括“待发货订单”“三个月未完结退款售后订单”“物流异常订单”等功能,如图 5-8 所示。

图 5-8　店铺管理

选择“订单管理”下拉列表中的“待发货订单”,单击“发货”即可完成。

三、相关知识

(一)B2C 电子商务基本赢利模式

企业的存在是以营利为目的的，企业从事 B2C 电子商务活动也必须有相应的赢利模式，才符合企业生存和发展的宗旨。一般来讲，B2C 电子商务的基本赢利模式如下。

1. 交易费用

交易费用主要适用于网上综合商城。由于网上综合商城是为企业在网上经营提供虚拟场所，并不自己经营产品，因此收入来源只能依靠其服务的商家产生的交易费用提成或者扣点。例如，淘宝商城中商家的每笔交易，淘宝都要提取一定的扣点。

2. 收取服务费

在有些 B2C 平台，用户除了按商品价格付费外，还要向网上商店支付一定的服务费。例如，Peapod 网上商店，消费者除了缴纳实际购买商品的费用外，需另外支付订货费和服务费。

3. 会员费

很多教学网站都采用会员制，会员向网站注册并交纳一定的费用后可以获得相应的服务。

4. 降低价格

网上商店可以节约大量的固定投入费用，如人力资源、场地、装修等，为商品低价销售提供了一定的条件。例如，当当网上书店所提供的所有商品，其价格都低于平均市价。低廉的价格更能吸引读者网上购买，从而提高了销售量，实现赢利。

(二)B2C 电子商务典型企业

随着互联网在中国的飞速发展，网上购物已经从当时努里有化、遥不可及的状态，变成了当今最火爆、最适合上班族及年轻人购物品味的一种购物方式。各大购物网站如雨后春笋般出现，一些网站从中脱颖而出，成为了这个行业的主流，能够形成各自不同的发展风格并且更深入的发展下去。目前，我国 B2C 电子商务企业发展迅速，如京东商城（www.jd.com）、当当网（www.dangdang.com）、苏宁易购（www.suning.com）、唯品会（www.vip.com）、麦考林（http://www.wm18.com）、新蛋（www.newegg.com）、凡客诚品（www.vancl.com）、1 号店（ www.yhd.com）、美国的亚马逊网上商店（www.amazon.com）等。提供电子商务服务的 IT 厂商，如 ShopNuml（武汉群翔）、ShopEx（商派）、ECshop、VTSHOP（阿里爸爸）、HHOP（张家界）、EC-Spyder（波希网络）、JCRS（精彩人生商城）等。

四、注意事项

（1）学生在选购商品时，可以选择自己目前需要的物品购买。

（2）本部分内容以“天猫”为例设计任务，也可以在京东和凡客等网站申请账号，选购商品。

五、思考与练习

（1）B2C 交易如何保障物流、资金流和信息的顺畅实现？

（2）B2C 电子商务基本赢利模式有哪些？

第六章 其他模式应用

技能项目:

掌握C2C网店开设、网店管理和交易管理;
掌握O2O电子商务的使用流程;
掌握社会性网络服务的常用平台操作流程。

相关知识:

C2C电子商务的定义;
C2C电子商务主要交易模式;
C2C电子商务的基本运作流程;
C2C电子商务模式的赢利模式;
O2O电子商务的定义;
O2O电子商务模式分类;
O2O电子商务模式的赢利点;
SNS电子商务的定义;
国外社交网络的平台。

任务一 C2C模式应用

随着网民人数的增加,网购交易量也急剧增大。网购已成为人们的一种新型生活方式, 由此产生了新商文化。2006年,拍拍网的强势介入让C2C领域形成了四足鼎立之势,淘宝、易趣、拍咱、有啊,四家各有千秋,而又强弱分明。几年的风雨之后,强弱之势的易位让C2C进入了淘宝一家独大的时期。

在电子商务交易模式上, C2C衰落、B2C崛起在这几年一直是明显趋势。一方面,C2C模式滋生了大量不规范的交易,导致销售假冒伪劣商品、侵权、刷单等现象的集中爆发,引发了国际知识产权的纠纷和非议。另一方面,整个中国电商行业也正从功能性主导进化到服务经济的阶段,以人需求为中心的电商会是未来的发展趋势。

中国电商的发展历史中，C2C 模式是做了很大贡献的。这一点要归功于淘宝对网购行为习惯和意识的培育，孕育了新的商业模式。

一、学习目标

通过对本节任务的学习，掌握 C2C 电子商务业务流程。一方面，能在 C2C 平台上创建网店，完成实名认证，并对产品进行描述，将商品信息发布在网店中，在后台修改商品信息。另一方面，能熟练地在 C2C 平台上进行个人注册，准确地在 C2C 平台上搜索主题商品和合适的商家，在 C2C 平台上完成洽谈、下单、使用第三方支付平台支付货款和处理订单信息，并完成发货及进行物流信息查询，在 C2C 平台上确认收货，完成交易评价。

二、任务实施

淘宝和易趣等知名的 C2C 网店已经走入了百姓的生活，看到周围有朋友创业开网店，小文也想试试自己开店。开始，她仅仅在网上转卖商品，一段时间下来光顾小店的人很少。最听说在网上卖日化品很能提高人气，她首先联系了隆力奇，请求经营网上直营店销售隆力奇产品。双方经过几次交谈，最终确定由小文经营隆力奇公司网上直营店销售隆力奇日化品。过了几天就有网名彤彤的客户主动留言，询问蛇油护手霜的相关信息，小文看到后非常兴，立即进行了回复。第二天彤彤下了订单，并通过支付通付款。小文看到订单后及时联系了第三方物流公司进行发货，双方成功完成了交易。在这个 C2C 交易过程中，共涉及卖方小文和买方彤彤两个角色，需经过以下三个环节：①小文注册成为会员并开设网店；②小文添加商品并进行上架管理；③彤彤购买小文店铺的蛇油护手霜。

1. 角色分工

学生两两合作，一人扮演小文，一人扮演彤彤。

2.C2C 网店开设

1）注册成为 C2C 平台会员

以淘宝网为例，进入 C2C 平台，单击“免费注册”，填写注册信息，提交即可。

2）C2C 网店开设及维护

进入会员账户，选择“我的店铺管理”，进入店铺管理页面，可以进行店铺管理，.

3.C2C 网店管理

1）商品发布

商品发布有一口价发布和拍卖发布两种形式。这里以一口价发布为例，选择“我是卖家”下拉列表中的“我要卖”，单击“一口价发布”。选择商品类别，对宝贝、交易条件及其他信息的进行描述，单击“提交”即可。

2）商品上架、设置运费

商品上架。选择所要上架的商品，单击“上架”即可。当运输是卖家承担运输费的时候，需要设置运输费用。单击“设置运费”，进入运输费用模板选择界面。当没有运输模板的时候，可以单击“新增运输模板”，添加新的运输模板。

3）开通消费者保障服务、商品橱窗推荐

消费者保障服务是提供给卖方的一种服务，加入消费者保障服务的商家的商品可以在很短时间内被商家找到，同时商家的信誉度也增加了。单击“我是卖家”下拉列表中的“消费者保障服务”，再单击“申请加入”即可。

橱窗推荐是C2C平台提供给卖家展示和推荐商品的一种服务。合理利用这些橱窗推荐位，可大大增加卖家的商品浏览量和单击率。单击“我是卖家”下拉列表中的“橱窗推荐”，选择为推荐的商品，单击“推荐”即可。

4.C2C交易管理

1）买家搜索、浏览宝贝，付款购买

进入C2C平台，在首页搜索关键字，然后单击“搜索”。搜索完毕，浏览相关商品，单击查看。在弹出的页面中，单击“立刻购买”，并填写购买数量以及收货地址。信息确认无误后付款，选择网上银行，输入正确的银行卡卡号以及密码即可。

2）卖家处理订单、商品发货

卖家处理订单。当买方发起订单之后，进入卖方的账户，在“我是卖家”下拉列表“已卖出的宝贝”中可以看到该订单。单击“发货”，在弹出的页面中填写发货通知，并选择物流公司。随后，服务商通知物流公司发货。进入服务商平台，选择“物流公司管理”下拉列表中的“物流订单管理”，单击“通知”。

3）买家确认收货，买卖双方互相评价

进入服务商平台，可以查看交易订单详细。

随后，买方确认收货。进入买方账户，选择“我是买家”下拉列表中的“已买到的宝贝”，单击“确认”。输入支付宝账户的支付密码，单击“确认收货”。

买卖双方互评。买卖双方在交易完成之后，需要彼此进行评价。选定商品，单击“评价”。发表评论，并按照实际情况选择好评、中评或者差评。卖家也可以对买家发表评论。进入卖家账户，查看“已卖出的宝贝”，发表评论。

三、相关知识

（一）C2C电子商务概述

自由集市是传统的个人之间的交易活动场所，与之对应的网上个人之间商务活动是C2C（Consumer to Consumer）。这里C指的是消费者，因此也称为消费者之间的电子商务。

C2C 电子商务所指的个人可以是自然人也可以是商家的商务代表。现代社会中的自然人或者由自然人组成的家庭中蕴藏着丰富的资源，不仅有物质资源而且有更多的知识资源，包括科技、文化、教育、艺术、医药和专门技能等。C2C 电子商务能够实现家庭或个人的消费物资再调配，个人脑力资源和专门技能的充分利用，从而最大限度地减少人类对自然资源和脑力资源的浪费。

C2C 电子商务模式类似于现实商务世界中的跳蚤市场，其构成要素除了包括买卖双方外，还包括电子交易平台供应商，也即类似于现实中的跳蚤市场场地提供者和管理员。在 C2C 交易中，电子交易平台供应商的作. 用举足轻重。这是因为：①它把 Internet 上无数的买家和卖家聚集在一起，为他们提供了一个平台；②它往往还扮演监督和管理的职责，负责对要卖双方的诚信进行监督和管理，负责对交易行为进行监控，最大限度地避免欺诈等行为的发生，保障买卖双方的权益；③它还能够为买卖双方提供技术支持服务，包括帮助卖方建立个人店铺、发布产品信息、制定定价策略等，帮助买方比较和选择产品以及电子支付等；④随着 C2C 模式的不断成熟发展，它还能够为买卖双方提供保险、借贷等金融类服务，更好地为买卖双方服务。

目前，国际上最知名的 C2C 网站是 eBay（www.ebay.com），国内则有闲鱼网（http://2.taobao.com），如图 6-1 所示。

图 6-1　闲鱼网

（二）C2C 电子商务主要交易模式

C2C 电子商务的主要购物交易方式是网络拍卖，网络拍卖是指网络服务商利用网络通信技术，向商品所有者或某些权益所有人提供有偿或无偿使用的互联网技术平台，让商品所有者或某些权益所有人在其平台上独立开展以竞价、议价方式为主的在线交易模式。目前，在 Internet 上出现的网络拍卖交易方式中有一些是从传统拍卖中某些交易方式演变而来，另一些则是针对 Internet 本身的特点和消费者的喜好而出现的新的交易方式，这些交易方式主要有以下几种。

1. 网络英式拍卖

英式拍卖也称为公开拍卖或增价拍卖，是传统拍卖中最常见的拍卖方式。这种拍卖方式被网络拍卖所采用，成为了网络拍卖中最基本、最常见的在线交易方式。网络英式拍卖采用的是正向竞价形式，其规则是后一位出价人的出价要比前一位的高，竞价截止时间结束时的最高出价者可获得竞价商品的排他购买权。买方可以通过浏览历史价格（当前其他家的出价）决定自己对物品的最高报价，然后提供给系统，系统自动更新后，其所出的价格和历史价格就可以显示在网页上。

2. 网络荷兰式拍卖

荷兰式拍卖是一种公开的减价拍卖，又称"出价渐降式拍卖"。荷兰式拍卖多交易的是量大的物品，在传统拍卖中，物品价格每隔一定的时间会下降一些，此过程中，第一个出价人可以按照他出价时的价格购买所需的量。如果他买完后物品还有剩余，降价过程继续，直到所有物品都被买走为止。虽然拍卖中，物品价格处于下降趋势，但第一个出价人因考虑到其他竞买人可能先于他出价而使他无法获得所需的物品，所以他会先于其他人出价，这时他的应价实际上就是物品的最高出售价。

网络荷兰式拍卖也是针对一个卖家有大量相同的物品要出售的情况而产生的，它采用的是逆向竞价形式。网络荷兰式拍卖不存在价格下降的情况，一般是竞价截止时间结束时，出价最高者获得他所需要的数量，如果物品还有剩余，就 由出价第二高的人购买。网络荷兰式拍卖的原则是价高者优先获得商品，相同价格先出价者先得，成交价格是最低成功出价的金额。

3. 集体议价（网上团购）

团购肯定会有更低的价格和更优惠的服务，网上购物也有团购形式即集体议价。集体议价是一种不同于传统拍卖的网络议价类型，集体议价多采用 C2B 的形式，并无竞价过程，提供集体议价的网站会将物品的基础价格（初始价）公布，由众多买家构成一个庞大的购物集团，然后根据卖方在销售商品团购阶梯价格列表中所标明不同数量等级时的物品的单价进行购买，买家人数越多，价格越低，但通常会有一个最低价（即集合底价）。集体议价实质上更像网站替一批不认识的人去批发购买他们想要的商品。

4. 一口价

一口价是指在交易前卖家预先确定一个固定的价格，让买家没有讨价还价的余地。交易完成后，买家根据卖家预先设定好的价格（即一口价）进行付款。如果卖家出售数量是大于一的多数商品，则交易将持续到买家以一口价购完全部商品或在线时间（竞价截止时间）结束。一般在网络拍卖的实际运用中，一口价的买卖方式可以单独使用，也可以结合其他交易类型（如网络英式拍卖）一起使用。

（三）C2C 电子商务的基本运作流程

C2C 电子商务的交易过程，一般来说是以第三方支付平台为中介的交易流程。第三方支付平台主要是为买卖双方暂时保管货款，买方先将货款支付给第三方支付平台，待买方收货后，在第三方支付平台上确认，第三方支付平台才将货款划给卖方。目前，国内的几大 C2C 电子商务平台，包括淘宝网和易趣网的交易过程基本相同。下面以淘宝网为例简述其交易过程。

（1）买方在卖方的淘宝店铺上选择商品，并选择网上支付货款。

（2）卖方确认订单后，将买方网上支付的请求发送给第三方支付平台（支付宝）。

（3）买方在线支付货款至第三方支付平台（支付宝），支付宝暂时代为保管货款。

（4）第三方支付平台（支付宝）向卖方通知买方已经支付货款信息，明示其可以向买方发货。

（5）卖方根据支付宝反馈的支付结果，通过合适的物流配送公司向买方发送商品。

（6）买方收到货物后，通知第三方支付平台（支付宝）向卖方付款。

（7）卖方与第三方支付平台（支付宝）结算货款，卖方收款，双方互评，交易完成。

淘宝网交易流程可简述为：买方在卖方的网站上测浏览选择商品时可以通过阿里旺旺与卖方沟通：若买方确定收货，一段时间后，支付宝将自动将货款汇至卖方账户；交易成功后，买卖双方进行信用互评。

（四）C2C 电子商务模式的赢利模式

1. 会员费

会员费也就是会员制服务收费，是指 C2C 网站为会员提供网上店铺出租、公司认证、产品信息推荐等多种服务组合而收取的费用。 由于提供的是多种服务的有效组合，比较能适应会员的需求，因此这种模式的收费比较稳定：费用第一年交纳，第二年到期时需要客户续费，续费后再进行下一年的服务，不续费的会员将恢复为免费会员，不再享受多种服务。

2. 交易提成

交易提成不论什么时候都是 C2C 网站的主要利润来源. 因为 C2C 网站是一个交易平台，它为交易双方提供机会，就相当于现实生活中的交易所，大卖场，从交易中收取提成是其市 场本性的体现.

3. 广告费

企业将网站上有价值的位置用于放置各类型广告，根据网站流量和网站人群精度标定广告位价格，然后再通过各种形式向客户出售。如果 C2C 网站具有充足的访问量和用户黏度，广告业务会非常大、但是 C2C 网站出于对用户体验的考虑，均没有完全开放此业务，只有个别广告位不定期开放。

4. 搜索排名竞价

C2C 网站商品的丰富性决定了购买者搜索行为的频繁性。搜索的大量应用就决定了商品信息在搜索结果中排名的重要性，由此便引出了根据搜索关键字竞价的业务。用户可以为某关键字提出自己认为合适的价格，最终由出价最高者竞得，在有效时间内该用户的商品可获得竞得的排位。只有卖家认识到竞价为他们带来的潜在收益，才愿意花钱使用。

5. 支付环节收费

支付问题一向就是制约电子商务发展的瓶颈，直到阿里巴巴推出了支付宝，才在一定程度上促进了网上在线支付业务的开展。买家可以先把预付款通过网上银行打到支付公司的个人专用账户，待收到卖家发出的货物后，再通知支付公司把货款打入到卖家账户，这样买家不用担心收不到货还要付款，卖家也不用担心发了货而收不到款。而支付公司就按成交额的一定比例收取手续费。

四、注意事项

（1）在淘宝网上开设 C2C 网店，并与同学至少完成一次交易活动。

（2）完成买家交易时，学生可以选择当前所需要的商品进行购买。

（3）完成卖家交易时，学生可以选择淘宝网等 C2C 平台，选择 10 个商品，开设一家 C 店。鉴于当前淘宝网开店规则的不断变化，卖家开店必须上交一定数额的保证金，为此，可选择二手商品上传，但是有类目限制，请根据开店规则选择可上传的商品类目。

五、思考与练习

（1）以你个人在淘宝网上购物或出售物品的经历，谈谈网上交易与实体店交易相比有哪些优势，哪些商品不适合网上交易。

（2）选择两个不同的 C2C 平台，分析它们网上开店及交易的流程，并比较其中的不同。

任务二　O2O 模式应用

近年来，移动互联网的迅速发展，为移动商务带来了巨大商机，并且未来市场发展潜力巨大。中国电子商务发展已经步入快速发展时期，通信和硬件条件对市场的推进作用将逐渐被品牌和服务所取代。随着移动电子商务平台建设的更加完善和手机网民电子商务意识的增强，中国移动电子商务市场将进入市场大规模爆发的阶段。截至 2020 年 3 月，我国网络购物用户规模达 7.10 亿，占网民整体的 85.0%；手机购物用户规模为 7.07 亿，占手机网民的 85.3%。正是看好移动电子商务的发展潜力，淘宝、当当等传统电子商务企业，中国移动、中国电信等电信运营商纷纷布局移动商务领域，寻求新的利润增长点，其中 O2O 电子商务的市场前景和地位日益显现。

一、学习目标

通过对本任务的学习，学习者应了解 O2O 电子商务概述、分类和赢利点，掌握 O2O 电子商务的使用流程。

二、任务实施

游游是江苏无锡某银行信贷部的管理者，经常为员工加班吃什么的工作餐问题苦恼。一方面，他对附近外卖的质量和数量不够了解；另一方面，员工的口味不能统一。有同事向他介绍了“大众点评网”。在这个网站上，能够根据点评和分数来选择适合的外卖，并且加班的同事能够在多种外卖餐中自主选择。

游游在大众点评网上的订餐程序包括以下几个环节：①注册登录；②设置筛选条件；③选择商户；④查看商户评价和信息；⑤咨询并订餐，同时成为会员；⑥货到付款并参与，点评。

（1）下载大众点评 app，单击下方“我的”，可以选择用微信、QQ 或新浪等第三方账号登录，也可以用手机或邮箱注册登录，如图 6-2 所示。

（2）填写注册信息，并单击“立即注册”。注册成功后，编辑个人资料。

（3）选择首页——地区——城市——无锡，或者 GPS 直接定位。

（4）选择美食——江浙菜，如图 6-3 所示。

图 6-2　注册登录界面

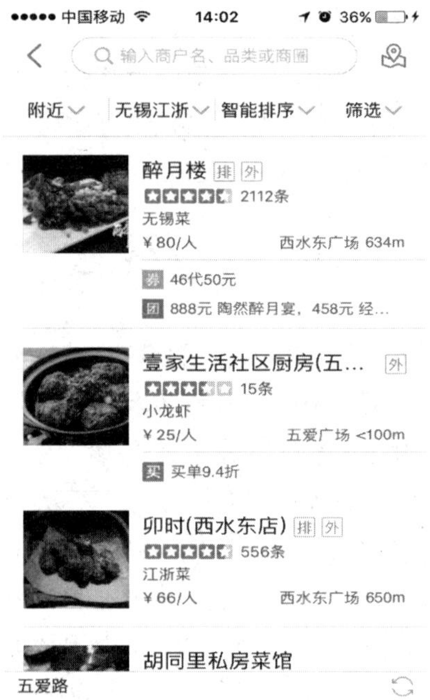

图 6-3　浏览选择

（5）根据实际需求，选择条件，如附近、智能排序和筛选，结果下方选择“附近”、“人气最高”，促销优惠、外卖服务，价格 50 以下，单击“确定”，进入结果主界面，如图 6-4，6-5，6-6，6-7 所示。

图 6-4　附近

图 6-5　智能排序

图 6-6　筛选

图 6-7　结果界面

(6)在筛选结果下方,发现每人50元以下的可外卖的江浙菜品种非常丰富,选择壹家生活社区厨房(五爱店),查看商家信息和网友点评,了解店铺的综合质量。觉得非常满意,即可确定在该商户订单,拨打其联系电话,咨询并订餐。

(7)订餐后可根据消费情况还可以购买代金券或者电子买单。等待订餐送到后,出示电子卡并付款即可,同时可以在商户下方发布点评信息并上传菜品图片,分享给网友。如图6-8、6-9所示。

图6-8 店铺优惠

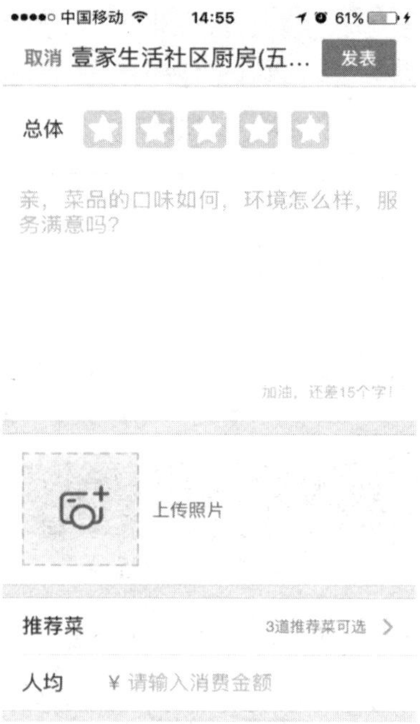

图6-9 评价

三、相关知识

近年来,移动互联网的迅速发展为移动商务带来了巨大商机,并且未来市场发展潜力巨大。艾瑞咨询分析认为,中国电子商务发展已经步入快速发展时期,通信和硬件条件对市场的推进作用将逐渐被品牌和服务取代。随着移动电子商务平台建设的更加完善和手机网民电子商务意识的增强,中国移动电子商务市场将进入市场大规模爆发的阶段。截至2020年3月,我国网络购物用户规模达7.10亿,占网民整体的85.0%;手机购物用户规模为70749万人,占手机网民的85.3%。正是看好移动电子商务的发展潜力,淘宝、当当等传统电子商务企业,中国移动、中国电信等电信运营商纷纷布局移动商务领域,寻求新的利润增长点,其中O2O电子商务的市场前景和地位日益显现。

（一）O2O 电子商务概述

O2O 即 Online To Offline，也即将线下商务的机会与互联网结合在一起，让互联网成为线下交易的前台。这样线下服务就可以用线上来揽客，消费者可以用线上来筛选服务，并在线结算，线上与线下通过 O2O 被打通了。简单说，O2O 模式就是让用户在线支付购买线下的商品和服务后，到线下享受服务，因此 O2O 模式特别适合必须到店消费的商品和本地生活服务，比如餐饮、健身、电影和演出、美容美发、摄影等。

O2O 的优势在于把线上和线下的优势完美结合。通过网络营销推广，把线上需求与线下商业伙伴完美对接，实现互联网落地。让消费者在享受线上优惠价格的同时，又可享受线下贴心的服务。同时，O2O 模式还可实现不同商家的联盟。

1.O2O 模式充分利用了互联网跨地域、无边界、海量信息、海量用户的优势，同时充分挖掘线下资源，进而促成线上用户与线下商品与服务的交易，因此团购是 O2O 的典型代表。

2.O2O 模式可以对商家的营销效果进行直观的统计和追踪评估，规避了传统营销模式的推广效果不可预测性，O2O 将线上订单和线下消费结合，所有的消费行为均可以准确统计，进而吸引更多的商家进来，为消费者提供更多优质的产品和服务。

3.O2O 在服务业中具有优势，价格便宜，购买方便，且折扣信息等能及时获知。

4.O2O 平台可带来大规模高黏度的消费者，进而能争取到更多的商家资源。掌握庞大的消费者数据资源，且本地化程度较高的垂直网站借助 O2O 模式，还能为商家提供其他增值服务。

（二）O2O 电子商务模式分类

互联网的迅猛发展为 O2O 提供了无限想象的空间。消费者通过手机连接互联网，在 O2O 网站、App 商店、社交网店或通过在线下实体店或传单上扫描条形码或二维码等方式，查找和获得自己需要的产品和服务，然后利用手机支付进行购买，再到线下实体店获得自己需要的产品和服务。随着 SNS（社会化网络服务）的迅猛发展、LBS 应用的普及以及二维码技术的成熟和应用，O2O 模式更趋多元化，表现出旺盛的市场需求。

1.O2O+SNS

以即时通信、微博和微信为代表的 SNS 近年来发展迅猛，O2O 运营企业除了运用 App 商店这一形式外，要充分运用微博和微信等社交软件。腾讯推出的微信仅用 2 年的时间，就成为腾讯最成功的移动互联网应用，也是互联网历史上增长最快的新软件。自从微信 O2O 开放接口后，在微信上，O2O 服务表现出旺盛的生命力，这种 O2O+SNS 的模式潜力无限。

2.O2O+LBS

移动设备一个明显的优势是可以体现出用户的地理位置信息。因此，LBS 就成为移动互联网的一项典型应用。LBS 催生厂 Check-In 一族，国内的玩转四方、街旁、开开、多乐趣等均是 LBS 网站，用户可以使用这些服务的手机客户端随时签到，获得产品和服务信息，还可以积累积分，以享受商家的优惠和打折服务。

对比 O2O 与 LBS，显然两者的共同之处很多。LBS 本身也是线上与线下的结合，通过 LBS 服务，用户也可以进行周边商家、商品查找和购买。但是两者也有一些不同点，如 LBS 不一定以产生购买行为为目的，某些 LBS 应用也可以通过社交功能聚集用户，然后在此基础上发展出其他的盈利模式，而 O2O 则是专注于用户购买需求的应用。

正如 LBS 有可能成为移动互联网的极具特色的应用一样，O2O 也可能是决定未来移动互联网发展的一项应用模式。关键是 O2O 服务提供商需要具备平台意识，不能仅将 O2O 作为一种电子商务应用，而应当在此基础上聚集用户，形成平台，并提供一系列的增值服务，只有这样才能充分挖掘 O2O 这座金矿。

3. O2O+ 二维码

从 2012 年开始，二维码（2-dimensional Bar Code）已经越来越多了，在广告、宣传品、服装、商店入口、地铁等诸多介质上，到处都能看到黑白色的二维码。二维码是指在条形码的基础上扩展出另一维具有可读性的条码，使用黑白矩形图案表示二进制数据，被设备扫描后可获取其中所包含的信息。条形码的宽度记载着数据，而其长度没有记载数据。二维码的长度、宽度均记载着数据。二维码有普通条形码没有的“定位点”和“容错机制”。

进入移动互联网时代，通过手机扫描二维码撬动 O2O 入口提供了极大的便捷性。手机扫拍二维码可以在瞬间获得网址、访问移动互联网，获得商品的信息，也可以下订单，从而拉近了商家和消费者之间的距离，商家可以利用手机这种特定终端推出更多服务，形成更多互动，最终实现更大的商业价值。

现在，二维码已经开始在人们生活中发挥其传播信息和获取信息的特点。在上海、深圳、广州等城市，微信推出的“扫二维码得商户优惠券”活动，消费者可通过手机扫拍二维码获得一份电子优惠券，即拍即得，立即生效。微信通过二维码识别，让用户成为商家的微信粉丝，产生入口并可以推送信息，进而开展 O2O 业务。这种模式的本质是以微信的强延展力取代传统媒体在商家和消费者之间的中介地位，在商家和消费者之间建立起一个直接的互动关系，而商家将有更多机会通过微信平台向消费者推广更多的服务和优惠，以吸引客户。

目前，二维码行业还处于起步阶段，尚未出现成熟的商业模式或成规模的商业应用，行业参与者多处于创业阶段。因此，总体来看， O2O + 二维码模式的机遇与挑战共存。

总之，随着 4G 网络的日益成熟和智能手机的大量普及，越来越多的用户开始通过手机获得各种服务，传统 PC 未来必然被智能手机所替代。O2O 只有抓住移动互联网带来的机遇，才能真正获得爆炸式的发展。

（三）O2O 电子商务模式的盈利点分析

O2O 已经逐渐成为电子商务业投资的热点领域，正吸引着众多企业的加入，其中也不乏成功企业，如大众点评网、携程网、搜房网、拉手网、街旁网、去哪儿、酒店达人等它们在人们工作生活中发挥着重要作用，发展得如火如荼。一旦形成强大的 O2O 平台，其盈利模式将更加清新、多元化，从而支撑企业的发展和 O2O 平台的良性发展。O2O 的盈利模式是比较清晰的，有面向用户收费的，也有面向商家收费的，更有通过广告来收费的。总体来说，O2O 模式的收入来源主要有以下几种。

1. 销售佣金收入

O2O 运营企业通过打造 O2O 平台，聚焦了大量的商家，平台通过提供打折、优惠券、促销等活动吸引线上客户到线下商家购买商品，由于线上资源增加的顾客并不会给商家带来太多的成本，这样商家在销售产品中会获得更多利润，O2O 运营企业根据商品销售或代理向商家收取销售佣金。例如，在豆瓣网，用户看到一本书后，就可以单击右侧的链接，或者将它们添加到购书单，到网上书城里进行购买，豆瓣收取佣金。

2. 广告收入

O2O 运营企业通过业务运营、业务模式的创新，结合社交、LBS 等移动互联网应用，丰富 O2O 平台的应用，为消费者提供互动、良好的客户 体验，平台一方面聚集海量商户资源，另一方面聚集大量的商家，通过线上巨大流量，聚集消费者，然后把这些流量导入给商家，通过关键字搜索、电子优惠券等形式开展广告，O2O 运营企业可以借此向商家收取广告费。同时，O2O 运营企业汇集有海量的用户消费行为、消费能力、消费习惯、消费需求等数据，通过数据分析为商家开展精准营销，在正确时间将与之需求相适应的商家信息推送给潜在用户，从而向商家收取精准广告推送收入。广告收入是 O2O 运营企业的主要收入来源。大众点评网通过“点评模式”聚集了海量的用户 资源，现在每天活跃用户达到 4 200 万人，月点评数量超过 2 300 万条，收录商户数超过 240 万家，大众点评网采取精准广告模式向商家收取广告费，从而为商家开展关键字搜索、电子优惠券、客户关系管理等多种营销推广。大众点评网的关键字搜索类似于谷歌、百度，输入关键词，会有相关的商家信息出现，在此类搜索热词附近，大众点评网推出竞价排名，并向消费者明确这是广告。这类广告模式，并没有给用户的体验效果带来直接的负面影响，反而成为满足用户需求的针对性信息，拓宽了大众点评网的营收渠道。

3. 数据服务收入

当 O2O 平台每天访问量达到上百万次或上千万次时，O2O 平台积累了海量的用户数据，成为了电子商务企业最大的“金矿”。大数据商业价值主要表现在：对每个消费群体制定有针对性的策略和行动，运用大数据模拟实境，发掘新的需求和提高投入的回报率；提高大数据成果为商家等生态系统伙伴服务，提高商家整个管理链和产业链的投入回报率，O2O运营企业可以将用户数据集成开发客户关系管理（CRM）系统，进行数据分析和挖掘，开展有意义的消费行为分析，制定有针对性的营销方案，为商家商业模式、产品和服务创新提供服务，从而向商家收费。

4. 增值服务收入

O2O运营企业应当借助自身的平台优势和媒体优势，与商家合作进行多元化业务的开发，挖掘一些增值业务。例如，国外有一家网上订餐商店OpenTable，不仅能为消费者提供快速、便捷的网上订餐服务，还能为商家提供订餐软件系统，帮助商家进行订餐管理，优化业务流程，降低经营成本。而OpenTable可以向商家收取这套软件的“初装费”，以获收入。

5. 其他收入

例如，大众点评网根据汇聚大量的用户点评内容和商家信息，加以整理汇集成册，每年发售一册餐馆指南书籍售卖，每本定价20元左右，书价也不贵，涵盖上海到北京、广州等20多个城市，该餐馆指南销售量达到每年10万册，这也是收入来源之一，再加上书上刊登广告，盈利模式更加丰富。

上述是当前O2O模式主要赢利点，针对不同O2O运营企业，在制定赢利模式时，要根据企业发展所处的阶段、平台运营状况灵活而确定，收入来源也可以是上述5种的组合。

四、注意事项

除了选择大众点评网，学生也可以选择其他的O2O平台。

五、思考与练习

（1）看校园周边有哪些行业或商铺适合开展O2O项目，根据所学知识为商家制订O2O方案。

（2）试简述传统企业如何开展O2O业务。

任务三　SNS模式应用

一、学习目标

通过对本单元的学习，学习者应了解有关社会性网络服务的知识，掌握社会性网络服务的常用平台。

二、任务实施

馨尔刚上大学，她所在的院系是学校人数最多的，很多课都要分班分开上。而馨尔初来乍到，认识的人又很少，微信就成为一个能够初步了解同学的渠道。刚开始，大家在微信内基本都没有隐私，每个人都使用真实的头像真实的信息。晚上回到寝室打开电脑或手机，在微信圈翻翻同学的个人介绍和头像相册，也成为乐此不疲的一件事。在微信平台，需经过以下几个环节：①注册并登录微信；②完善个人信息；③添加好友并参与互动。如图 6-11、6-12、6-13 所示。

图 6-10　注册成功

图 6-11　微信功能

三、相关知识

（一）SNS 电子商务概述

SNS，全称 Social Networking Services，即社会性网络服务，专指旨在帮助人们建立社会性网络的互联网应用服务。也指社会现有已成熟普及的信息载体，如短信 SMS 服务。SNS 的另一种常用解释：全称 Social Network Site，即“社交网站”或“社交网”。社会性网络（Social Net-working）是指个人之间的关系网络，这种基于社会网络关系系统思想的网站就是社会性网络网站(SNS 网站)。SNS 也指 Social Network Software,社会性网络软件,是一个采用分布式技术,通俗地说是采用 P2P 技术,构建的下一代基于个人的网络基础软件。

图 6-12　通讯录

图 6-13　微信联系人或公众号

社会性网络服务是一个平台,建立人与人之间的社会网络或社会关系的连接。例如,利益共享、活动、背景或现实生活中的连接。一个社会网络服务,包括表示每个用户(通常是一个配置文件)的社会联系和各种附加服务。大多数社会性网络服务基于网络的在线社区服务,并提供用户在互联网互动的手段,如电子邮件和即时消息。社会性网络服务有时被看作一个社交网络服务,但从更广泛的意义上说,社会性网络服务通常是指以个人为中心的服务,并以网上社区服务组为中心。社交网站允许用户在他们的网络共享他们的想法、图片、文章、活动、事件。

（二）国外社交网络

1. 第一梯队的社交网络

1）微博

Twitter（推特）是一家美国社交网络及微博客服务的网站，是全球互联网上访问量最大的十个网站之一，是微博客的典型应用。它可以让用户更新不超过 140 个字符的消息，这些消息也被称作“推文（Tweet）”，Twitter 在全世界都非常流行。

Twitter 是一个广受欢迎的社交网络及微博客服务的网站，允许用户将自己的最新动态和想法以移动电话中的短信息形式（推文）发布（发推），可绑定 IM 即时通信软件。所有的 Twitter 消息都被限制在 140 个字符之内。

Twitter（推特）是一个微博网站，他们只问访问者一个问题：“你现在在做什么？”实际上，几乎在 Twitter 上的所有沟通都是围绕着“我现在正在做什么”展开的。你还可以在 Facebook. Google+、LinkedIn 和 Instagram 上轻松地做同样的事情，只不过 Twitter 是专门做此类事情的最热门的和最有利润的平台。

很多商业人士使用 Twitter 与他们的朋友或者同事分享有趣的网页，与其他商业人士接触或者保持沟通，或者推广博客的帖子。有很大一部分人也使用 Twitter 来与客户或者潜在客户对话。除了市场和销售，Twitter 在行业活动中，例如会议和贸易会展上做人际关系也是很不错的。跟踪会议的主题标签和其他相关的标签，你可以看到其他参加会议的人都在做什么，并了解到那些不在正式日程表上的聚会和其他相关的社交活动。

2）社交网站

Facebook 是美国的一个社交网络服务网站，于 2004 年 2 月 4 日上线，于 2012 年 3 月 6 日发布 Windows 版的桌面聊天软件 Facebook Messenger。主要创始人为美国人马克•扎克伯格，Facebook 是世界排名领先的照片分享站点，截至 2015 年 8 月 28 日，单日用户数突破 10 亿。

2016 年 6 月 8 日，《2016 年 BrandZ 全球最具价值品牌百强榜》公布，Facebook 排第 5 名。2 月 16 日，Facebook 上线谣言审核机制功能，12 月 21 日，Facebook 推出音频直播。2017 年 2 月，Brand Finance 发布 2017 年度全球 500 强品牌榜单，Facebook 排名第 9。

很可能你已经有了一个属于你个人的 Facebook 账号，在世界上 Facebook 已经有超过 10 亿账号。如果 Facebook 是一个国家，那么它就是世界上的第七大人口大国。在一个健康的社区和健康的社交生活中的一个必要元素是“第三空间”。这个空间指的是在你家庭之外的一个社会化环境，让你可以和其他与工作无关的人一起聚会。因为今天的社会本来就是移动的和瞬态的。在这种情况下，Facebook 在活跃成员、分享能力、连接能力以及定向广告方面是显然的领跑者。

Facebook 的广告还为我们提供了一些推广的选择，你可以推广你自己的页面（获得更多的“赞”）或者推广一些你曾经发布的帖子。

3）Linkedln

LinkedIn 是全球最大的职业社交网站，是一家面向商业客户的社交网络（SNS），中文名为领英。LinkedIn 成立于 2002 年 12 月并于 2003 年启动，于 2011 年 5 月 20 日在美上市，总部位于美国加利福尼亚州山景城。网站的目的是让注册用户维护他们在商业交往中认识并信任的联系人，俗称“人脉”。用户可以邀请他认识的人成为“关系”圈的人。现在用户数量已达 2 亿，平均每一秒钟都有一个新会员的加入。2014 年 2 月 25 日，LinkedIn 简体中文版网站正式上线，并宣布中文名为“领英”。

LinkedIn 在 B2B（商业对商业）领域的产品、服务和活动的广告宣传是强项。在 LinkedIn 上最成功的广告能够把流量导入到一个着陆页面，在目标人群中收集选择性加入的销售线索，能够帮忙找到一些人来满足原本很难填补的职位空缺。LinkedIn 建议你只和自己真正认识的人联系。通常，对于任何社交媒体网站上的个人账户，这是一个不错的主意，不过 LinkedIn 有意横跨了个人和专业领域的边界。

2. 第二梯队的社交网络

第三梯队的社交网络根据的不是流量或者影响力，而是参与了这个网络之后会从中赚钱是否容易。一个网站可能在很短的时间内就从第二梯队一跃进入第一梯队。不过没有一个网站从一开始就是在第一梯队的。主要有 Google+、视频网站、图片社交平台和轻博客。

3. 第三梯队的社交网络

第三梯队的社交网络是一些也很流行而又有趣的网站，不过对于绝大多数人来说不是特别有利可图的。如果使用正确的变现战略，第三梯队的网站可能很容易就一跃进入第二梯队或者第一梯队的社交网络。主要有社交网络新闻社交、imgur、Quora 和 Instagram 等。

（三）国内社交网络

1. 腾讯

腾讯公司成立于 1998 年 11 月，是中国目前最大的互联网综合服务提供商之一。腾讯公司成立以来一直秉承一切以用户价值为依归的经营理念，始终处于稳健、高速发展的状态。把为用户提供“一站式在线生活服务”作为战略目标，提供互联网、移动和电信增值服务以及网络广告服务。通过即时通信 QQ、腾讯网、腾讯游戏、QQ 空间、腾讯微博、搜搜、拍拍、财付通、微信等中国领先的网络平台，腾讯打造了中国最大的网络社区，满足互联网用户沟通、资讯、娱乐和电子商务等方面的需求。

2. 人人网

人人网是由千橡集团旗下的校内网更名而来。人人网是为整个中国互联网用户提供服务的 SNS 社交网站，给不同身份的人提供了一个互动交流平台，提高了用户之的交流效率。人人网通过提供发布日志、保存相册、音乐视频等站内外资源分享等功能，搭建了一个功能丰富高效的用户交流互动平台。2013 年 8 月，人人网开心农场下线，这款偷菜小游戏，曾在 2009 年红遍大江南北，巅峰时期拥有上亿用户。

3. 移动社交平台——微信

虽然从 SNS 的定义来说，微信与传统的 SNS 平台有很大的区别，但是从微信所体现出的强大的社交功能来说，微信已经成为一个强大的社交平台。微信是腾讯公司推出的，用户可以通过手机、平板和网页，快速发送语音、视频、图片和文字。微信提供公众平台、朋友圈和消息推送等功能。用户可以通过摇一摇、搜索号码、附近的人、扫二维码方式添加好友和关注微信公众平台。同时，微信可以将内容分享给好友，将用户看到的精彩内容分享到朋友圈。

自星巴克中国正式登录微信平台，各大品牌自媒体仿佛在一夜之间收到了来自新领域的召唤，纷纷开通了自家的微信账号，全新的互动营销大幕正式拉开。微信并非只是在商业化层面增加了品牌推广渠道，作为一个点对点互动应用产品，它与传统 SNS 互动存在根本的特征差异。诸如发送照片、视频、文件、地理位置、交换名片等应用，均具备区别于其他社会化工具的私密性与针对性。随着平台的逐步开放，微信的定位应更趋近于“移动应用的可交互式信息枢纽”。它绝不是一个简单的社交网站，而是一个容纳数亿人的数字化帝国，并且仍在不断扩大。它提供了用户聊天、交友、互动、活动、购物的强大系统化平台，又极其微妙地展示和影响着真实生活。

四、注意事项

（1）在微信上，任何有添加来源的链接，都最好把自己店铺宝贝的链接给放上。

（2）信息推送一般以两三天一次最好，太过频繁的发信息，很容易会让用户产生厌恶和抗拒感，适当的时间做适当的事情，才能事半功倍。

五、思考与练习

参与一项最新的 SNS 网络社交活动，并根据自己的参与情况，及时通过微信等方式与同学活动交流。

第七章　网上支付和诚信交易

技能项目：

掌握网上银行的申请、开通和使用方法；
掌握支付宝账号的注册和使用；
掌握支付宝或微信支付的方法；
掌握诚信交易的要求。

相关知识：

网上银行的概念、特点和主要业务；
第三方支付的概念、分类和第三方支付平台实例；
移动支付的概念、流程和应用；
诚信的重要性。

任务一　网上银行

一、学习目标

通过对本任务的学习，学习者应了解网上银行的概念、特点和主要业务，掌握网上银行的申请、开通和使用方法。

二、任务实施

存款、取款、转账、缴纳水费、电费、煤气费，是人们日常生活中与银行打交道必不可少的业务，常排队、排长队问题会让人在等待中感觉心烦。伴随着各大银行开通个人网上银行功能，轻松让你把银行“搬”回家。

只要开通个人网上银行，不跑腿、不排队，轻松办理银行业务；足不出户，轻松理财，省时省力、省心还省钱。下面以招商银行为例介绍个人网上银行的使用方法。如图 7-1 所示。

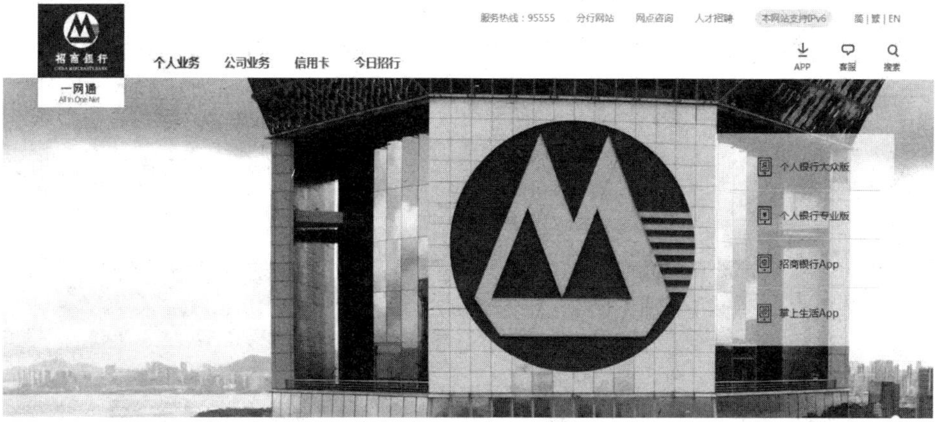

图 7-1　招商银行首页

招商银行个人网上银行分为大众版和专业版两种。个人银行大众版有账务查询、修改密码、卡内定活互转、同身份证账户互转、专户互转、小额网上支付等功能，充分利用了浏览器本身的安全机制，无须下载任何软件，只需一台联网电脑，就可以使用该项功能，在浏览器界面操作。个人银行专业版是招商银行基于互联网平台开发的网上个人银行理财软件，该软件建立在严格的客户身份认证基础上，对参与交易的客户发放证书，交易时验证证书，提供 7×24 小时全天候服务，使用户在家中就能安全便捷地享受到银行专业化、个性化的金融服务。

1. 注册用户

1）大众版

单击进入网上银行——个人银行大众版，先安装控件，然后用手机号码注册成为一网通用户。如图 7-2 所示。

图 7-2　个人银行大众版登录界面

2）专业版

持有效身份证件和一卡通到营业网点申请，获得“优 KEY”。单击进入网上银行——个人银行专业版，进入个人网银专业版 7.1 下载页面。如图 7-3 所示。

图 7-3　个人网银专业版下载页面

2. 登录，并开通网上支付功能

下载安装成功后，单击电脑桌面“招行专业版”图标运行专业版程序，将“优 KEY”插入电脑 USB 端口，设置网银专业版的用户密码（6~8 位数字或字母，请务必牢记），单击“登录”，输入关联一卡通的取款密码，关联一卡通至专业版，登录体验安全、强大的专业版服务。为保证客户权益，网上银行专业版默认未开通转账、汇款和网上支付功能，请您登录后进入“功能申请”菜单自行开通！

个人网上银行大众版的功能为：①账户查询；②自助转账；③自助缴费；④网上支付；⑤投资管理；⑥贷款管理；⑦客户服务等。个人网上银行专业版具备大众版的各项功能，并以此为基础增加了转账汇款、理财计划、批量转账汇款等一些服务，安全性比大众版更高，还有外汇买卖、国债投资、证券服务等服务。

三、相关知识

（一）网上银行的含义

相对于有 400 多年历史的银行业，网上银行诞生至今不过短短几年的时间，但它的扩张速度却以几何级数增长，大有取代传统银行业务方式之势，新兴的网上银行无疑是对传统银行的挑战。

网上银行包含两个层次的含义：一个是机构概念，指通过信息网络开办业务的银行；另一个是业务概念，指银行通过信息网络提供的金融服务，包括传统银行业务和因信息技术应用带来的新兴业务。在日常生活和工作中提及的网上银行，更多的是第二层次的概念，即网上银行服务的概念。

网上银行又称网络银行、在线银行，是指银行利用 Internet 技术，通过 Internet 向客户提供开户、查询、对账、行内转账、跨行转账、信贷、网上证券、投资理财等传统服务项目，使客户可以足不出户就能够安全便捷地管理活期和定期存款、支票、信用卡及个人投资等。可以说，网上银行是在 Internet 上的虚拟银行柜台。网上银行又被称为“3A 银行”，因为它不受时间、空间限制，能够在任何时间（Anytime）、任何地点（Anywhere），以任何方式（Anyway）为客户提供金融服务。

（二）网上银行的特点

网上银行是随着 Internet 的普及和电子商务的发展在近年逐步成熟起来的新一代电子银行，它依托于传统银行业务，并为其带来了根本性的变革，同时也拓展了传统的电子银行业务功能。与传统银行和传统电子银行相比，网上银行在运行机制和服务功能方面都具有不同的特点。

1. 无分支机构

传统银行是通过开设分支机构来发展金融业务和开拓国际市场的，客户往往只限于固定的地域，而网上银行是利用 Internet 来开展银行业务的，因此可以将金融业务和市场延伸到全球每个角落。打破了传统银行业务地域范围局限的网上银行，不仅可以吸纳本地区和本国的客户，也可以直接吸纳国外客户，为其提供服务。

2. 开放性与虚拟化

传统银行所提供的业务都是在银行的封闭系统中运作的，而网上银行的 Web 服务器代替了传统银行的建筑物，网址取代了地址，其分行是终端机和 Internet 这个虚拟化的电子空间。

3. 智能化

传统银行主要借助于物质资本，通过众多员工的辛勤劳动为客户提供服务。而网上银行主要借助智能资本，靠少数脑力劳动者的劳动提供比传统银行更多、更快、更好、更方便的业务，如提供多元且交互的信息，客户除可转账、查询账户余额外，还可享受网上支付、贷款申请、国内外金融信息查询、投资理财咨询等服务，其功能和优势远远超出电话银行和传统的自助银行。

4. 低成本

与其他银行服务手段相比，网上银行的运营成本最低。据介绍，在美国开办一个传统的分行需要 150 万 ~200 万美元，每年的运营成本为 35 万 ~50 万美元。相比之下，建立一个网上银行所需成本为 100 万美元。美国 USWeb 网络服务与咨询公司的一次调查发现，普通的全业务支行平均每笔交易成本约 1.07 美元，而网上银行仅为 0.01~0.04 美元。

可以看出，网上银行服务系统的作用和意义已经远远超出了任何一个传统的银行业务系统。如果能够成功地建立网上银行服务系统，与客户终端、电话银行等手段结合起来，将在整个银行范围内形成一个统一的面向客户的综合服务体系。同时，为解决银行业务系统分散、业务做法不统一、系统平台不统一等问题，提供一个较好的途径。

目前，网上银行的运行机制有两种模式：一种是完全依赖于互联网发展起来的全新的电子银行，特点是银行的所有业务都是通过互联网进行的，如美国的 SFNB；另一种是传统银行在互联网上建立的网站，如美国花旗银行和我国的工商银行、中国银行等，特点是利用互联网提供传统的银行业务，通过其发展个人银行、企业银行等业务。

（三）网上银行的业务

网上银行基本业务主要包括个人银行（储蓄业务）、企业银行（对公业务）、信用卡业务、国际业务、各种支付、信贷及特色服务等传统的银行业务功能。

1. 个人银行

个人银行为用户提供方便的个人理财渠道，包括网上开户，账户余额、利息的查询，交易历史查询，个人账户挂失，电子转账，票据汇兑等。

2. 企业银行

企业银行为企业或团体提供综合账户业务，如查阅本企业或下属企业账户余额和历史业务情况；划转企业内部各单位之间的资金；核对调节账户，进行账户管理等服务；电子支付职工工资；了解支票利益情况，支票挂失；将账户信息输出到空白表格软件或打印诸如每日资产负债表报告、详细业务记录表、银行明细表之类的各种金融报告或报表；通过互联网实现支付和转账等。

四、注意事项

（1）在个人网上银行的操作和使用方面，各大银行是大致相同的。每位同学开通的网上银行未必是同一家银行的，业务操作流程也不尽相同，所以此处省去操作步骤。

（2）具体的业务操作流程可以在教师的指导下进行，也可以由学生自行探索操作。

五、思考与练习

（1）谈谈网上个人银行业务的主要内容有哪些。

（2）简述网上个人银行业务的电子支付流程及有关规定。

任务二　第三方支付

一、学习目标

通过对本任务的学习，学习者应了解第三方支付的概念、分类和第三方支付平台实例，掌握支付宝账号的注册和使用。

二、任务实施

馨馨是一名电子商务专业大一的学生，来自农村，之前早就听说了网上购物，可是一直没有自己的银行账号。上了大学后，有了自己的银行卡，为了购物需要，她想开通支付宝账户。

1. 注册支付宝账号

进入支付宝首页——立即注册——进入注册页面，选择用邮箱或手机号码注册。以用邮箱注册为例，单击个人账户，输入邮箱地址和验证码，下一步，单击“立即查收邮件”，如果没有收到邮件，可单击“重新发送邮件”，收到激活支付宝账户的邮件——继续注册，如图 7-4 所示。

图 7-4　支付宝注册界面

接着，填写个人信息，包括真实姓名、身份证号码，注册完成后不可修改。单击“确认”后，会有两个情况。

第一种：未通过身份验证，可以在网上购物，但不可以充值、查询收入明细、收款金额会不可使用，可单击“完成实名认证”解决；原来已有支付宝账户通过实名认证后，请单击“关联认证”操作。

第二种：通过身份验证，可以使用支付宝所有功能，但收款额度只有 5 000 元/年。等完成实名认证后，即可无收款额度限制。姓名和身份证号码通过身份信息验证后，页面提示银行绑定银行卡，输入用户的银行卡卡号及该卡银行预留手机号码，单击“同意协议并确定”。

2. 了解支付宝应用

支付宝的应用包括很多，主要有转账收款、生活便民、公益教育、旅行票务、娱乐网购和淘宝贷款、网商贷、话费卡充值、阿里贷款、网购还款等。如图 7-5、7-6、7-7 和 7-8 所示。

图 7-5　转账收款应用

图 7-6　生活便民应用

图 7-7　公益教育和旅行票务应用

图 7-8　娱乐网购和其他应用

用支付宝缴费，支付宝不收取任何手续费。如果在缴费时支付了 1 元手续费，则该代缴服务是由支付宝及支付宝委托的代办人（自然人或商户）共同完成的，用户支付的 1 元手续费最终由代办人收取，支付宝不向用户收取任何费用。另外，只要有他人的缴费账单就可以代他人缴费。

有了支付宝的账户，馨馨可以自由应用支付宝的各项功能。

三、相关知识

电子支付在中国的发展始于网上银行业务，其驱动力却来自电子商务的高速增长。当前，我国电子支付市场实现了跨越式发展，市场规模不断扩大，产品和服务种类不断创新，行业拓展不断深化，从而助推了电子商务的繁荣，更好地满足了消费者日益个性化、多样化的支付需求。作为电子商务核心的支付环节正在加速电子化，网上支付、移动支付、电话支付等多种支付形式的出现，极大地促进了电子商务企业的业务发展。

电子商务领域中“刷单、刷流量”虚假交易、“发布虚假信息”、售卖“伪劣产品”等各种失信行为也层出不穷，屡禁不止。

电子商务活动的普及使得网上购物、在线交易已经变成了人们日常生活的一部分。对于电子商务的商家而言，传统的支付方式如银行汇款、邮政汇款等，都需要购买者去银行或邮局办理烦琐的汇款业务；而如果采用货到付款方式，又给商家带来了一定的风险和昂贵的物流成本。因此，第三方支付平台就是在这种需求下逐步诞生的。在通过第三方支付平台的交易中，买方选购商品后，使用第三方支付平台提供的账户进行货款支付，由第三方通知卖家货款到达，进行发货；买方检验物品后，就可以通知第三方付款给卖家，第三方再将款项转至卖家账户。由于电子商务活动中买卖双方的交易依托互联网上的虚拟平台，支付过程中会产生信任问题，所以寻求双方都信任的“中间人”是必要而且关键的，该“中间人”就是第三方支付平台。

（一）第三方支付平台概述

当第三方支付平台是除了银行以外的具有良好信誉和技术支持能力的某个机构时，支付也通过第三方在持卡人或者客户和银行之间进行。持卡人和第三方以替代银行账号的某种电子数据的形式（如邮件）传递账户信息，避免了持卡人将银行信息直接透露给商家。另外，也可以不必登录不同的网上银行界面，取而代之的是每次登录时，都能看到相对熟悉和简单的第三方机构的界面。

第三方机构与各个主要银行之间签订有关协议，使得第三方机构与银行可以进行某种形式的数据交换和相关信息确认。这样，第三方机构就能实现在持卡人或消费者与各个银行，以及最终的收款人或者是商家之间建立一个支付的流程。第三方支付使商家看不到客户的信用卡信息，同时又避免了信用卡信息在网络多次公开传输可能引起的信用卡密码被窃风险。

第三方支付平台一般的运行过程如下。

（1）消费者在电子商务网站选购商品，最后决定购买，买卖双方在网上达成交易意向。

（2）消费者选择利用第三方支付平台作为交易中介，用借记卡或信用卡将货款划到第三方账户，并设定发货期限。

（3）第三方支付平台通知商家，消费者的货款已到账，要求商家在规定时间内发货。

(4)商家收到消费者已付款的通知后按订单发货,并在网站上作相应记录,消费者可在网站上查看自己所购买商品的状态;如果商家没有发货,则第三方支付平台会通知顾客交易失败,并询问是将货款划回其账户还是暂存在支付平台。

(5)消费者收到商品并确认满意后,通知第三方支付平台。如果消费者对商品不满意,或认为与商家承诺有出入,可通知第三方支付平台拒付货款并将商品退还商家。

(6)消费者对商品满意,第三方支付平台将货款划入商家账户,交易完成;消费者对商品不满意,第三方支付平台确认商家收到退货后,将该商品货款划回消费者账户或暂存在三方账户中,等待消费者下一次交易时支付使用。

(二)第三方支付平台行业分类

一类是以支付宝、财付通、盛付通为首的互联网型支付企业,它们以在线支付为主,捆绑大型电子商务网站,迅速做大做强。

一类是以银联电子支付、快钱、汇付天下为首的金融型支付企业,侧重行业需求和开拓行业应用。

目前中国国内的第三方支付产品主要有PayPal(易趣公司产品)、支付宝(阿里巴巴旗下)、银联在线(中国银联)、财付通(腾讯公司,腾讯拍拍)、盛付通(盛大旗下)、易宝支付(Yeepay)、快钱(99bill)、百付宝(百度C2C)、网易宝(网易旗下)、环迅支付、汇付天下等。其中,用户数量最大的是支付宝和PayPal(主要在欧美国家流行)。

(三)第三方支付平台实例

1. 支付宝

支付宝(中国)网络技术有限公司是国内领先的第三方支付平台,致力于提供“简单、安全、快速”的支付解决方案。支付宝公司从2004年建立开始,始终以“信任”作为产品和服务的核心。旗下有“支付宝”与“支付宝钱包”两个独立品牌。自2014年第二季度开始,支付宝成为当前全球最大的移动支付公司。

支付宝主要提供支付及理财服务,包括网购担保交易、网络支付、转账、信用卡还款、手机充值、水电煤缴费、个人理财等多个领域。在进入移动支付领域后,为零售百货、电影院线、连锁商超和出租车等多个行业提供服务,还推出了余额宝等理财服务。

支付宝与国内外180多家银行以及VISA、MasterCard国际组织等机构建立战略合作关系,成为金融机构在电子支付领域最为信任的合作伙伴。

支付宝公司针对网上交易而特别推出安全付款服务,其运作的实质是以支付宝为信用中介,在买家确认收到商品前,由支付宝替买卖双方暂时保管货款的一种增值服务。

使用支付宝交易的流程为:①买家在卖家店铺内选择满意的产品;②买家付款到支付宝;③支付宝收到买家的货款后,通知卖家发货;④卖家收到支付宝的通知后,发货给买家;⑤买家收到货物后,查验审核,满意后通知支付宝付款;⑥支付宝接到买家的付款通知后,将款项划拨给卖家。支付宝在支付过程中起到了中间人的作用,当收到买家的货款时,才通知卖家发货;当收到买家的确认通知后,才划款给卖家,对买卖双方都起到了监督保证作用。

2.Paypal

PayPal(在中国大陆的品牌为贝宝),是美国 eBay 公司的全资子公司,1998 年 12 月由 Peter Thiel 及 Max Levchin 建立,是一个总部在美国加利福尼亚州圣荷西市的因特网服务商,允许在使用电子邮件来标识身份的用户之间转移资金,避免了传统的邮寄支票或者汇款的方法。PayPal 也和一些电子商务网站合作,成为它们的货款支付方式之一;但是用这种支付方式转账时,PayPal 收取一定数额的手续费。

PayPal 是针对具有国际收付款需求的用户设计的账户类型。它是目前全球使用最为广泛的网上交易工具。它能帮助我们进行便捷的外贸收款、提现与交易跟踪;从事安全的国际采购与消费;快捷支付并接收包括美元、加元、欧元、英镑、澳元和日元等 25 种国际主要流通货币。

通过 PayPal,付款人欲支付一笔钱给商家或者收款人时,可以分为以下几个步骤。

(1)只要有一个电子邮件地址,付款人就可以开设 PayPal 账号,通过验证成为其用户,并提供信用卡或者相关银行资料,将一定数额的款项从其开户时登记的账号(例如信用卡)转移至 PayPal 账号下。

(2)当付款人启动向第三人付款程序时,必须先进入 PayPal 账号,指定特定的汇出金额,并提供收款人的电子邮件账号给 PayPal。

(3)接着 PayPal 向商家或者收款人发出电子邮件,通知其有等待领取或转账的款项。

(4)如商家或者收款人也是 PayPal 用户,其决定接收后,付款人所指定之款项即移转予收款人。

(5)若商家或者收款人没有 PayPal 账号,收款人得依 PayPal 电子邮件内容指示,进入网页注册以取得一个 PayPal 账号,收款人可以选择将取得的款项转换成支票寄到指定的处所,转入其个人的信用卡账户或者转入另一个银行账户。

从以上流程可以看出,如果收款人已经是 PayPal 的用户,那么该笔款项就汇入他拥有的 PayPal 账户,若收款人没有 PayPal 账户,网站就会发出一封电子邮件,引导收款者至 PayPal 网站注册一个新的账户。所以,也有人称 PayPal 的这种销售模式是一种“邮件病毒式”的商业拓展方式，从而使得 PayPal 越来越大地占有市场。

3. 财付通

财付通（Tenpay）是腾讯公司于 2005 年 9 月正式推出的专业在线支付平台，其核心业务是帮助在互联网上进行交易的双方完成支付和收款。它致力于为互联网用户和企业提供安全、便捷、专业的在线支付服务。个人用户注册财付通后，即可在拍拍网及 20 多万家购物网站轻松购物。财付通支持全国各大银行的网银支付，用户也可以先充值到财付通，享受更加便捷的财付通余额支付体验。

财付通与拍拍网、腾讯 QQ 有着很好的融合，按交易额来算，财付通排名第二，份额为 20%，仅次于支付宝。

用户使用财付通完成在线交易的流程如下。

（1）网上买家开通自己的网上银行，拥有自己的网上银行账户。

（2）买家和卖家单击 QQ 钱包，激活自己的财付通账户。

（3）买家向自己的财付通账户充值，即将资金从自己的网上银行账户划拨到自己的财付通账户。

（4）卖家通过中介保护收款功能，选择实体或虚拟物品，如实填写商品名、金额、数量以及类型后提交。提交后系统将通知买家付款。买家付款以后，系统通知卖家发货。

（5）等待卖家发货。若是实体物品，可以单击“交易管理”查看交易状态，若是虚拟物品则查收电子邮件，状态以电子邮件为准。

（6）财付通向卖家发出发货通知。

（7）卖家收到通知后根据买家地址发送货物。

（8）买家收到货物后，登录财付通确认收货，同意财付通拨款给卖家。

（9）财付通将买家财付通账户冻结的应付账款转到卖家财付通账户。

（10）卖家提现。卖家只需要绑定以自己姓名开立账户的银行卡就可以完成提现，没开通网银的卡也可以用来提现。

四、注意事项

（1）微信支付不是第三方支付。微信支付只是提供了一个技术手段，让微信与各个银行系统连接。用户在支付的时候是直接从银行卡划钱，不涉及把钱先从银行转到第三方。

（2）部分生活便民应用只有部分地区开通了。没开通的地区是无法使用的。

五、思考与练习

（1）用支付宝为自己的手机进行话费充值。

（2）请说说第三方支付监管的必要性。

任务三　移动支付

一、学习目标

通过对本任务的学习，学习者应了解移动支付的概念、流程和应用，掌握支付宝或微信支付的方法。

二、任务实施

晴晴前阵子买了一部智能手机，她十分喜欢，上下班路上、中午休息时，她总是上上网，有时看看新闻。她突然想去买些零食，可是身上没带钱。到了超市里，咨询营业员，发现除了现金，还可以使用支付宝、微信或银联卡支付，她抱着试一试的态度。

1. 支付宝支付

晴晴选择了自己需要购买的商品后，打开手机支付宝，即可支付货款，如图 7-9 和 7-10 所示。

图 7-9　手机支付宝首页

图 7-10　手机支付宝收付款界面

2. 微信支付

晴晴选择了自己需要购买的商品后，打开手机微信，即可支付货款，如图 7-11 和 7-12 所示。

图 7-11 手机微信首页

图 7-12 手机微信收付款界面

三、相关知识

（一）移动支付的概念

移动支付也称为手机支付，是全新的个人移动金融服务。用户将手机号码与银行卡号进行绑定，通过手机短信息、语音等操作方式，可随时随地得到方便的个性化金融服务和快捷的支付渠道。

移动支付方式目前有以下两种。

第一种是费用通过手机账单收取。用户在支付其手机账单的同时支付这一费用，但这种代收费的方式使得电信运营商有超范围经营金融业务之嫌，因此其范围仅限于下载手机铃声等有限业务。

第二种是费用从用户的银行账户（即借记账户）或信用卡账户中扣除。在该方式中，手机只是一个简单的信息通道，将用户的银行账号或信用卡号与其手机号绑定起来进行移动支付。

手机钱包是中国移动的一项业务，此项业务是综合了支付类业务的各种功能的一项全新服务。它是以银行卡账户为资金支持、手机为交易工具的业务，就是将用户在银行的账户和用户的手机号码绑定，通过手机短信息、IVR、WAP 等多种方式，用户可以对绑定账户进行操作，实现购物消费、代缴费、转账、账户余额查询并可以通过短信等方式得到交易结果通知和账户变化通知。手机钱包是将手机与信用卡两大高科技产品融合起来，演变成一种最新的支付工具，为用户提供安全、便捷、时尚的支付手段。目前支持的业务包括：移动话费自缴、充值、话费代充、话费代缴、手机彩票、手机捐款、话费余额查询、银行卡余额查询等。

手机银行卡支付是中国移动通信有限责任公司与中国银联股份有限公司，联合各大商业银行推出的移动支付服务。它以手机为工具，以银行卡为依托，尽享个人理财方便。客户以短信、语音、K-JAVA、WAP、USSD 等形式发出操作指令，通过手机银行卡支付服务提供商转到与手机银行卡支付服务提供商签约的该银行卡发卡银行，或中国移动等签约服务伙伴，根据客户所发指令进行操作，为客户提供消费支付、自助转账、自助缴费、账户查询等服务。

（二）移动支付的流程

移动支付的分类多种多样，其实现方式也各不相同。但总体来讲，移动支付涉及的主体有消费者、运营商、移动支付处理中心、商家以及银行系统。在移动支付处理系统中涉及的主要实体有消费者、商家和移动支付处理中心以及支付服务提供商。

移动支付处理中心是整个支付处理系统的核心，它负责联系系统中的其他实体，提供支付处理服务。同时，移动支付处理中心还维护用于认证的用户信息及认证服务。移动支付处理中心实现了提供管理与消费者、商家和支付服务之间的交互。通常移动支付处理中心可以由移动运营商来实现。支付服务提供商（银行）向移动支付处理中心提供支付服务。

假定在交易之前已经确认了移动支付处理中心和商家的身份，即默认移动支付处理中心和商家的身份是可信的，于是整个支付过程可以分为对消费者的身份认证和交易处理两个部分。

1. 对消费者的身份认证

（1）消费者首先访问商家提供的网站，请求身份认证。

（2）消费者将认证请求发送给移动支付处理中心，移动支付处理中心通过一定的身份认证机制（应用级的身份认证）来认证消费者的身份是否合法。

（3）移动支付处理中心将认证结果发送给商家。如果消费者通过验证，则可以进行交易；否则，终止交易。

2. 消费者的交易处理

（1）消费者接入网络，进入商家为消费者提供的界面，浏览并选择商品。

（2）消费者选择好商品后，将购买指令发送给商家。

（3）商家收到购买指令后，将购买指令及相关信息发送给移动支付处理中心。

（4）移动支付处理中心将确认购买信息发送到消费者的移动终端上，请求消费者确认；如果没有得到确认消息，则拒绝交易，购买过程到此终止。

（5）消费者将确认消息发送给商家。

（6）商家将消费者确认购买信息发送给移动支付处理中心，请求支付操作。

(7) 移动支付处理中心通知消费者进行支付操作。

(8) 消费者使用自己的移动终端输入自己的银行卡号、密码以及支付金额等信息,发送给移动支付处理中心。

(9) 移动支付处理中心向支付服务提供商(银行)请求兑现支付。

(10) 兑现支付后,移动支付处理中心通知商家可以交付商品,并保留交易记录。

(11) 商家交付商品并保留交易记录。

(12) 商家将交易记录写入前台消费系统,以供消费者查询。

至此,一个完整的移动交易过程结束。实际应用根据应用的不同需求及环境,其实现过程可能会与上面步骤有所不同。

(三)移动支付的应用模式

目前基于手机的移动支付业务模式主要有两种:远程支付和近场支付。其中远程支付业务模式类似互联网在线支付,指用户通过手机,基于移动通信网络,通过WWW、SMS、GPRS、WAP、STK 等方式远距离完成的支付行为。近场支付是指基于交易现场的手机支付方式,在这种模式下,账户信息存于手机与手机之中,通过近距离无线通信技术在特定刷卡终端现场校验账户信息并进行扣款支付。除远程支付和近场支付,目前市场上还出现了以手机为载体的一些创新的支付模式。

1. 远程支付

远程支付业务参与方、监管方众多,产业链很长,其中的运营商、银行、第三方支付、手机厂商都有主导整个业务模式的可能。同时在用户端操作也比较复杂,用户必须通过手机使用 WAP,通过手机浏览登录网页或安装特定的支付客户端实现支付,这涉及相应的手机软硬件服务。移动互联网在传递支付信息的过程中,还涉及加密、认证等多方面的服务。目前,远程支付排名前几位的应用包括手机彩票、商旅订票、网游、话费充值、公共事业缴费、移动电子商务等。其中,手机话费充值是手机支付最主流的应用,占整体移动支付市场交易额的 50%。

2. 近场支付

近场支付业务中,用户使用近端刷卡支付,需购置特定的手机或芯片,并到安装有特定 POS 机的商户处使用。在近场支付业务模式中,手机非接芯片制造、发卡、资金结算和支付受理,都是产业链中非常重要的环节。从日韩成功的发展历程来看,成功的近场支付运营商基本为能整合银行、商户等上下游产业链资源的移动运营商。

3. 基于手机的其他创新支付模式

主要有 Square(国内的盒子支付、快刷产品)、条码扫描支付、银行卡拍照支付(用手机照相机拍摄实体信用卡图片,识别信息卡卡片信息,完成支付)、二维码支付、凭证支付等。这些创新产品本质上是利用智能手机特性,将手机变成一台可受理

“刷卡”的 POS 机，或者将手机变成承载支付信息的“银行卡”，通过移动互联网的远程传输实现近场支付。这些创新支付模式大部分还处于市场探索阶段，由于国内相关法规、政策的限制，以及用户使用习惯、支付安全环境不完善因素的影响，短期看，很难有大规模应用的可能性。

（四）移动支付的应用实例

国内开展移动支付业务的主要公司包括中国移动、中国银联、支付宝以及其他第三方支付公司。

1. 中国移动

中国移动、中国联通、中国电信三大运营商都已经获得了央行发放的非金融支付业务许可证。获得许可证的是三大运营商全资成立的支付子公司，也就是说，今后中国移动、中国联通、中国电信三大通信商可以真正做到像支付宝一样，拥有庞大的业务资源。目前中国移动已确定推出手机支付品牌“和包”，这既是中国移动“和”品牌下的子品牌，也是中国移动第三方支付的唯一品牌，还是中国移动面向个人客户及政企客户提供的一项综合性移动支付业务，其由过去的手机钱包和远程支付整合而成。“和包”最显著的特点是相对现有的第三方支付产品，更加专注与人们日常生活息息相关的高品质使用的近场支付。也就是说，侧重点是在近场支付。

2. 中国银联

银行可以借助移动运营商的通信网络，独立提供移动支付业务。银行具有丰富的账户管理和支付管理经验，这是产业链中其他环节所不具备的。银行开展移动支付业务时，无须移动运营商的介入，可以独立提供该项业务，享有独立的移动支付业务，并对用户负责。从实际业务推广看，银联目前主要是以 SD-NFC 模式为主进行移动近场支付业务的推广，发展也最快，在全国 20 多个省（市）开展了 试点或推广应用。

3. 手机支付宝

支付宝目前推出的移动支付产品全部为移动远程支付产品。除了传统的短信支付、IVR 语音支付外，重点研发和推广的产品主要是 WAP 支付、客户端支付和条码支付。它们都以支付宝虚拟账户为基础为用户提供即时到账交易和担保交易，主要应用于 B2C、C2C 领域。

4. 微信支付

微信支付是集成在微信客户端的支付功能，用户可以通过手机完成快速的支付流程。微信支付以绑定银行卡的快捷支付为基础，向用户提供安全、快捷、高效的支付服务。用户只需在微信中关联一张银行卡并完成身份认证，即可将装有微信 app 的智能手机变成一个全能钱包，之后即可购买合作商户的商品及服务。用户在支付时只需在自己的智能手机上输入密码，无需任何刷卡步骤即可完成支付，整个过程简便流畅。

目前微信支付已实现刷卡支付、扫码支付、公众号支付、APP支付，并提供企业红包、代金券、立减优惠等营销新工具，满足用户及商户的不同支付场景。微信支付支持以下银行发卡的贷记卡：深圳发展银行、宁波银行。此外，微信支付还支持以下银行的借记卡及贷记卡：招商银行、建设银行、光大银行、中信银行、农业银行、广发银行、平安银行、兴业银行、民生银行。

四、注意事项

第三方支付通过采用二次结算的方式，实现了大量小额交易在第三方支付公司的轧差后清算，在一定程度上承担了类似中央银行的支付清算功能，同时还能起到信用担保的作用。而在移动支付产生以前，客户与第三方支付公司建立连接主要通过电脑端实现，移动支付诞生以后，客户与第三方支付公司的联系逐渐向手机端转移。

五、思考与练习

（1）选择两个移动支付平台，比较各自的优劣势。

（2）简述移动支付的特点。

任务四　诚信交易

一、学习目标

通过对本任务的学习，学习者应了解诚信的重要性，掌握诚信交易的要求。

二、任务实施

一个顾客在淘宝网上一个名为“汽车维修服务中心”的店铺咨询客服，自称是某运输公司的汽车司机。“在我的账单上多写点零件，我回公司报销后，有你一份好处。”他对客服说。但客服拒绝了这样的要求。顾客纠缠说：“我的生意不算小，会常来的，你肯定能赚很多钱！”客服告诉他，这事无论如何他也不会做。顾客气急败坏地嚷道：“谁都会这么干的，我看你是太傻了。”客服着急了，他让顾客到别处谈这种生意。这时，顾客满怀敬佩地对店主说：“我就是那家运输公司的老板，我一直在寻找一个固定的、信得过的维修服务中心网店，你还让我到哪里去谈这笔生意呢？”

面对诱惑，不怦然心动，不为其所惑，虽平淡如行云，质朴如流水，却让人领略到一种山高海深。这是一种闪光的品格——诚信。

请同学们结合实际，每个人写一个你所知道的关于诚信的小故事，分享给大家。

三、相关知识

近年来,我国电子商务飞速发展,有力地推动了经济社会的发展,为青年学生的创富、创业带来了更多的机会。但是,电子商务领域中“刷单、刷流量”虚假交易、“发布虚假信息”、售卖“伪劣产品”等各种失信行为也层出不穷,屡禁不止,一些青年创业者或是盲目无知,或是抵御不住诱惑,有的走向了违法犯罪之路,创业之路从此折戟沉沙。学生是未来社会的主体,学校今天的诚信教育将支撑起明日的诚信社会。诚信缺失将导致青年创业的风险陡然加大,也必将制约电子商务的健康发展。

(一)诚实守信是做人的基本道德

诚信是现代文明的基石与标志,“诚信”是社会主义核心价值观,“诚信守法”是当今社会最基本的社会准则。在传统道德中,诚信被视为“立人之道”“立业之基”“立政之本”。作为一种道德规范,诚信是一切道德的基础和根本。诚信不仅是一种品行,更是一种责任;不仅是一种道义,更是一种准则;不仅是一种声誉,更是一种资源。我们为人处世、做事立业,最讲一个“诚”字,最重一个“信”字。

人无信不立,言而无信的人,是无法得到别人的信赖和尊重的。连续15年蝉联华人首富宝座的李嘉诚曾经讲过:“缺乏诚信的人,永远只是一个小角色!”京东商城创始人刘强东也说:“诚信远比1亿元重要!”远离尔虞我诈,不欺骗,不隐瞒,才是正确的人生态度。若为人生故,诚信不可抛!多一份真诚的感情,多一点信任的目光,背好诚信的行囊,抓牢诚信的导索,人生路上的步履才更平稳,足音才会更坚实!脚踏一方诚信的净土,就可浇灌出人生最美丽的花朵,夯筑起人生坚不可摧的铜墙铁壁。

(二)恪守信用是专业的核心素养

电商行业中将“恪守信用、严守机密”作为从事电子商务的职业道德和素质要求:“电子商务师必须恪守信用,维护企业的商业信用,维护自己的个人信用。要遵守诺言,遵守时间;言必信,行必果。在商务活动中,电子商务人员应当严格按照合同办事。通过网络安排的各种活动,自己要事先做好准备工作,避免因个人的疏忽对工作造成不良影响。”

诚信是市场经济的黄金规则。在电子商务领域,相关的企业、消费者、银行等相关各方,如有任何一方诚信缺失,交易就不能顺利实施。建立诚信体系是电商企业良性发展的基础和保障。电子商务要在网络环境中进行交易,网络的虚拟性导致交易双方的认识模糊,交易双方无法准确地知道彼此的信用状况和真实程度。这导致交易双方相互之间缺乏足够的信任。有别于传统购物以地理位置接近性为导向,消费者往往选择知名度高、信誉度高、评价好的网站。

(三)诚信守法是电商创业的基石

坚守诚信才能抵御诱惑,规避风险。创业的路上充满诱惑、充满陷阱,很多职校生毕业后，直接进入社会，一方面，初入职场，经验欠缺，专业不够，短视冲动，容易受骗，遭遇风险，创业受挫。另一方面，年龄较小，心性稚嫩，意志不坚定，难以抵御诱惑，甘冒风险，耐不住创业艰辛，急功近利，铤而走险，欺骗、欺诈他人，丧失诚信，甚至走向犯罪道路，最终人财两空、一败涂地。在互联网推动经济发展、方便人民生活的同时，难免存在网络虚假信息、造谣传谣、网络欺诈等不诚信的现象。一方面要学会辨识陷阱、规避风险，另一方面要抵御诱惑，坚守诚信，搭建牢固的发展之基。正如华为公司创始人兼总裁任正非所说："华为十几年来铸就的成就只有两个字——诚信，诚信是生存之本、发展之源，诚信文化是公司最重要的无形资产。"

守法经营更是创业者的底线。电子商务创业者在经营过程中面临着众多的风险，而很大的一方面是来源于法律风险，其中一方面来自电子商务立法滞后而导致的没有统一的市场规则作支撑所带来的风险，另外一方面则是来自电子商务创业者不熟悉甚至是不了解电子商务法律所带来的风险。中职电子商务专业学生应当了解的主要电子商务及互联网相关法律法规有：①《互联网信息服务管理办法》（关于网络服务提供者的法律问题）；②《合同法》（电子合同订立的法律规则）；③《著作权法》《信息网络传播权保护条例》等有关电子商务领域的知识产权的使用与保护的规定；④《消费者权益保护法》（电子商务中的消费者权益保护）；⑤《中华人民共和国刑法》中有关网络犯罪及网络工具犯罪的规定。

诚信是电子商务健康发展的基石，在电子商务快速发展和全民创业如火如荼的今天，加强诚信意识，营造诚信氛围，提高全民诚信素质，树立企业诚信观念，显得尤为紧迫。正如中国著名企业家、投资家，北京计算机新技术发展公司创始人柳传志所说："商业伦理的基础就是诚信，诚信已经不仅是商业问题，而是关系到整个中国继续发展、长远发展的问题。"当然，诚信体系的建设是一项庞大而复杂的系统工程，需要各方通力合作，才能实现。

四、注意事项

电子商务中的诚信问题是随着电子商务的不断发展而逐渐以多种形态呈现在其中的，主要包括信息传播中的诚信问题、网络安全中的诚信问题以及网上交易中的诚信问题。

五、思考与练习

选择本班大家公认的诚实守信的几个同学，观察并记录他们与同学友好相处的具体表现，想一想他们的做法给了自己哪些启示。

第八章　网络营销

技能项目：

掌握网络营销策略的制定方法；
掌握网络营销策划方案的撰写方法；
掌握关键词推广、邮件推广和移动推广等方法的基本操作。

相关知识：

网络营销的概念和基本职能；
网络营销策略的特点和步骤；
常用的网络营销推广方法。

在商业经济社会中，营销中最重要最本质的因素是组织和个人之间进行信息传播和交换。如果没有信息交换，那么交易也是无本之源。在网络和电子商务环境下，企业、团体、组织以及个人通过互联网跨时空地联结在一起，成员之间信息的交换变得方便及时。电子商务活动的营销模式呈现了新的特色，网络营销由此产生。

任务一　网络营销实施准备

一、学习目标

通过对本任务的学习，学习者应了解网络营销的概念和基本职能，掌握网络营销策略的制定方法。

二、任务实施

任务准备：学生 4 人一组

（1）通过各种途径学习网络营销的策略和职能。

（2）了解网络营销成功案例。

（3）以隆力奇定制营销微信 http://www.longliqicn.cn/login.html 为例，为其制定网络营销的策略，如表 8-1 所示。

表 8-1 隆力奇网络营销策略

产品	
产品价格体系	
目标客户群体	
目标客户经常使用的网络平台	
降低成本的策略	
便于购买的策略	
沟通方式	

三、相关知识

(一)网络营销的概念

网络营销是以互联网为基础,利用信息的数字化和网络媒体的交互性来辅助营销目标实现的一种新型的市场营销模式。

与传统的推广手段相比,网络推广无疑具有许多明显的优势。

1. 竞争优势

中国的许多家庭购买计算机都为了供孩子学习,使他们能跟上时代的脚步,而好奇心极强的孩子们大都对计算机甚为着迷。如果能抓住他们的心,当十几年以后,他们成长为消费者时,早先为他们所熟知的产品无疑会成为他们的首选,也就是说,抓住了现在的孩子,也就抓住了未来的消费主力,也就能顺利地占领未来的市场。从长远来看,网络营销能带给商家长期的利益,在不知不觉中培养一批忠实顾客。

2. 便于决策

人们现在生活在信息充斥的社会中,无论是报纸、杂志、广播,还是电视,广告都无处不在,而最让人痛恨的莫过于精彩的电视剧中也被见缝插针地安排了广告,让人们躲都躲不开,不得不被动地接受各种信息。在这种情况下,广告的到达率和记忆率之低也就可想而知了。于是,商家感慨广告难做,消费者抱怨广告无处不在,而好广告则太少。网络营销则全然不同,人们不必面对广告的轰炸,只需根据自己的喜好或需要去选择相应的信息,如厂家、产品等,然后加以比较,作出购买的决定。这种轻松自在的选择,不必受时间、地点的限制, 24 小时皆可,浏览的信息可以是国内外任何网上的信息,不用一家家商场跑来跑去比较质量、价格,更不必面对售货员的"热情推销",完全由自己做主,只需操作鼠标而已,这样的灵活、快捷与方便,是商场购物所无法比拟的,尤其受到许多没有时间或不喜欢逛商场的人士的喜爱。

3. 成本优势

在网上发布信息，代价有限，将产品直接向消费者推销，可缩短分销环节，发布的信息谁都可以自由地索取，可拓宽销售范围，可以节省促销费用，从而降低成本，使产品具有价格竞争力。前来访问的大多是对此类产品感兴趣的顾客，受众准确，避免了许多无用信息的传递，也可节省费用，还可根据订货情况来调整库存量，降低库存费用。例如，网上书店的书目可按通常的分类方法，分为社科类、文学类、外文类、计算机类、电子类等，也可以按出版社、作者、国别等来进行索引，以方便读者查找，还可以辟出专栏介绍新书及内容简介，而信息的更新也很及时、方便，以较低的场地费、库存费提供更多、更新的图书专，来争取客源。

4. 良好的沟通

商家可以制作调查表来收集顾客的意见，让顾客参与产品的设计、开发、生产，使生产真正做到以顾客为中心，从各方面满足顾客的需要，避免不必要的浪费。而顾客对其参与设计的产品会更加喜爱，如同是自己生产的一样。商家可设立专人解答疑问，帮助顾客了解有关产品的信息，使沟通人性化、个别化。比如汽车生产厂家可提供各式各样的发动机、方向盘、车身颜色等供顾客挑选，然后在计算机上试安装，使顾客能看到成型的汽车，并加以调整，从而汽车也可大量定制，商家也可由此得知顾客的兴趣、爱好，进行新产品的开发。

5. 优化服务

人们最怕遇到两类售货员：一种是冷若冰霜，让人不敢买；另一种是热情似火，让人不得不买，虽推销成功，顾客却心中留怨。网络营销的一对一服务，却留给顾客更多自由考虑的空间，避免冲动购物，可以更多地比较后再作决定。网上服务可以是24 小时的服务，而且更加快捷。有个例子，一个人买了惠普公司的打印机，总是出现问题，通过咨询得知是打印程序的问题，他于是找到惠普公司的站点，下载了打印程序，问题便解决了，惠普公司也因此节省了一笔费用。不仅是售后服务，在顾客咨询和购买的过程中，商家即可及时地提供服务，帮助顾客完成购买行为。通常售后服务的费用占开发费用的 67%，提供网络服务可降低此项费用。

6. 网络广告

网络广告既具有平面媒体的信息承载量大的特点，又具有电视媒体的视听效果，可谓图文并茂、声像俱全。而且，广告发布不需印刷，节省纸张，不受时间、版面限制，顾客只要需要就可随时索取。

（二）网络营销的基本职能

电子商务环境下的网络营销产生于 Internet 飞速发展的网络时代，作为依托网络的新的营销方式和营销手段，有助于企业在网络环境下实现营销目标。网络营销涉及的范围较广，主要包括以下职能。

1. 网上市场调查

市场调查是企业市场营销实施的重要环节。网上市场调查是指企业利用 Internet 的交互式信息沟通渠道来实施市场调查活动，所采取的方法包括直接在网上通过发布问卷进行调查，在网上收集市场调查中需要的各种资料。网上市场调查的重点是利用网上调查工具，提高调查的效率和调查效果，同时利用有效的工具和手段收集整理资料，在 Internet 的信息库中获取想要的信息和分辨出有用的信息。

2. 网络消费者行为分析

网络消费者是网络社会一个特殊的群体，与传统市场上的消费群体的特性是截然不同的，因此要开展有效的网络营销活动必须深入了解网上用户群体的需求特征、购买动机和购买行为模式。Internet 作为信息沟通的工具，成为了许多有相同兴趣和爱好的消费群体聚集交流的地方，在网上形成了一个个特征鲜明的虚拟社区，网上消费者行为分析的关键就是了解这些虚拟社区的消费群体的特征和喜好。

3. 网络营销策略的制定

企业在采取网络营销实现企业营销目标时，必须制定与企业相适应的营销策略，因为不同的企业在市场中所处的地位是不同的。企业实施网络营销需要进行投入，并且也会有一定的风险，因此企业在制定本企业的网络营销策略时，应该考虑各种因素对网络营销策略制定的影响。例如产品周期对网络营销策略的影响。

4. 网络产品策略

网络作为有效的信息沟通渠道，改变了传统产品的营销策略，特别是营销渠道的选择。在网上进行产品和服务营销，必须结合网络特点重新考虑对产品的设计、开发、包装和品牌的产品策略研究。作为一种新的信息交流和传播工具，Internet 从诞生开始就实行自由、平等和信息基本免费的策略，因此在网络市场上推出的价格策略大多采取免费或者低价。所以，制定网上价格营销策略时，必须考虑到 Internet 对企业产品的定价影响和 Internet 本身独特的免费特征。

5. 客户关系建立

良好的客户关系是网络营销取得成效的必要条件，通过网站的交互性、客户参与等方式在开展客户服务的同时，也增进了与客户之间的关系。客户关系是与客户服务相伴而产生的一种结果，良好的客户服务才能带来稳固的客户关系。客户关系对于开发客户的长期价值具有至关重要的作用，以客户关系为核心的营销方式成为企业创造和保持竞争优势的重要策略。网络营销为建立良好的客户关系和提高客户满意度提供了更为有效的手段，通过网络营销的交互性和良好的客户服务手段，增进客户关系成为网络营销取得长期效果的必要条件。

6. 网上信息发布

网络营销的基本思想就是通过各种互联网工具，将企业营销信息以高效的方法向目标用户、合作伙伴、公众等群体传递，因此信息发布就成为网络营销的基本职能之一。互联网为企业发布信息创造了优越的条件，不仅可以将信息发布在企业网站上，还可利用各种网络营销工具和网络服务商的信息发布渠道向更大的范围传播信息。

7. 网络品牌

网络营销的重要任务之一就是在互联网上建立并推广企业的品牌，知名企业的网下品牌可以在网上得以延伸，一般企业则可以通过互联网快速树立品牌形象，并提升企业整体形象。网络品牌建设是以企业网站建设为基础，通过一系列的推广措施，达到顾客和公众对企业的认知和认可。在一定程度上来说，网络品牌的价值甚至高于通过网络获得的直接收益。与网络品牌建设相关的内容包括专业性的企业网站、域名、搜索引擎排名、网络广告、电子邮件、会员社区等。

（三）网络营销的策略

网络营销是一种个性化的营销，以顾客的需求为中心。根据4C理论的基本要素制定的网络营销策略可以分别简称为消费者策略、成本策略，方便性策略和沟通策略。

1. 消费者策略

进行网络营销，首先要明确目标顾客是哪些人？一般来说，目标顾客的确定是根据网络营销目的来区分的。如对一家新的电子商务公司来说，如果网站注册用户数是近期推广的目标，他的目标顾客就是那些愿意在论坛注册的用户。其次，要掌握目标顾客的特征，了解他们的喜好。最后要明确目标顾客集中的平台，也就是找到目标顾客在哪里？找到他们才能对他们做营销推广。

2. 成本策略

一般来说，消费者的购买成本除了货币成本之外，还包括时间成本和体力成本等。因此，网络营销的成本策略应该关注如何提高消费者总价值、降低消费者的时间成本和体力成本，而不是盲目追求降低货币成本。

3. 方便性策略

方便性策略是从顾客的角度出发，逆向设计分销渠道，重点考虑消费者获得商品和享受服务的便利性。营销的便利性策略要求线上和线下完美配合，充分考虑两者的无缝连接。

4. 沟通策略

企业一次又一次的尝试各种营销手段时，经常发现不完全奏效，消费者没有信息反馈的渠道或不能及时与客服人员联系，都是沟通策略需要解决的问题。

四、注意事项

网络营销面临的是一个动态的市场环境，为实现企业既定的营销目标，营销策略应当根据市场的变化及时调整价格决策的目标，所以没有一成不变的网络营销策略。

五、思考与练习

（1）网络营销的基本职能有哪些？

（2）结合某企业简单谈谈网络营销的基本策略是什么。

任务二　网络营销策划

一、学习目标

通过对本任务的学习，学习者应了解网络营销策略的特点和步骤，掌握网络营销策划方案的撰写方法。

二、任务实施

一个优质的网络营销策划方案应该结合各个时间段和产品的特点，随时随地针对产品活动和品牌进行策划并实施，已达到提高品牌知名度和盈利的目的。本任务请以双 11 为契机为隆力奇公司撰写一份网络营销策划方案。

1. 组建团队：4 人一组；
2. 分工合作；
3. 策划准备：选择隆力奇公司的一个产品作策划，并说明选择其的理由；
4. 撰写网络营销策划方案，如表 8-2 所示。

表 8-2　某产品的网络营销策划方案

某产品的网络营销策划方案	
双 11 活动主题	
市场分析	
消费者分析	
营销战略	
营销手段	
预计的营销效果	

三、相关知识

(一)网络营销策划概述

为了实现交换,达到预期的效益目标,企业作为市场营销者,必须设法创造性地建立、保持市场的发展,扩大与顾客之间的交换关系。因此,企业既要科学地分析市场,又要合理地设计和实施、控制自己的经营行为,力求在适当的时间、适当的地点,以适当的价格,向适当的消费者或用户提供适当的产品,并用适当的促销方式与他们沟通。为了使这些“适当”从理想变为现实,市场营销人员所作的分析、判断、推理、预测、构思、设计、安排、部署等工作,便是市场营销策划,而针对网络营销所作的上述策划即为网络营销策划。

网络营销策划的特点具体如下。

1. 预见性

网络营销策划是对企业未来的网络营销行为的筹划。这种筹划借助于丰富的经验和高超的创造力,将各种营销要素进行优化组合,形成各种营销方案和行动措施。

一个成功的网络营销策划必须建立在对未来市场发展趋势准确无误的分析判断基础之上。没有这个前提,网络营销策划就变成了无的放矢的冒险行为。

2. 系统性

网络营销策划是企业在整个营销过程中,分析、评价、选择可以预见到的机会,系统地形成目标和开发可以达到目标的各种项目与行动的一种逻辑思维过程。它要求科学,强调周密、有序。

3. 动态性

策划是事先决定做什么、如何做、由谁做、何时做,但市场营销的过程是企业可控因素与环境的不可控因素之间的动态平衡过程,所以,网络营销策划不同于市场营销计划。市场营销计划是对网络营销策划结果的一种表述,而策划是贯穿在整个网络营销管理过程之中的。

4. 具体性

网络营销策划是一种思维过程,但不能只是一种空想,它必须具有很强的可操作性,是经过努力可以实现的设计。所以网络营销策划的任务不仅要提供思路,而且要在此基础上产生行动方案,也就是发展出可以指导实践的市场营销计划。

5. 可调适性

因为网络营销策划是一种超前行为,它不可能穷尽未来市场的一切因素,必然会出现营销方案与现实脱节的情形。因此,任何策划方案一开始都是不完善的,都需要在实施过程中根据实际情况加以调整和补充。可见,营销方案必须具有弹性,因地制宜。

（二）网络营销策划的步骤

网络营销方案的策划，首先是明确策划的出发点和依据，即明确企业的网络营销目标，以及在特定的网络营销环境下企业所面临的优势、机会和威胁（即 SWOT 分析）。然后在确定策划的出发点和依据的基础上，对网络市场进行细分，选择网络营销的目标市场，进行网络营销定位。最后对各种具体的网络营销策略进行设计和集成。

1. 明确组织任务和远景

要设计网络营销方案，首先就要明确或界定企业的任务和远景。任务和远景对企业的决策行为和经营活动起着鼓舞和指导作用。企业的任务是企业所特有的，也包括了公司的总体目标、经营范围以及关于未来管理行动的总的指导方针。企业的任务区别于其他公司的基本目的，它通常以任务报告书的形式确定下来。

2. 确定组织的网络营销目标

任务和远景界定了企业的基本目标，而网络营销目标和计划的制订将以这些基本目标为指导。表述合理的企业网络营销目标，应当对具体的营销目的进行陈述，如“利润比上年增长 12%”“品牌知名度达到 50”等。网络营销目标还应详细说明达到这些成就的时间期限。

3.SWOT 分析

除了企业的任务、远景和目标之外，企业的资源和网络营销环境是影响网络营销策划的两大因素。作为一种战略策划工具，SWOT 分析有助于公司经理正确评估公司完成其基本任务的可能性和现实性，而且有助于正确地制订网络营销目标，并充分利用网络营销机会实现这些目标。

4. 网络营销定位

为了更好地满足网上消费者的需求，增加企业在网上市场的竞争优势和获利机会，从事网络营销的企业必须做好网络营销定位。网络营销定位是网络营销策划的战略制高点，营销定位失误，必然全盘皆输。只有抓准定位才有利于网络营销总体战略的制订。

5. 网络营销平台的设计

所谓平台，是指由人、设备、程序和活动规则的相互作用形成的能够完成的一定功能的系统。完整的网络营销活动需要 5 种基本平台：信息平台、制造平台、交易平台、物流平台和服务平台。

6. 网络营销组合策略

这是网络营销策划中的主题部分，它包括：4P 策略——网上产品策略的设计；网上价格策略的设计；网上价格渠道的设计；网上促销策略的设计。

四、注意事项

(1)网络营销策划争议悬疑是关键中的关键;
(2)网络营销策划上升到社会价值观的层面只是引子,商业永远是商业。

五、思考与练习

(1)网络营销策划方案主要包含哪些部分?
(2)选择身边熟悉的企业,为其撰写一份完整的营销前、中、后的网络营销策划方案。

任务三 网络营销推广

一、学习目标

通过对本任务的学习,学习者应了解常用的网络营销推广方法,掌握关键词推广、邮件推广和移动推广等方法的基本操作。

二、任务实施

1. 关键词推广

网络推广首选是搜索引擎,一种是收费,另一种是免费,企业初始可以使用免费搜索引擎,在搜索引擎上推广企业产品,重要是关键词的选取。关键词主要体现公司名称与产品名称,也就是说提到产品名称,能想到公司名称,提到公司的名称也能想到产品的名称。因为做同一种产品的公司很多,如何在众多的公司产品中找到公司的产品的关键是如何选择关键词,试为以下三个商品写出关键词。如表 8-3 所示。

表 8-3 隆力奇关键词推广

商品	隆力奇硫黄皂	隆力奇去屑洗发水	隆力奇口气清新剂喷雾
关键词			

2. 邮件推广

公司要想可持续发展,就要不断地开发新产品。那如何将这些新产品信息传给老客户呢?尝试将公司客户的基本信息中的电子邮箱提取出来,就可以以邮件的形式发送产品信息,还能顺便向老客户致以问候。面临的问题是,现在的人都很忙,如何提高客户的邮件阅读率呢?首先要确定电子邮件的标题。试为新商品“隆力奇去屑洗发水”写 3 个邮件主题。如图 8-4 所示。

表 8-4　隆力奇邮件主题

邮件主题 1	
邮件主题 2	
邮件主题 3	

3. 移动推广

推广人员发现,移动推广成本太高,要与电信部门合作才能进行,因此应该先研究一下其他公司的移动推广,积累些经验,再用到自己的公司上。试收集手机上的 3-5 条推广短信,分析其特点。如图 8-5 所示。

表 8-5　短信推广

短信 1	
短信 2	
短信 3	

三、相关知识

(一)搜索引擎推广

所谓搜索引擎推广,是指企业或个人根据潜在用户使用搜索引擎的可能方式,将企业的产品信息尽可能传递给目标客户。用户搜索时使用的关键词说明用户对该关键词所代表的产品或问题的关注,这种关注是搜索引擎之所以被应用于网络推广的根本原因。关键词是搜索引擎营销的关键。

1. 关键词

众所周知,大多数人在网上寻找信息都是从搜索引擎开始,通过输入关键词来寻找想要的信息。因此,选择恰当的关键词对于网络营销显得越来越重要。关键词是指为了方便客户快速找到商品或服务而设定的相关文字,如同口诀,便于记忆与使用。

关键词直接导致供应商的产品或供应信息能否出现在买家的搜索结果页面,而关键词的设置成功与否取决于卖家的关键词与买家用来搜索的这个词的匹配程度。那么,如何尽可能提高匹配程度呢?

1)选择相关的关键词

多而有效的关键词是目标客户找到企业或产品的关键所在。如果关键词的相关度低就成为无效关键词。选择关键词是根据自己的企业或产品特征,挑选最合适的关键词。

2）选择具体的关键词

在挑选关键词时还要注意一点，就是避免拿含义宽泛的一般性词语作为主打关键词，而是要根据业务或产品的种类，尽可能选取具体的词。

3）选择买家经常使用的关键词

相对正确的关键词中哪些词被搜索到的频率会更高呢？自然是买家经常使用的关键词。

4）从客户处学习关键词

潜在客户在搜索你的产品时将使用什么关键词？这可以从众多资源中获得反馈，包括从客户、供应商、品牌经理和销售人员那里获知客户想法，也可以从阅读文章的读者和询盘者中观察和了解。在与买家沟通时，多询问买家关于某个产品的更符合一般使用习惯的关键词用法。

2. 搜索引擎

搜索引擎是对互联网上的信息资源进行搜集整理，然后供用户查询的系统，是专门提供信息查询的网站。它就像一个在网络营销中获得增值效益的马达。搜索引擎所有的方法归纳起来，有三种基本形式：搜索引擎登录、搜索引擎优化、关键词广告。

1）搜索引擎登录

一般来说，搜索引擎要求的内容有：网站名称、网址（URL）、关键词、网站描述、联系人信息等内容。大部分目前的搜索引擎是需要人工审核的。搜索引擎的管理人员收到用户提交的信息后会访问网站，从而判断用户所提交的内容是否属实、用户所选择的类别是否合理。

2）搜索引擎优化

搜索引擎优化是指针对各种搜索引擎的检索特点，让网页设计符合搜索引擎的搜索原则及搜索算法，从而获得被搜索引擎收录并在排名中靠前的各种方法。

在以“网络机器手”搜索为标志的技术型搜索引擎中获得好的排名，并不像提交到分类目录型搜索引擎那样简单，网站是否被收录以及排列的位置都与网站的质量密切相关，因此进行搜索引擎优化设计非常重要。

以下是搜索引擎优化要注意的几个问题。

（1）确定主关键词。要给网站确定主关键词，值在5个左右。

（2）设置标题。标题应尽量体现网页中的关键核心词汇，这个关键核心词汇应该是有较高通用性但又不是过于泛化的词汇。

（3）使用动静结合的网页。静态网页，即纯粹html的网页，是没有数据库支持的网页。动态网页简单讲就是通过单击链接可以得到进一步信息的网页。

（4）付费到搜索引擎。搜索引擎也要盈利，随着互联网商务的越来越成熟，收费的搜索引擎也开始大行其道。最典型的有百度，也包括 Google 的广告项目 Google Adwords。

（5）链接的深度。在搜索引擎营销中，常用链接广度来度量网站被其他网站链接的数量。以 Google 为例，将链接广度作为网站排名的重要指标之一。可以从两个方面提高链接流行度：一是做一个高质量的网站，如果人们发现它有有价值的内容，他们会主动进行链接；二是使交换链接变得更简易，在交换链接页面放置交换链接代码，把交换链接的联系方式放在显眼的地方，方便伙伴与网站交换。

3）关键词广告

关键词广告是充分利用搜索引擎资源开展网络营销的一种手段，它属于付费搜索引擎营销的主要形式。关键词广告的特点有：形式简单、显示方式合理、单击付费、随时查看流量、方便管理。

（二）电子邮件推广

电子邮件推广（E-mail 营销）是在获得客户允许的情况下，通过电子邮件向客户传递信息的一种营销方法。电子邮件营销也称许可电子邮件营销。未经允许的电子邮件营销也就是通常所说的垃圾邮件。

电子商务邮件推广的基本方式就是利用邮件列表。邮件列表的建立的两种方式：一种是自己建立邮件列表，这种方式是目标客户掌握在自己手中，一旦建立起来是一笔财富。另一种是利用第三方的邮件列表，这种方式是自己手中没有客户，要用第三方的客户进行营销，缺点是信息资源被第三方掌握。

邮件列表的这种特性被用于网络营销的方式主要有以下几种形式。

1. 电子刊物

电子刊物（也称电子杂志）是指在网站上定期更新，可以用电子邮件发送到客户信箱里的电子形式的杂志，可以是网页、word 文件、pdf 文件、txt 文件、图片等。目前国内提供制作电子杂志较有影响的网站有希网、通易、博大等。

2. 新闻邮件

新闻邮件是电子杂志的一种表现形式，只是它发送的新闻而已。在编写新闻邮件时要注意保持一致、言简意赅、坚持规律、注重主题。

3，注册会员通信

利用会员注册时提供的电子邮件发送信息。客户在企业的网站上注册时，企业网站提示输入有效的电子邮件，并提示客户是否接收邮件、接收什么类型的信息等。企业就可以利用这些邮件进行发布信息。E-mail 广告要注意很多应用技巧，如拼写检查、书写 E-mail 广告时在网址前面加上 http://、用自己的广告语言风格和提高邮件的阅读率等。

（三）网络广告

网络广告就是在网络上做的广告。网络广告是指利用网站上的广告横幅、文本链接、多媒体的方法，在互联网刊登或发布广告，通过网络传递到互联网用户的一种高科技广告运作方式。与传统的四大传播媒体（报纸、杂志、电视、广播）广告及近来备受垂青的户外广告相比，网络广告具有得天独厚的优势，是实施现代营销媒体战略重要的一部分。

1. 网幅广告

网幅广告是以 GIF、JPG、Flash 等格式建立的图像文件，主要表现形式为 Banner、Button、通栏、竖边、巨幅等，定位在网页中，大多用来表现广告内容，同时还可使用 Java 等语言使其产生交互性，用 Shockwave 等插件工具增强表现力。

2. 文本链接广告

文本链接广告是指以一排文字作为一个广告，单击文字可以进入相应的广告页面。这是一种对浏览者干扰最少，但却较有效果的网络广告形式。有时候最简单的广告形式效果却最好。

3. 电子邮件广告

电子邮件广告具有针对性强、费用低廉的特点，且广告内容不受限制。它可以针对具体某一个人发送特定的广告，这是其他网上广告方式所做不到的。

4. 赞助

赞助式广告多种多样，比起传统的广告，能给予广告主更多的选择。

5. 与内容相结合的广告

与内容相结合的广告可以说是赞助式广告的一种，从表面上看它们更像网页上的内容而非广告。在传统的印刷媒体上，这类广告都会有明显的标示指出这是广告，而在网页上通常没有清楚的界限。

6. 插播式广告（弹出式广告）

插播式广告（弹出式广告）即为访客在请求登录网页时强制插入一个广告页面或弹出广告窗口。它们有点类似电视广告，都是打断正常节目播放，强迫观看。插播式广告有各种尺寸，有全屏也有小窗口的，而且互动的程度也不同，从静态的到全部动态的都有。浏览者可以通过关闭窗口不看广告（电视广告是无法做到的），但是它们的出现没有任何征兆，而且肯定会被浏览者看到。

7. 其他新型广告

包括视频广告、路演广告、巨幅联播广告、翻页广告和祝贺广告等。

（四）移动推广

移动推广是指利用手机为主要传播平台，直接向目标多户定向和精确地传递个性化即时信息，包括多种形式，如短信网址、彩铃、彩信、声讯、流媒体等。移动推广是在强大的数据库支持下，利用手机通过无线广告把个性化即时信息精确、有效地传递给消费者个人，达到“一对一”的互动营销目的。

移动推广可以分为三个阶段：第一阶段是移动推广活动数据库的采集，通过吸引用户参加活动来采集目标用户信息；第二阶段是通过“一对一”的用户调查进行数据挖掘；第三阶段是建立移动社区（会员制）俱乐部，以此增加用户忠诚度和提高用户购买率。

移动推广常用的专业术语如下。

（1）短信：指用户通过手机或其他移动终端直接发送或接收的文字或数字信息。

（2）彩信：指多媒体信息服务。其最大特点是支持多媒体功能，能够传递文字、图像、声音、数据等多媒体格式信息。

（3）彩铃：指多彩回铃声业务，是由被叫方为呼叫其移动电话的其他主叫用户设定的特殊音效声音，包括音乐、歌曲、人物对话等。

（4）声讯：指互动式语音应答，是基于手机的无线语音增值业务的统称。手机用户只要拨打指定号码，就可根据操作提示收听、点送所需语音信息或参与交互式服务。

（5）流媒体：指在数据网络上按时间先后次序传输和播放的连续音频和视频数据流。流媒体的特点是连续性、实时性和时序性。

（6）WAP：为无线应用协议，是一项全球性的网络通信协议。WAP 使移动 Internet 遵照一个通行的标准，其目标是将 Internet 的丰富信息及先进的业务引入到移动电话等无线终端之中。

（7）3G：指第三代移动通信技术，支持高速数据传输的蜂窝移动通信技术。3G 服务能够同时传送声音及数据信息；能够在全球范围内更好地实现无线漫游，并处理图像、音乐、视频流等多种媒体形式，提供包括网页浏览、电话会议、电子商务等多种信息服务。

四、注意事项

（1）在刚接触 App 推广时，很多 App 推广人员沿用以前比较熟悉的传统渠道，比如线上广告、电视杂志或广播等线下渠道，而这种传统渠道却带来不了很好的效果。

（2）做 SEO 不能只是为了好的排名，要以赢利为主要目的。

五、思考与练习

（1）登录 www. baidu. com 和 www. google. com，简述各搜索引擎平台的特点。

（2）简述邮件推广发送的注意事项。

任务四　网络营销效果评价

一、学习目标

通过对本任务的学习，学习者应了解网络营销效果评价的常用指标，掌握具体效果评估方法。

二、任务实施

1. 站长工具

登录站长之家的站长工具（http://tool.chinaz.com/），输入要检测的网站地址。以隆力奇网站（www.longliqi.com）为例，如图 8-1 所示。

图 8-1　站长工具

2.PR 值查询

输入网址，查询 PR 值，如图 8-2 所示。

图 8-2　PR 值查询

3.Alexa 排名查询

输入网址，查询 Alexa 排名，如图 8-3 所示。

图 8-3 Alexa 排名查询

4. 百度权重查询

输入网址，查询百度权重，如图 8-4 所示。

综合	权重	预估流量	关键词数	第1页关键词数	第2页关键词数	第3页关键词数	第4页关键词数	第5页关键词数
百度PC	1	97	7(+1)	3	3(+1)	1	0	0
百度移动	1 ↑1	26(+26)	2(+1)	1(+1)	0(-1)	1(+1)	0	0
360PC	2	217(+27)	9	3	2	2	1	1
360移动	2	127	9	3	2	1(-1)	1	2(+1)
神马	0	0	1	0	0	1(+1)	0(-1)	0

图 8-4 百度权重查询

5. 网站的收录情况

输入网址，查询网站收录情况，如图 8-5 所示。

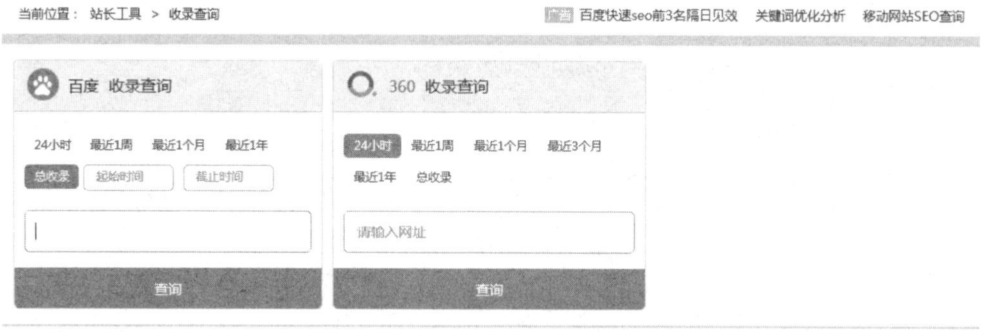

图 8-5 网站的收录情况

6.SEO 排名和关键词排名查询

输入网址，查询 SEO 排名和关键词排名，如图 8-6 所示。

图 8-6 SEO 排名和关键词排名查询

三、相关知识

（一）网络营销效果评估模型

网络营销效果综合评价是对一个时期网络营销活动的总结，也是制定下一阶段网络营销策略的依据，同时，通过对网站访问数据的统计分析，也可以提供很多有助于增强网络营销效果的信息。网络营销效果评估模型分为以下五个步骤。

（1）确定商业目的。高管们应该在这一步中发挥关键作用。

（2）明确每个目的包含的目标。在这一步中由高管们引导讨论，你参与其中。

（3）确认关键绩效指标。在这一步由你主导，可以安排一个数据人员合作完成。

（4）通过确认目标的各项 KPI 来设置成功的指标。组织领导人应在这一步发挥关键作用，从而确定市场和财务的投入。

（5）对用户、行为、产出进行细分，然后进行分析从而知道为什么我们成功了或失败了。

同时，一个完整的、优秀的网络营销效果评估模型将侧重于以下三个关键领域。

1. 流量获取。网站或视频的流量来源有哪些？是否包含了各类型来源媒介？各类型媒介的优先级分别是怎么样的？哪一块是最应努力推广的方向？

2. 用户行为。你希望用户登录网站后的行为是哪些？他们应该看哪些页面？他们应该看哪些视频？他们是否应该多次访问？他们是否应该采取一些行动？你是否了最大的努力为用户提供最优的用户体验？

3. 预期产出。什么样的产出可以表现网站营销活动的价值？下载？来电？线上转换？促销活动电子邮件注册？用户是否购买了你的产品、服务？是 95% 的任务完成率还是 10% 的品牌认知度？

（二）站长工具

站长建站时用于对网站质量查询与制作帮助的一些工具，简称站长工具。表现形式为：主要有 Web 形式的工具箱、Flash 形式的工具箱、终端形式的工具箱、微信端的站长工具。

常用的站长工具有友情链接检查工具、PR 查询工具、搜索引擎收录查询工具、关键词排名查询工具、网站流量统计等，如图 8-7 所示。

（三）搜索引擎收录

搜索引擎收录是收录一个网站页面具体的数量值，收录的数量越多，收录的时间越快，证明此网站对搜索引擎比较友好。比较常用的搜索引擎收录有 Baidu（百度）、Google（谷歌）、Yahoo！（雅虎）、Sogou（搜狗）、Youdao（有道）、Soso（搜搜）、Bing（必应）。

（四）百度权重

百度权重是爱站、站长工具等网站推出的针对网站关键词排名预计给网站带来流量，划分等级为 0 ~10 的第三方网站欢迎度评估数据。权重数值越大，说明网站自然流量越大，自然流量大，那么相应的关键词排名就相对靠前，权重、流量、关键词排名三者之间是相辅相成的。

图 8-7　站长之家

（五）PR 值

PR 值全称为 PageRank，PageRank（网页级别）是 Google 用于评测网页“重要性”的一种方法。PageRank 指标为 0~10，10 级为满分。PR 值越高说明该网页越受欢迎（越重要）。例如，一个 PR 值为 1 的网站表明这个网站不太具有流行度，而 PR 值为 7~10 则表明这个网站非常受欢迎（或者说极其重要）。一般 PR 值达到 4，就算是一个不错的网站了。Google 把自己的网站的 PR 值定为 9，说明 Google 这个网站是非常受欢迎的，也可以说这个网站是非常重要的。

（六）Alexa 排名

Alexa 排名是指网站的世界排名 NNT 流量，主要分综合排名和分类排名两种，Alexa 提供了包括综合排名、到访量排名、页面访问量排名等多个评价指标信息，大多数人把它作为当前较为权威的网站访问量评价指标。

四、注意事项

SEO 是一个比较特殊的网络营销工具，它的效果不会立竿见影，它的策略也带有一些神秘的气质。

五、思考与练习

（1）通过对网站效果评价指标的分析，选择一个公司网站制定相应的营销推广策略。

（2）试选择两个竞争企业的网站，分析其 PR 值和 Alexa 排名。

第三部分　电子商务创业

“互联网 +”时代，大众创业、万众创新的时代，电子商务创业恰逢其时。电子商务创业部分系统梳理了电子商务背景下创业面临的机遇和挑战以及创业者的素质要求，提出了电子商务创业必须准备的内容，包括项目的选择、商业模式设计、资金的筹措、团队的组建和计划书的制订等。对落户网上商城和策划建立电子商务网站提出了具体的步骤，并对推广策略的实施、创业成本的预估提出了具体的方案，旨在为电子商务创业者进行必要的知识储备，以便进一步落实创业计划。

本部分内容针对电子商务创业展开，设有学习目标、任务实施、相关知识、注意事项和思考与练习共 5 个模块，在每章中既有学习目标引领也有思考与练习实践，既有理论知识学习也有实践项目训练，既有课内实践训练也有课后能力训练，为学习者构造循序渐进式的学习过程和全方位学习资源。

第九章　电子商务创业基础

技能项目：

具备对成功案例进行分析的能力；
具备对政策和机会进行发现的能力；
能够自我激励，强化创业意识，有意识地培养良好的创业品质。

相关知识：

电子商务背景下的就业和创业形势；
电子商务背景下创业面临的机遇和挑战；
创业者有哪些基本素质和意识要求 。

任务一　电子商务背景下的就业创业形势

一、学习目标

通过对本任务的学习，学习者应了解电子商务背景下的就业和创业形势，为自己的职业规划夯实基础；具备对成功案例进行分析的能力。

二、任务实施

对以下案例进行分析。

【案例 1】世界顶尖创业家——埃隆·马斯克

埃隆·马斯克（Elon Musk）1971 年 6 月 28 日生于南非，是特斯拉汽车公司以及航天私企 SpaceX 首席执行官，也是太阳能公司 SolarCity 董事会主席。近乎科幻小说般的大名、气质优雅、金发碧眼、夹杂着英美口音的含混吐字以及 120 亿美元的净资产。在大家眼前，这个大叔貌似来自未来，他的视野和天赋是赐予全人类的礼物。电动汽车、火箭，这一切都在终结化石燃料！马斯克构想的超回路列车仅需半小时就能让乘客嗖嗖地往返于旧金山和洛杉矶之间。

马斯克出生并成长于南非的比勒陀利亚，就在他年少时，父母就离婚了，他的两个兄弟都跟随了母亲生活，而他自己则选择了跟随冷酷苛刻的工程师父亲生活。年少的马斯克非常专心学习，每当得到老师关心的时候总能在学校表现优异，但还并不算是一个出类拔萃的学生。后来的马斯克考上了加拿大女皇大学，然后又转学到了美国宾夕法尼亚大学。马斯克在其大学生活里热衷于组织各种活动，此外他还完成了两篇广受好评的有关太阳能和超级电容器电池的论文。而这两项研究为成就他未来的事业奠定了基础。后来马斯克前往斯坦福大学开始了自己应用物理博士学位的课程，但是又被硅谷创业浪潮吸引走。马斯克所创立的第一家公司 Zip2，专为媒体公司提供在线出版服务。在马斯克的经营下，公司逐渐发展壮大。后来他又于 1999 年卖掉公司，赚得 2 200 万美元。马斯克的第二个创业项目则是大名鼎鼎的 PayPal，2002 年他再以 15 亿美元将 PayPal 卖给了 eBay，作为 PayPal 最大的股东，马斯克又赚到 1.65 亿美元。然而与马斯克当前惊天动地的大项目相比，过往的这些项目也只是小试牛刀。将火箭发射升空面临各种各样的困难，人力、资金以及严肃的物理原理。马斯克于 2002 年创立了 SpaceX 公司，旨在为人类提供更为快速、廉价且频繁的太空运输服务，这可真的是史无前例。为了实现这个伟大的目标，马斯克前往俄罗斯去寻找退役的洲际弹道导弹来作为运载发射火箭，拜访美国著名航天航空公司的洛克希德马丁，尽管被该公司员工奚落嘲讽，但是马斯克最终还是挖走了几位员工。就在发射 Falcon 1 火箭之前，马斯克团队曾来到夸贾林环礁。数月来，他们都在闷热的环境中潜心准备火箭发射前的各种工作。2008 年年底，SpaceX 的火箭并未能成功发射至轨道，而当时的特斯拉公司也面临着产能滞后和成本超支的严重问题。马斯克也到了濒临破产的边缘，之前赚得的 2 亿美元已经快被 SpaceX 和特斯拉两家公司花得一干二净。然而那一年年底，他们迎来了 16 亿美元的 NASA 火箭发射任务订单。作为其人生当中最为重要的一个转折点，马斯克流下了欣慰的泪水。2012 年，SpaceX 圆满完成了对接国际空间站的发射任务，

2004 年马斯克向一家名为特斯拉的创业公司投入了种子资金，这家公司专注于生产制造电动汽车，在低成本和高智能发展方向上和 SpaceX 公司不谋而合。就在几个月之后，这个 18 人团队（大部分来自硅谷而非底特律）终于制造出第一台电动汽车原型。当要在寒冷气候中测试汽车性能时，他们并没有为大型汽车公司所采用的价格高昂的专用冷却室而操心，他们买了一辆老旧的冰淇淋货车取而代之。目前，特斯拉公司推出的 Model S 车型广受好评。

现如今马斯克的第三家公司 SolarCity（创建于 2006 年）也在极力拓展太阳能电力市场。马斯克已经从政府那里获得了百万美元的政府贷款和订单来继续壮大自己的生意。

以下是马斯克对创业的建议，试分析以下几点建议，你是如何看待这些建议的？

(1)你需要非常努力地去工作,这对于要创业的年轻人来说非常重要。但努力工作意味着什么?

(2)如果你成立了自己的公司或正在管理一家公司,吸引优秀的人和你一起工作也是非常重要的。

(3)要学会判断企业是否走在正确的道路上。

(4)不要单一地跟着所谓的大趋势走。

【案例2】"俺来也"校园O2O平台

"俺来也"的灵感来自古典名著《西游记》,团队精心打造出一个富有娱乐性和趣味性的社区平台。创始团队里的每个角色都有自己的名字:老孙(孙绍瑞)——策划组(平台的运营策划策略);八戒——店铺分仓管理管理组;沙僧——供应链管理物流组;白龙马——产品和技术开发组;哪吒——高校渠道管理组(用户获取和筋斗云招募);白骨精——客户关系(筋斗云云客服,用户客服);唐僧——战略管理。"俺来也"的名字,也取自孙悟空的经典口头禅"俺老孙来也",旨在体现此服务迅速、全面、周到的特性。

全链条互动:信息链+物流链+供应链+服务链=高校全方位服务

"俺来也"项目隶属于上海笑得商贸有限公司,是创始人孙绍瑞在梵谋文化传媒公司十年高校渠道整合运营的基础上,又一次移动互联网的创业尝试。孙绍瑞从大一便开始进行校园项目的创业,是创业路上的"老小兵",于2005年(大三)建立了梵谋文化传媒直至今日。从在校时创业,到梵谋文化传媒,再到如今的"俺来也",他始终未离开校园。

大学生年龄在18岁到25岁之间,是各类产品及服务培养用户的一个前沿入口,也是各大投资机构关注的重点领域之一。据统计,中国拥有2 900万大学生,1 900个高校,2 700个校区,平均每个校区10 700人,每年产生的现实消费力达到3 700亿元。

"俺来也"项目能够快速推出和复制,与孙绍瑞和团队十年来深耕高校渠道市场有着密切关系。他创办的梵谋文化传媒已经在校园里拥有深厚的积累,十年间覆盖全国高校42 000块媒体资源,并且每年运营上千场高校活动。在丰富校园渠道资源运营的背景下,笑得商贸于2014年年初创办成立,从校园传统供应链管理做起,公司长期与统一集团、可口可乐等50余家品牌商直销合作,并拥有线下5 000家商户合作资源,打造了全链条型的O2O互动模式。该项目于2014年11月策划启动,到12月中旬1.0版本已经开发完毕并测试上线。运营模式在上海两家试点高校取得成功后,迅速在北上广等9个主要城市同期开设36家校园分仓,打造了全链条型的O2O互动模式。

孙绍瑞认为,笑得商贸“俺来也”立足于全国巨大的高校市场,以深厚的高校渠道资源为基础,整合了高校物流链和商品供应链,通过丰富的商务管理经验和移动互联网技术为大学生提供又新又好又实惠的精选商品。

社区经济:打造大学生生态文化社区

大学生社区也是“俺来也”重点部署的领域。“俺来也”项目组扎根校园,深谙校园社区运营之道。孙绍瑞带领的创始团队共有 7 人,分别来自校园、市场、技术、运营等相关核心领域。“俺来也”的兼职学生有一个响亮的社群名字——“筋斗云”,他们接受组织领导,积极服务同学。

“俺来也”通过丰富的线上和线下活动,不断增强社群联系,用服务和口碑赢得用户。目前,公司规模已达 150 人,“筋斗云”兼职学生超过 3 500 人,预计 2015 年进驻 500 所高校,覆盖 800 万大学生,拥有 2.7 万兼职大学生“筋斗云”。

据孙绍瑞透露,“俺来也”平台目前开通的“俺来买”只是撬动数千万大学生兼职、就业以及创业的第一步。承载大学生创业,为学校与学生减轻就业以及经济负担,他们能做的还有很多。平台陆续推出了“俺来帮”和“俺有才”,为有技能和才华的大学生搭建用武之地,平台商业模式从“O2O+LBS”向“O2O、LBS、P2P、SNS”四位一体的整合模式发展,不断深入成为大学生日常生活必备的 APP,最终实现中国绝对领先的大学生 O2O 平台的目标。

根据以上内容,再搜集一些关于“俺来也”O2O 平台的相关资料,对以下问题进行分析。

(1)大学期间的创业对孙绍瑞创业有什么价值?

(2)孙绍瑞是如何将自己的创业公司不断发展壮大的?

(3)“俺来也”的 O2O 是如何实现的?

三、相关知识

1. 就业与创业

1)就业的含义

就业是指在法定年龄内的有劳动能力和劳动愿望的人们所从事的为获取报酬或经营收入进行的活动。

如果再进一步分析,则需要对就业从以下 3 个方面进行界定。

(1)就业条件,指在法定劳动年龄内,有劳动能力和劳动愿望。

(2)收入条件,指获得一定的劳动报酬或经营收入。

(3)时间条件,即每周工作时间的长度。

2）就业的形势

近些年来，几乎每年媒体都会惊呼“史上最难就业季”，可见当前大学毕业生就业形势之严峻。据教育部预测，2021年高校毕业生将首次突破900万人，达到909万人，2022年毕业生将超过1 000万人。虽然大学应届毕业生人数屡创新高，但大学应届毕业生的期望起薪却屡创新低。2015届大学毕业生期望起薪降至2 500元，创5年来新低。

据麦克思研究院发布的《2020年中国大学生就业报告》显示，铁道运输类、计算机类、水上运输类等高职专业毕业生薪资较高，2019届平均月收入分别为5 109元、4 883元、4 763元。

3）创业的含义

创业是创业者对自己拥有的资源或通过努力对能够拥有的资源进行优化整合，从而创造出更大经济或社会价值的过程。创业是一种劳动方式，是一种需要创业者运营、组织、运用服务、技术、器物作业的思考、推理和判断的行为，是一种思考、推理结合运气的行为方式，它为运气带来的机会所驱动，需要在方法上全盘考虑并拥有和谐的领导能力。

创业是一个人发现了一个商机并加以实际行动转化为具体的社会形态，获得收益，实现价值。创业作为一个商业领域，致力于理解创造新事物（新产品、新市场、新生产过程、新的原材料或组织现有技术的新方法）的机会，如何出现并被特定个体发现或创造，这些人如何运用各种方法去利用和开发它们，然后产生何种结果。

4）创业的形势

根据第三方专业机构麦可思公司跟踪撰写的《2020年中国大学生就业报告》（就业蓝皮书）显示，2019届本科毕业生自主创业比例为1.6%，高职毕业生自主创业比例为3.4%。随着毕业时间的延长，毕业生自主创业比例持续上升，毕业三年内上升至8.1%。数据显示，“教育业”是2019届大学生自主创业的最主要领域（本科：24.5%，高职：11.5%），集中在教育及职业培训、中小学教育，以及文学艺术、设计、体育等方面。大学生到“文化、体育和娱乐业”（本科：15.8%，高职：6.9%）、“零售业”（本科：8.6%，高职：11%）创业的比例也较高，从主要从事工作岗位来看，大学生到文体娱乐领域创业主要是做摄影师、自由写作作者等，做零售主要是从事销售、电子商务等方面工作。

2020年新冠肺炎疫情导致传统经济的倒退，也催生了很多新生行业，2020年创业趋势推动了如懒人经济、睡眠经济、5G短视频行业（包括娱乐和电商）、健康行业和在线教育等行业的发展。

2. 电子商务的就业和创业形势

根据中国电子商务研究中心监测数据显示，2019 年，全国电子商务交易额达 34.81 万亿元，其中网上零售额 11.63 万亿元，电子商务服务业营收额达到 4.4 万亿元，全国农村网络零售额达 1.7 万亿元，通过海关跨境电子商务管理平台零售进出口商品总额达 1 862.1 亿元，电子商务从业人员达 5 125.65 万人。电子商务发展到今天，已经从一个极少人参与的行业变成一个大众广泛参与的行业，很多人选择从事电商行业。由于电子商务的发展十分迅速，导致人才的匹配无法及时跟上，电子商务人才缺口很大。特别是电子商务里关键的岗位，如电商运营、视觉美工、客服和直播等岗位更是供不应求。

近两年，也有越来越多的创业者选择电商创业。电商相对门槛较低，可以在投入人力、物力和财力相对较少的情况下进行电商创业。所以电商也吸引了一大批年轻人进入，其中也包含了很多大学生。有数据统计，从事电子商务行业的人群，90 后所占比例超过 50%，是电子商务的主要从业人群。

1）电商行业定位

虽然电商已经是一个非常热门的行业，参与电商经营和服务的从业者也越来越多，但是要做好电商，仍需要有十分明确的定位。电商发展到现在，基本已经囊括了所有线下的行业，包括服饰和鞋类、化妆品、计算机产品、家居用品、办公用品、图书、玩具、食品、婴幼儿用品、工具设备、汽车和汽车配件，等等。如此多的行业，要选择一个合适的行业进行定位，需要进行全面的数据分析和市场调研；同时也要结合自己的兴趣爱好及特长进行选择。

2）资源匹配

因为电子商务行业已经涉及了几乎所有的行业，所以要选择一个合适的行业，必须进行全面的调查和了解。如果是就业，则需要匹配自己擅长的方向。如果是电商创业，那么资源的匹配度涉及的层面更广。在产品设计、产品研发、工厂生产、货源、商品价格等不同的方面有优势，都是成功的关键点。比如纺织类产品在江苏无锡、苏州和浙江杭州一带形成了产业集群，纺织产品的货源很多出自江苏和浙江，在江苏和浙江这样的地方有工厂资源，再介入电子商务会容易很多。再比如有货源的优势，能够以较低的价格拿到商品，并能稳定供应货源，这些都是需要资源匹配的，这是做好电商的前提。

3）行业的选择和切入

在电商行业几乎已经全面覆盖的前提下，选择怎样的行业，是需要认真思考和研究的。有些行业竞争已经非常大，就比如女装和美妆，细分到几乎所有的细小类目都有较强的竞争对手。那么不管是选择就业还是创业，都需要认真分析。选择竞争大的行业，要特别注意是否有特点、有卖点、有亮点，如果没有突出的优势则很难突破。但是从另外一个角度来看，这样的电商大类目，如果切准了细分市场，并有自己的核心竞争力，因为是大类目，那么整体体量也会很大。现在农村电商开始升温，农产品电商是一个新的社会热点，做得很好的农产品电商还不多。如果在农产品方面本身就有自身的优势，那么选择一个正在迅速发展的市场，也是不错的选择；只是仍然需要匹配自身资源，选择在合适的时机切入。而一个行业在快速发展的初期，一般是较好的切入机会，这样成功的概率会大很多。

四、注意事项

（1）在人生的道路上，以梦想为目标，永不放弃，坚持下去才会彰显它的魅力。

（2）创业就是不拘泥于当前资源的约束、寻求机会、进行价值创造的行为过程。

（3）创业者一定要看到别人看不到的市场，要有市场敏锐度，创业应该从解决一小撮人的某一个小痛点出发，不能大而全。

五、思考与练习

（1）创业和就业的含义分别是什么？

（2）试分析目前的就业形势。

（3）是创业还是就业？为自己制定一份职业规划。

任务二　电子商务背景下创业面临的机遇与挑战

一、学习目标

通过对本节的学习，学习者应了解电子商务背景下创业面临的机遇和挑战；具备对政策和机会进行发现的能力。

二、任务实施

1. 案例分析

【案例】美宁电商代运营

这个剃着小平头、穿着朴素的青年，不喜欢人家叫他郤总，喜欢自称小杰。聊天时他喜欢一边抽烟，一边泡着功夫茶，有时会沉默一下，仿佛总是要想清楚了再说。在他身上，有一种很老练的江湖气，但另一方面，他对于互联网大数据应用、社会化营销的思考，又让他明显区别于我们常见的那种传统小生意人。

出生在以“福建沙县小吃”闻名的三明永安地区，从小耳濡目染的是各种经商传奇，19 岁那年，卻斌杰中学毕业后向家人提出，他不想再升学，希望自己到外面闯一下，他很快就跟着亲戚到厦门学做外贸生意。后来他在深圳华强北发现了当时的山寨手机盛行，于是脱离了亲戚单干，自己创办了一个水货手机论坛，以此作为销售渠道为经销商们代销水货手机。20 岁出头，他就赚到了人生的第一桶金。

当时福建的各种县级市开始大兴土木造新城，他和朋友开了个乙炔工贸公司，专门针对建筑地盘的工人销售。刚开始势头还好，但后来竞争对手多了，他们的关系不足以争取到大量的订单，一年不到公司就倒闭了，卻斌杰遇到了人生第一个 100 万元的亏损。

之后，卻斌杰为福建的外贸加工企业提供广告策划、网站建设和维护服务，逐步把债还清。但到了 2008 年金融海啸，很多厂商倒闭，他的公司因为三角债问题再次倒闭，他和朋友们合计亏损了两三百万元。那一年卻斌杰 24 岁，却已经历了两次创业失败，而且背负了庞大债务。

卻斌杰骨子里有福建商人传统的韧性与冒险精神。对他来说，创业已经是刻在 DNA 中的一种“瘾”。所以他没有消沉多久就开始总结经验，他认为自己前两次失败是因为对自己的定位不清楚：网上代销网络手机的钱来得快，但这种灰色边缘的行业难以扩大规模；做乙炔生意主要是靠关系拿订单，但总会遇到比自己更有关系的人；为外贸加工企业做网站外包服务虽然能发挥自己的特长，但受到全球经济变化影响太大，而且自己当时扩张太快，导致一有风吹草动就资金链跟不上了。总而言之，他应该发挥自己在零售和网络服务方面的特长，进入一个有着透明公开规则可以遵守的充分竞争行业，将客源稳定的企业作为自己新的目标客户。

他和自己做乙炔时的戚俊杰合伙，2008 年开始每天到晋江的批发市场借鞋、拍照、处理照片、写描述、上架、当客服，有人拍下后，再去赊货、包装、发货，顾客收货确认付款之后，再跟赊货的老板结账。

做了几次爆款后，他在批发市场老板群中打出了名气，而他们也慢慢地通过滚雪球方式还了一点债务。于是他与戚俊杰以及之前办广告公司的合作伙伴曹芳华三人凑了三万块钱，于 2008 年年底成立了美宁科技，专注于电商代运营服务。

2009 年的“双十一”，是淘宝天猫（当时称为淘宝商城）平台的第一次大规模促销，该年日成交额是 0.5 亿元，而到了 2013 年“双十一”日成交额已经上升到了 350 亿元。随着电商规模的成长而壮大，可以说是美宁电商四年来最主要的趋势。

2009 年，淘宝还在大力游说传统品牌加入电商阵营。361 就是最早被淘宝打动的传统服装品牌之一。他们打算参加淘宝商城的“双十一”促销，但当时他们找的广告公司提供的方案针对性不强。此时淘宝的营销人员推荐了卻斌杰。

为了坚定361的信心，美宁和他们签订了一个“对赌协议”。根据协议内容，361要求2009年实现网络销售500万元，并且会拿出目标销售额10%~15%的费用作为提成。如果销量达不到预期，数十万元的推广费用最终由美宁买单。对于一个启动资本只有3万元的小公司来说，这无异于豪赌。

在拿到361的合同才两个月，美宁就完成了预定销售目标的70%。而且2009年的淘宝“双十一”活动中，美宁电商代运营的361实现单日销售额80万元，创造了福建品牌网络销售的纪录。美宁首次成名。第二年，美宁以自付广告费的方式，承包了安踏的淘宝专营店，与此同时，安踏的天猫旗舰店是由另一家代运营公司运作，到了年底，安踏发现不用安踏出广告费的专卖店比需要安踏出广告费的旗舰店业绩更好。美宁终于在闽南电商圈站稳了脚跟。

目前，美宁科技已经改名为美宁电商（福建）企业管理有限公司，旗下负责运营九牧王、柒牌、劲霸、七匹狼、GXG、JASONWOOD、罗蒙、虎都、杉杉、希尼、亚诺奇、fun等品牌的线上销售。全年美宁电商代运营的网店销售规模接近4亿元，公司的营业收入超过3 000万元。

根据以上材料，在搜集一些关于美宁电商资料，对以下问题进行分析。

（1）从供应乙炔气体到建网站，最后做电 商代运营，御斌杰是如何逐步找到自己的优势并成功创业的？

（2）与御斌杰的美宁合作的大部分都是福建当 地的服装企业，为什么会出现这样的态势？试着从内外部环境分析一下。

（3）电商代运营的未来发展趋势是什么？御斌杰的美宁又做了哪些准备适应市场的变化？你认为这些是否足够呢？

2. 创业市场调查

（1）根据自己的职业规划，对自己感兴趣的项目拟一份调查问卷。

（2）问卷调查可以采用对班级同学或者校园同学发放纸质问卷的形式进行，也可以采用网上调查，如发在问卷星网站（http://www.sojump.com）进行。

（3）收集调查问卷后进行整理。

（4）撰写一份调查报告。

三、相关知识

1. 创新创业大好形势

加强创新创业教育是推进高等教育综合改革、提高人才培养质量的重要举措。近年来，高校不断加强创新创业教育，对提高高等教育质量、促进学生全面发展、推动毕业生创业就业、服务经济社会发展发挥了重要作用。新形势下，高校必须着眼长远、聚焦聚力，下大力气解决存在的问题，进一步加强创新创业教育。

青年兴则国家兴，青年强则国家强。习近平总书记高度重视青年和青年工作，他寄语广大青年，要敢于做先锋，而不做过客、当看客，让创新成为青春远航的动力，让创业成为青春搏击的能量，让青春年华在为国家、为人民的奉献中焕发出绚丽光彩。青年人创新思维活跃、创业动力强烈。近年来，一系列政策的出台，为青年创新创业创造了良好环境，许多大学生纷纷返乡创业，成为创新创业的主力军。

以互联网为代表的新兴产业成了本轮创业浪潮的主力之一，相关企业主体登记速度明显超过平均增速。

1）互联网 + 政务

电子政务是指运用计算机、网络和通信等现代信息技术手段，实现政府组织结构和工作流程的优化重组，超越时间、空间和部门分隔的限制，建成一个精简、高效、廉洁、公平的政府运作模式，以便全方位地向社会提供优质、规范的服务。在移动互联网日益普及的今天，尤其是随着大数据挖掘与应用技术的成熟，互联网 + 政务已经成为电子政务的主要发展方向之一。

互联网 + 政务尽管融入了更多的互联网元素，但仍然属于电子政务的范畴，也属于广义电子商务的一部分。由于我国目前电子政务的应用水平较低，各政府部门之间的信息共享程度不高、“信息孤岛”现象普遍，所以这一领域的创业机会日益凸显出来。

2）互联网 + 交通

互联网 + 交通就是利用互联网技术改善交通出行状况，提高其智能化水平，减少浪费与污染，提高效率与利用，具体包括拼车、顺风车、专车、找车位等交通行为。

创业创新的根本特征在于“提高效率、降低成本”，从而实现“创造价值”。因此，类似“滴滴”“快的”这种整合社会资源提高效率、降低成本的创业项目，自然可以在为社会创造价值的同时获得企业创业创新的经济回报。

3）互联网 + 教育

互联网 + 教育是指利用互联网的连接、共享、互动等功能，将优质的教育资源整合起来，以更低的成本实现更广范围的传播，产生更大的价值。

如沪江网的建立，它提供了一个互联网学习平台，专注于提供专业、高效的互联网学习服务。旗下业务包括教育门户网站、网络 SNS 社区、教育电商平台以及国内首创的在线互动教学平台沪江网校等。通过互联网进行教育培训，极大程度地节省了上述成本，所以也就有了广阔的发展空间。这也为创业提供了更多的机会。

2. 电子商务背景下创业面临的挑战

1）电子商务创业竞争激烈

由于电商的入行门槛较低，尤其是个人网店，所以导致了大量的同行从业人员扎堆进入某些热门行业，带来了行业的恶性竞争。比如某些商品的线上价格远远低于制造成本，导致偷工减料、以次充好现象的出现，使得某些网站的正品率降低、客户信任度不高。这造成创业后维持困难，网店难以经营下去，最终导致创业失败。

2）电子商务创业对创业者提出了较高的素质要求

创业是极具风险性和挑战性的活动，而又往往与创新联系在一起。创业者需要具备较高的心理素质、身体素质和知识素质。创业者需要具备自信、自主、坚韧和果断等心理素质；由于工作繁忙、时间长、压力大，创业者又需要具备良好的身体素质；同时，创业者要进行创造性思维，要作出正确的决策，就必须掌握广博的知识和一定的管理能力。

3）运行资金的制约也是影响创业者成功的关键

对创业者而言，创业的资金和人才都是创业者首先要面对的问题。虽然电子商务创业对资金的需求门槛比较低，但是电子商务的推广和实施仍然需要一定的资金，否则很难维护下去，尤其对初创阶段的人员来说，需要对资金的应用具有很好的把控能力。

4）大学生创业缺乏一定的经验

创业需要因地制宜，正确地确定创业的发展方向、目标、战略以及具体选择实施方案的能力。创业者要创业，首先要从众多的创业目标以及方向中进行分析比较，选择最适合发挥自己特长与优势的创业方向、途径和方法。其次，还要能从错综复杂的现象中发现事物的本质，能从客观事物的发展变化中找出因果关系，并善于从中把握事物的发展方向，不墨守成规，能根据客观情况的变化，及时提出新目标、新方案，不断开拓新局面，创出新路子。这些对于没有经验的大学生来说是比较大的挑战，现在大学生创业比例较低，尤其是没有经验，不敢尝试是其中的一个原因。

四、注意事项

（1）有价值的创业机会也是有风险的。机会风险分为系统风险与非系统风险。系统风险主要是创业环境中的风险，诸如商品市场风险、资本市场风险等。非系统风险是指创业者自身的风险，诸如技术风险、财务风险等。

（2）创业机会是具有商业价值的创意，它来自于一定的市场需求和变化。识别创业机会是思考和探索互动反复，并将创意进行转变的过程。

五、思考与练习

（1）目前电子商务背景下创业面临的机遇有哪些？

（2）如何抓住创业的时机？

（3）你认为大学生创业最大的挑战有哪些？

任务三 电子商务对创业者的素质和意识要求

一、学习目标

通过对本任务的学习，学习者应了解电子商务对创业者有哪些基本素质和意识要求；能够自我激励，强化创业意识，有意识地培养良好的创业品质，不断提高网上创业能力。

二、任务实施

1. 案例分析

【案例】从贷款上大学到百万富翁

（1）商场“老兵”

石豪杰，1990年出生，21周岁的他，已逐渐成长为义乌工商学院继杨甫刚、何宏伟等之后的又一位创业明星。

见到他时，他不时接听来自客户的电话，在电话里与对方讨价还价，谋取双方共赢的条件，远超于同龄大三学生的成熟老练，他显然就是一位商场“老兵”。

石豪杰说，这两个月，他异常忙碌，通过“出口通”平台，接下了来自全球500强企业的一个大订单：250万副3D眼镜。“每副眼镜0.48美元，利润能达到1元，现在已成交100万副，余下的正在抓紧生产中。”一谈起生意，石豪杰总是很自信。

（2）夜宿车站

两年前的他却有着截然不同的一番光景。石豪杰的老家位于河南郑州，父亲是退伍军人，家庭条件属于典型的工薪阶层，甚至还有所不及。2009年的一天，由于急于了解即将要来上学的城市，他从老家坐车来到义乌。当火车抵达义乌站时，夜已经深了，从义乌火车站驶往市区的公交车已经停运，只有选择坐出租车才行。一问价格，需要几十块钱。石豪杰犹豫了很长时间，最终还是舍不得花这么多钱。这位瘦瘦的小伙子硬是在义乌火车站的候车室里挨过了一夜。第二天凌晨，花去几块钱坐上了公交车。

（3）第一桶金

2009年9月，石豪杰来到义乌工商学院报到，交纳的6 000元学费是他通过学校提供的助学贷款完成的。“来工商学院上学，我是带着目的来的，那就是创业。”开学不久，他就开始鼓捣他的淘宝小店，并时常游弋于义乌的各大市场。由于刚处在起步阶段，石豪杰寻找货源到处碰壁，最后通过淘宝批发店才勉强上线了自己的淘宝小店。

2009 年 11 月，突如其来的寒潮使得南方的天气也异常寒冷。冬季产品开始热销，石豪杰敏锐地捕捉到了这个难得的商机。他的一款产品“USB 暖鞋”卖得异常的火。“一天就能卖几百双，我淘到了人生中的第一桶金。”4 个月以后，他的淘宝小店信誉达到了 4 蓝钻，在没有“直通车”等硬广告投入的背景下，达到这个成绩一般人可能要花去一年甚至更长的时间。夜深人静时，别人正在睡梦中，他却在认真地钻研怎么进行搜索词的变更，使得客户能更快速地找到自己。

（4）第二转折

2010 年春节后，由于没有很好地判断市场，石豪杰进入彷徨期。“随着暖鞋吸引力逐渐下降，淘宝店生意开始走下坡路。”4 月初，石豪杰开始关注 3D 眼镜这款产品。“当时到福田市场找了好几天，没有找到一家做这款产品。”虽然没有找到产品，但石豪杰得到了一个线索：台州那边有企业在做这款产品。经历几番波折，石豪杰终于在台州找到了这家企业。“厂子不大，生产能力也很低，但产品价格却非常高，第一次进货我拿了 500 副眼镜。”

2010 年 5 月份，随着国内首部 3D 电视剧《吴承恩与西游记》的热播，3D 眼镜瞬间成为抢手货，国内 3D 市场一炮打响。石豪杰的小店一天的接单量达到了两三千。“这是我第二个转折点。”石豪杰说，暖鞋给他带来了第一桶金，3D 眼镜让他找到了以后的方向。很快，石豪杰开始申报自己的专利。“现在我已经有了 5 个专利，外观设计专利、实用新型发明专利都拿下来了。”

（5）选择与放弃

同样在 5 月份，石豪杰开始涉足产品批发，到最后他毅然放弃了自己红火的淘宝小店，决定全力做批发，争取成为综合供货商。他先后在“1688”“出口通”等批发平台投入巨资。“做‘出口通’时，开店成本近 3 万元，买广告花了近 4 万元。”投入批发领域后，石豪杰并没有很快取得成功。“前两个月几乎没有生意，亏损了一万多元。”石豪杰坚持了下来，迎来了第一份订单。“印度的客人，要了 2 000 副眼镜，货不多，但利润是国内的几倍。”这一起生意，让石豪杰更加坚定了自己的选择。

如今，石豪杰已在义乌注册了自己的公司，并在深圳成立了办事处，拥有了全系列的 3D 眼镜产品。由于成绩优异，“阿里巴巴”邀请他作为实习生到企业学习，他也正通过自己的努力开创自己更大的场面。

根据以上材料，对以下问题进行分析。

（1）你认为石豪杰的成功与他的哪些较强的创业能力有关？

（2）你认为石豪杰对市场意识的把握体现在哪几个方面？

3. 测试自己具备了多少创业者的素质

阅读表 9-1 列出的素质及其说明，在每一种素质上给自己打分。学期结束后，使用不同颜色的笔再填一次，看看你是否有进步。

表 9-1　创业素质评分表

特　点	解　释	分数（1~10）
动力	很强的冲动	
毅力	坚持完成任务和达成目标	
承担风险的能力	愿意冒险	
计划性	有序地安排工作和生活	
自信	对自己有信心	
善于说服他人	能使别人信服	
诚信	诚实守信	
竞争力	渴望成功	
适应能力	善于应付新环境	
理解	能设身处地地为他人着想	
自律	自我控制	
远景	能够将目标铭记于心	
第一次自我评估		
第二次自我评估		

三、相关知识

（一）创业者的素质要求

创业是极具挑战性的社会活动，是对创业者自身智慧、能力、气魄、胆识的全方位考验。一个人要想获得创业的成功，必须具备基本的创业素质。创业基本素质包括强烈的创业意识，良好的创业心理品质，自信、自强、自主、自立的创业精神，竞争意识，全面的创业能力。

1. 强烈的创业意识

要想取得创业的成功，创业者必须具备自我实现、追求成功的强烈的创业意识。只有拥有强烈的创业意识，创业者才能克服创业道路上的各种艰难险阻，将创业目标作为自己的人生奋斗目标。

2. 良好的创业心理品质

创业之路是充满艰险与曲折的。自主创业就等于是一个人去面对变化莫测的激烈竞争以及随时出现的需要，迅速正确地解决问题和矛盾，这需要创业者具有非常强的心理调控能力，能够持续保持一种积极、沉稳的心态，即有良好的创业心理品质。如果不具备良好的心理素质、坚韧的意志，一遇挫折就垂头丧气、一蹶不振，那么，在创业的道路上是走不远的。

3. 自信、自强、自主、自立的创业精神

自信就是对自己充满信心。自信心能赋予人主动积极的人生态度和进取精神，不依赖，不等待。要成为一名成功的创业者，必须坚持信仰如一，拥有使命感和责任感；信念坚定，顽强拼搏，直到成功。自强就是在自信的基础上，不贪图眼前的利益，不依恋平淡的生活，敢于实践，不断增长自己各方面的能力与才干，勇于使自己成为生活与事业的强者。自主就是具有独立的人格，具有独立性思维能力，不受传统和世俗偏见的束缚，不受舆论和环境的影响，能自己选择自己的道路，善于设计和规划自己的未来，并采取相应的行动。自立就是凭借自己的头脑和双手，凭借自己的智慧和才能，凭借自己的努力和奋斗，建立起自己生活和事业的基础。

4. 竞争意识

竞争是市场经济最重要的特征之一，是企业赖以生存和发展的基础。随着我国社会主义市场经济从低级向高级发展，竞争愈来愈激烈。从小规模的分散竞争发展到大集团的集中竞争；从国内竞争发展到国际竞争；从单纯的产品竞争，发展到综合实力的竞争。因此，创业者如果缺乏竞争意识，实际上就等于放弃了自己的生存权利。创业者只有敢于竞争，善于竞争，才能取得成功。

5. 全面的创业能力

创业能力是一种特殊的能力，这种特殊能力往往影响创业活动的效率和创业的成功。创业能力主要由决策能力、经营管理能力、专业技术能力、交往协调能力和创新能力等组成。

1）决策能力

决策能力是创业者根据主客观条件，因地制宜，正确地确定创业的发展方向、目标、战略以及具体选择实施方案的能力。创业者要创业，首先要从众多的创业目标以及方向中进行分析比较，选择最适合发挥自己特长与优势的创业方向、途径和方法。其次，还要能从错综复杂的现象中发现事物的本质，能从客观事物的发展变化中找出因果关系，并善于从中把握事物的发展方向，不墨守成规，能根据客观情况的变化，及时提出新目标、新方案，不断开拓新局面，创出新路子。

2）经营管理能力

经营管理能力是指对人员、资金的管理能力。它涉及人员的选择、使用、组合和优化，也涉及资金聚集、核算、分配、使用、流动。经营管理能力是一种较高层次的综合能力，是运筹性能力。经营管理能力的形成要从学会经营、学会管理、学会用人、学会理财几个方面去努力。

3）专业技术能力

专业技术能力是创业者掌握和运用专业知识进行专业生产的能力。专业技术能力的形成具有很强的实践性，许多专业知识和专业技巧要在实践中摸索，逐步提高和发展完善。创业者要重视创业过程中专业技术方面的经验和职业技能的训练积累，对于书本上介绍过的知识和经验在加深理解的基础上应予以提高、拓宽；对于书本上没有介绍过的知识和经验要探索，在探索的过程中要详细记录、认真分析，进行总结、归纳，上升为理论，形成自己的经验特色并积累起来。只有这样，专业技术能力才会不断提高。

4）交往协调能力

交往协调能力是指能够妥善地处理与公众（政府部门、新闻媒体、客户等）之间的关系，以及能够协调下属各部门成员之间关系的能力。创业者应该做到妥当地处理与外界的关系，尤其要争取政府部门、工商以及税务部门的支持与理解，同时要善于团结一切可以团结的人，团结一切可以团结的力量，求同存异共同协调发展，做到不失原则、灵活有度，善于巧妙地将原则性和灵活性结合起来。

5）创新能力

创新能力是创业能力的重要组成部分。它包括两个方面的含义：一是大脑活动的能力，即创造性思维、创造性想象、独立性思维和捕捉灵感的能力；二是创新实践的能力，即人在创新活动中完成创新任务的具体工作的能力。创新能力是一种综合能力，与人们的知识、技能、经验、心态等有着密切的关系。具有广博的知识、扎实的专业基础知识、熟练的专业技能、丰富的实践经验、良好心态的人容易形成创新能力，它取决于创新意识、智力、创造性思维和创造性想象等。

（二）具有较强的创业意识

创业意识是指人们从事创业活动的强大内驱动力，是创业活动中起动力作用的个性因素，是创业活动的主要驱动因素。

创业意识包含以下五大内容。

1. 商机意识

真正的创业者会在创业前、创业中和创业后始终面临着识别商机、发现市场的考验。创业者必须有足够的市场敏锐度，可以宏观地审视经济环境，洞察未来市场形势的走向，以便作出正确的决策来保证企业持续发展。

2. 转化意识

仅有商机意识是不够的，还要在机会来临时抓住它，也就是把握机会，把商机转化成实实在在的收入和公司的持续运作，最终实现自己的创业梦想。转化意识就是把商机、机会等转化为生产力；把知识才能转化为智力资本、人际关系资本和营销资本。

3. 战略意识

创业初期需要制订合理的创业计划，解决如何进入市场、如何卖出产品等基本问题。创业中期需要制定整合市场、产品、人力方面的创业策略，转换创业初期战略。需要指出的是，创业战略不只有一种，也没有绝对的好坏之分，关键要适合自己的创业之路。在这条路上应时刻保持着战略的高度，不以朝夕得失论成败。

4. 风险意识

创业者要认真分析自己在创业过程中可能会遇到哪些风险，一旦这些风险出现，要懂得应该如何应对和化解。创业者是否具备风险意识和规避风险的能力，将直接影响到创业的成败。

5. 勤奋 / 敬业意识

李嘉诚说过，事业成功虽然有运气在其中，主要还是靠勤劳，勤劳苦干可以提高自己的能力，就有很多机会降临在你面前。创业者一定要务实勤奋，不能光说不练。可以从小投资开始，逐步积累经验，不能只想一夜暴富。没有资金和人脉不要紧，关键要有思路和想法，有勇气去迈出第一步，才有可能成功。

四、注意事项

(1) 网上创业需要多个方面的综合素质，每一项都很重要，当然，要做到每一项素质都特别出色也不容易，一般能达到基本要求即可。有些素质是天生的，但大多数可以通过后天的努力来改善。

(2)网上创业能力是以知识和智力为基础的，是知识、智力加实践的结果。它需要在较长时间内逐渐形成的。它不可能像知识那样通过短时间内的强化而获得，也不可能依靠外来灌输而得到，要靠系统训练和逐步培养才能形成。

五、思考与练习

(1) 创业对创业者的素质要求有哪些？

(2) 什么是创业意识，它包含哪些内容？

(3) 通过上面对自己的创业者素质测评，你认为你现在是否具备基本创业素质？还需要进行哪些方面的提升和训练？

第十章　电子商务创业准备

技能项目：

发现网上创业的途径；

能够从实际出发，发现网上创业的机会；

能够对现有电子商务创业类型进行分析的能力；

掌握筹集创业资金的方法；

能够根据项目组建团队和管理团队；

能够看懂和分析他人的创业计划书和独立完成一份完整的创业计划书。

相关知识：

生活和市场中寻找商机的途径；

创业前需要思考的问题；

电子商务创业的类型；

常用的创业资金筹资途径；

团队在企业运行过程中的重要性以及作用；

撰写创业计划书的基本步骤。

任务一　识别网上创业机会

一、学习目标

通过对本任务的学习，理解发现网上创业的途径；能够从实际出发，发现网上创业的机会。

二、任务实施

1. 根据以下材料进行分析

【案例 1】余佳文的“超级课程表”

“超级课程表”、广州超级周末科技有限公司创始人——余佳文，毕业于广州大学华软软件学院，2007 年赚到人生第一桶金，2011 年开始创业。他是一个典型的张扬，有个性，自由，不成熟的“90 后”年轻人，与他一起创业的也都是“90 后”，所以他的公司制度深受员工的支持。

（1）定位校园实用工具

目前高校人数至少在 3000 万级别，如此巨大的市场受众有巨大的价值。故而校园市场历来是众多公司必争之地。尤其是大学校园市场，更是每家互联网公司都垂涎欲滴的一块“肥肉”。这不仅仅是因为大学校园聚集了几千万的年轻互联网用户，更是因为这些在校大学生极具传播力和辐射力，能够在产品的传播和推广过程中起到至为关键的作用。

超级课程表从开始最为基础的课程表功能起，经历三年多的发展，现在的超级课程表已经毫无违和地融入了同学们的日常校园生活。大学生查看课表、记录课堂笔记、查询成绩等问题统统解决；还有配置了不少服务型功能，社团活动、二手交易、失物招领等应有尽有。让大学生一手掌握校园新鲜事，并成为了他们更好度过这四年的最佳陪伴者。

（2）打通各大高校“跨校蹭课”利器

“超级课程表”是国内首款与高校教务系统对接，并可以一键自动录入课程表到手机的校园应用。它不仅可以一键导入课程信息，还可以手动添加旁听课，只要单击课程表中的空闲时间段，就可以搜索到同一时间段校内的全部课程，包括公选课和各个学院的专业课程，每门课程还有学生评分以供参考。如此一来，学生便可根据自身需要随意蹭课，轻松制定属于自己的学霸计划。除一键导入课表之外，学生还可以手动添加各个校外课程，如托福、雅思等热门课程，经过后台审核后，还可以分享给其他同学。据介绍，下一步，“超级课程表”将打通各大高校，共享课程信息，让同学们可以了解到院校的情况，并实现“跨校蹭课”。

（3）覆盖全国高校 临时换教室不再抓瞎

谈及“超级课程表”的创作灵感，创始人余佳文笑称还是因为自己在学校时，常常会忘记要上什么课，在哪里上课，又因为市场上的课程表软件均为手动，使用起来颇为不便。面对这一情况，他灵机一动，“教务系统上有最新的课程表，我为什么不能设计一款能自动读取的软件？”2011 年 10 月，抱着试一试的心态，余佳文和他的团队只用了一个星期的时间，就将第一版做了出来。虽然初版功能方面还很不完善，仅限于广州大学华软软件学院可以使用，且只能显示上课名称、地点和老师姓名，却还是吸引了几千名在校学生使用。看到自己的创意被这么多人接受，余佳文立刻着手改进了第二版，在其中加入“同班同学”模块，让用户可以实时搜索到课堂周围的同学，并开通了第二间高校。随着功能的逐步完善，用户逐渐增多，“超级课程表”如同

“流感”一般迅速蔓延到广州的各大高校，并逐渐向湖南、福建等地扩散，已覆盖全国所有高校。

截至目前，超级课程表已覆盖全国 3000 多所大学，拥有 1700 多万注册用户，已是全国最大的校园社区。佳文团队已成功获得四轮融资，仅最新一轮融资便获得数千万美元投资，投资方包括阿里巴巴、红杉资本、周鸿祎等。

根据以上材料，回答以下问题。

（1）余佳文如何发现网上创业机会？

（2）余佳文团队为什么会创业成功？

2. 创业机会头脑风暴

（1）学生以小组为单位，在课堂上讨论个人发现的网上创业机会或者好的点子。

（2）每组选择一个最佳的项目或者点子。

（3）根据项目或者点子的特征，写成简单的方案，每组提交一篇 300~1 000 字的头脑风暴成果。

（4）每组派一位代表上台发言。

（5）教师点评、总结。

三、相关知识

1. 研判市场觅商机

市场起源于古代人类对于固定时段或地点进行交易的场所的称呼，指买卖双方进行交易的场所。发展到现在，市场具备了两种意义：一种意义是交易场所，如农贸市场、股票市场、期货市场等；另一种意义为交易行为的总称，即市场一词不仅仅指交易场所，还包括了所有的交易行为。

商机无论大小，从经济意义上讲一定是能由此产生利润的机会。商机表现为需求的产生与满足的方式上在时间、地点、成本、数量、对象上的不平衡状态。旧的商机消失后，新的商机又会出现。没有商机，就不会有“交易”活动。

由于市场总是处于不断变化之中，所以商机也在上述变化中若隐若现。如今，但凡成功的创业者大多是依靠严密的思考研判商机，而不是像以往那样靠运气、凭经验进行创业。电 商创业者还可以借助大数据进行研判，更是增加了研判的科学性和严谨性。

商业机会无处不在，关键要靠挖掘和研判，如何从生活和市场中寻找商机，可以遵循以下几个方面去考虑：

（1）从解决问题的过程中找机会

创业的根本目的是满足顾客需求，而顾客需求没有得到满足就是问题。寻找网上创业机会的重要途径，就是善于去发现和体会自己和他人在需求方面的问题或生活中的难处。如网络有些人需要某种服务，但他们本身不具备这样的技能或者劳动力来完成，我们不妨称这类人为雇主；同时，网络上也有一些网友身怀不同的技能，他们也希望能够运用自己的技能来创造第二收入，我们不妨称他们为雇员或者威客。可是这里有一个双方存在信息不对称的问题，即如何找到对方。这时就应运而生一批威客网站，他们相当于中介，把双方的需求集中起来，雇主可以在网站上发布信息招募威客，而威客可以在网站上浏览各种招聘信息，选择自己合适的任务去完成，这就是把问题转化为创业机会的成功案例。

（2）变化中找机会

创业的机会大都产生于不断变化的市场环境，环境变化了，市场需求、市场结构必然发生变化。这种变化主要来自于产业结构的变动、消费结构的升级、城市化的加速、思想观念的变化、政策的变化、人口结构的变化、居民收入水平的提高、全球化趋势等方面。如随着现在人们环保意识和节约意识的增强，循环经济的发展也带来了一些相关的商机。2005 年 3 月在苏州成立了一家收废网，它是由学化学专业的厉开波和环境保护专业的周敏开办的。在经营过程中两个人不断把自己所学知识应用到经营和管理中，通过网络收购废品的业务发展得很快，仅 2 个月就在当地形成了一定规模，经济收入不菲。厉开波和周敏现在已经成立了苏州工业园区天堂物资回收公司，专门从事收废品的业务。

（3）从竞争对手中找机会

如果你能够弥补竞争对手的缺陷和不足，这也将成为你的创业机会。看看你周围的公司，你能比他们更快、更可靠、更便宜地提供产品或服务吗？你能做得更好吗？若能，你也许就找到了机会。

2003 年，中国人民对网上购物已不再陌生。电子商务巨头美国 eBay 公司在这个时候投资 1.8 亿美元，接管易趣，实现了进军中国市场的战略目标。1999 年成立的易趣经历了中国网络经济的疯狂与寂静，可谓一枝独秀，占据着 70% 的市场份额，而且拥有良好的品牌优势和用户基础，eBay 由此在中国网络卖场中占据了绝对优势。谁也没有料到，作为后来者的淘宝网出奇制胜，成为中国网络购物市场的领军企业。淘宝作为一个激进的后来者，能够超过易趣，与它从竞争对手中找机会来实现成功创业是分不开的。

1）免费优势

“eBay 易趣当时在中国的确做得很大，但我们发现它有很多弱点，客户对它的抱怨很多，这就是我们的机会。”孙彤宇当时正是淘宝网项目的负责人，他所说的弱点，其中的重要一点是 eBay 易趣坚持的收费原则。

2）实现支付宝

网上支付支付宝是淘宝抛出的另一个重型武器。与作为直接卖方的当当、卓越不同，类似易趣，淘宝的网上卖场只提供交易平台，对买卖双方并无绝对的约束力，如果货款或是商品出现了问题，风险只能由买卖双方承担。卖方为了保护自身利益，通常会采用“款到发货”的模式，在这种情形下，即便有以往交易记录作为考量，买家仍要承担非常大的交易风险，这是谁都不愿意的，这也是前几年网站成交数量不少，但金额偏低的主要原因。买卖双方都处于小心试探的阶段，如果不解决支付风险问题，网上交易很难有更大的进展，市场容量也就不可能扩大。2003 年 10 月，淘宝试探性地发布了“支付宝”服务——买家将货款打入淘宝提供的第三方账户，确认收到货物之后再将货款支付给卖家。这无疑大大降低了买家的风险，买卖双方对此当然是举双手赞成，由此淘宝的会员注册数和成交率便节节攀升。

3）推出及时沟通工具——阿里旺旺

eBay 易趣为了控制收费，要求买方必须在拍下商品之后才能与卖方联系，并且不支持私下沟通，这点显然并不符合中国人做买卖的习惯。而淘宝网却别出心裁地开通了一个类似 QQ 的在线聊天工具——阿里旺旺（淘宝版）。通过它，可以查看交易历史、了解对方信用情况、个人信息，交易的双方可以及时、准确地传达各自的想法，大大促进了双方交流的效率，为达成交易提供了有力的支撑。

（4）集中盯住某些顾客的需要

创业机会不能从全部顾客身上去找，因为共同需求容易认识，基本上已很难再找到突破口。而实际上每个人的需求都是有差异的，如果我们时常关注某些人的日常生活和工作，就会从中发现某些机会。因此，在网上寻找创业机会时，应习惯把顾客分类，机会自见。如凡客诚品的定位是互联网快时尚品牌，所属领域是服装 B2C 领域。目标客户是伴随着互联网成长起来的、与国际潮流对接最为快速而消费能力大多又有限的人群，其中 80 后和 90 后的占大部分。

2. 创业前需要思考的问题

在创业的道路上，需要面临很多问题和困难，往往这些困难会成为创业成功的拦路虎，因此在创业前就需要考虑以下几个方面的问题。

（1）找准市场，做有创意的事业

考虑自己所做的项目是否有市场，坚决不做没有市场的事业。创业者要选择有市场需求的项目去开拓市场，不能仅凭一时的兴趣或者盲目跟风去创业。当大多数人说好，而且项目很赚钱的时候，创业者就不要考虑了。如果某个项目确实有前景，但目前几家公司都做得不好，创业者可以好好考虑这个项目。不过启动这个项目时，必须做好前期的市场调研，精确分析为什么其他公司做不好这个项目的原因，自己又有什么方法来解决。

（2）降低运营成本，把非核心工作外包出去

很多创业公司因为资金紧缺，想尽办法压低成本。建议创业者把非核心工作外包出去，节省人力资本和时间成本，自己的团队主攻核心业务。

（3）慎重选择创业伙伴，积累原始创业团队

从公司长远的发展出发来选择创业团队。“选择了正确的团队，就是完成了 80% 的工作。”这是很多风险投资企业的经验之谈。创业者选择团队的时候一定要谨慎，初期的创业伙伴一定要能力强、人品好、目标一致、工作互补性强等。

（4）打造核心竞争力，让同行无懈可击

创业者要具有忧患意识，时刻都要考虑自己的核心竞争力。当今一个很普遍的现象是：一个好的产品很容易被人复制，而且复制你的人，可能比你做得还要好。所以对创业者来说，在项目运营之前，一定要打造自己的核心竞争力，而且你的核心竞争力是任何人模仿不了的。否则，最终会被别人挤垮。

四、注意事项

（1）识别创业机会是思考和探索互动反复，并将创意进行转变的过程。

（2）识别创业机会的行为技巧。可以通过市场调研、问题分析和顾客建议、创造等发现机会。

五、思考与练习

（1）谈谈如何发现网上创业机会？

（2）创业前需要思考哪些问题？

任务二　选择电子商务创业类型

一、学习目标

通过对本任务的学习，学习者理解电子商务创业的类型；能够对现有电子商务创业类型进行分析的能力。

二、任务实施

1. 阅读以下案例，并对这些企业创业类型和模式进行讨论。

【案例 1】分享经济的整合模式——众包之猪八戒网

猪八戒网是中国最早也是最大的威客网站之一，由创始人朱明跃创立于 2006

年。威客的英文 Witkey，由 wit 智慧、key 钥匙两个单词组成，也是 The key of wisdom 的缩写，是指那些通过互联网把自己的智慧、知识、能力、经验转换成实际收益的人。威客网就是集合威客们的平台。

猪八戒网是服务众包平台，服务交易品类涵盖创意设计、网站建设、网络营销、文案策划、生活服务等多种行业。猪八戒网有千万服务商为企业、公共机构和个人提供定制化的解决方案，将创意、智慧、技能转化为商业价值和社会价值。

猪八戒的商业模式是什么呢？

朱明跃曾表示，传统的佣金、会员费和广告费的收入，都很容易赶跑用户或看到天花板。

他钻研淘宝的成功后认为，猪八戒模式“更重要的价值应该在于我们通过这八年的积累了海量的中小微企业用户、数以千万计的有专业技能的服务商和庞大的原创作品库，这些才是猪八戒最重要的资源。那我们能不能够通过交易平台沉淀下来的这些资源，为平台和用户双方创造更多的价值呢？经过我们一系列的探索和研究之后，我们在 2014 年成立了一个商标注册服务团队，为这个平台上海量的中小微企业提供商标注册服务。这件事情的结果是，我们仅仅只用了半年的时间，我们成为国家商标总局里平均单日注册量最高的公司。”

“我们沿着从商标设计到知识产权服务再到商标注册服务，这整一条产业链的延伸方向，我们考虑到企业可能还需要印刷服务、制造服务或者在这条产业链上的其他服务。于是，我们逐个把其他的要素整合进来，彻底把这一个链条上的各个产业连接起来。

“我把猪八戒的商业模式称之为数据海洋与钻井平台的商业模式。

“我们通过原始的服务项目交易，获得海量的用户数据和作品数据。随着交易规模越来越大，我们的海洋也就变得更大。在这个海洋上，我们陆续开通一个一个的钻井平台，这个商业模式就会越来越清晰。

【案例 2】开发特色鲜明的电商产品——未来生活之褚橙

2012 年 7 月，本来生活上线，同年，本来生活推出第一款产品——褚橙，也就是这个橙子，让本来生活一炮而红。褚橙成功地为本来生活打出了一张名片，让这家创业公司在几大电商中站稳了脚跟，跻身新贵。

褚橙和褚时健

褚橙，也称冰糖橙，甜橙的一种，云南著名特产，以味甜皮薄著称。甜中微微泛着酸，像极了人参的味道，由于它是由昔日烟王红塔集团原董事长褚时健种植而得名，结合褚时健不同寻常的人生经历，因此也叫励志橙，商业品牌为：云冠橙。

褚时健，云南玉溪红塔集团原董事长，曾经是有名的“中国烟草大王”。1994 年，褚时健被评为全国“十大改革风云人物”。褚时健使“红塔山”成为中国名牌，使玉溪卷烟厂成为亚洲第一、世界前列的现代化大型烟草企业。1999年1月9日，褚时健因经济问题被处无期徒刑、剥夺政治权利终身，后减刑为有期徒刑17年。古稀之年入狱，75岁东山再起。2002年，保外就医后，与妻子在哀牢山承包荒山开始种橙。2012年11月，85岁的褚时健种植的“褚橙”通过电商开始售卖，褚橙品质优良，常被销售一空。褚时健成为“中国橙王”。

本来生活从褚橙一炮走红后，迅速扩张，这家定位在食品、食品全渠道、食品全产业链的电商企业，目前已在北京、上海、广州三地建仓，生鲜配送覆盖43个城市，推出了每日鲜、当日达等挑战生鲜电商极限的商品和服务。获得资本之后加强了本来生活的供应链、提升了物流速度以及扩展更多的区域。

【案例3】细分市场的强者——女装电商之裂帛

成立于2006年的裂帛服饰，由一群有非凡创造力的设计师和有趣的年轻人啸聚而成，不问身份，差异共存，坚持裂帛有所为有所不为等独立、鲜明的立场。裂帛用服饰延伸着人类文化中，人们对色彩、自然、情感共通的热爱与表达，分享内心生活的感动和喜悦。如今裂帛已成为中国最具规模的原创设计品牌服装集团之一，为世界潮流和国际时装界输出着来自东方的多元文化价值与美好体验。

做百年中国原创设计品牌

“做百年中国原创设计品牌，把设计带出国门”，这是裂帛服饰创始人汤大风在创立企业之初的梦想；从创立之初，裂帛坚持做原创设计，做国人买得起的高品质服装的原则进行经营着这个企业。为此，坚持面料设计、工艺研发、专属定制，坚持让创造从第一步就开始衍生，坚持即使普通面料也使用高精高织。从品质控制到工艺创新，每一步骤，都使裂帛逐步内化至独一无二的境界。

世界时装之巅的他山滚石

在世界时装界的潮流之中，风格是风格的束缚，裂帛最终的对象将是裂帛。她接受外界的任何定义，接受自身的未尽阴影，无帛可裂地接受，并超越。民族风本身是中性的，在裂帛的耕种经营下，民族风会从消费者的第一印象中立地蜕变，最终成为内心层面的“精神的民族”，去实证“向内行走”的一群人走到一起。

如今，裂帛已踏出国门的，令人惊叹的是他们不仅仅是服装配饰。也是用强烈的民族元素与“心存美好，强悍抗争”的口号，惊艳世界，成为本行业历史的创造者和改写者。

【案例4】激烈竞争求突破——品牌特卖之唯品会

广州唯品会信息科技有限公司（NYSE：VIPS）成立于2008年8月，总部设在广州，旗下网站于同年12月8日上线。唯品会是一家专门做特卖的网站，主营业务为互联网在线销售品牌折扣商品，涵盖名品服饰鞋包、美妆、母婴、居家等各大品类。2012 年 3 月 23 日，唯品会在美国纽约证券交易所（NYSE）上市。2016 年 9 月 30 日，唯品会已连续 16 个季度实现盈利。目前唯品会已成为全球最大的特卖电商，以及中国第三大电商。2016 年 9 月，《财富》发布了美股《2016 年增长最快的 100 家公司》排行榜，其中，唯品会凭借优异表现荣登榜单第二位。

唯品会在中国开创了“名牌折扣 + 限时抢购 + 正品保障”的创新电商模式，并持续深化为“精选品牌 + 深度折扣 + 限时抢购”的正品特卖模式。这一模式被形象地誉为“线上奥特莱斯”。唯品会每天早上 10 点和晚上 8 点准时上线 200 多个正品品牌特卖，以最低至 1 折的折扣实行 3 天限时抢购，为消费者带来“网上逛街”的愉悦购物体验和超高性价比的购物惊喜。

2016 年 11 月，中国消费者报社与中国电子商务研究中心联合发布《2016 年中国消费者网络消费洞察报告与网购指南》指出在商品品牌、品质方面唯品会优势凸显，有 40.8% 的网购消费者对它认可，领先于第一阵营其他购物网站。

2. 结合上述案例完成以下问题：

（1）试找出以上企业进入电商的切入点与突破口，

（2）以上企业在资源整合的过程中考虑了哪些方面的既有资源和利用了什么资源进行创业。

（3）为自己的设计一个电商创业项目，并说出该项目进入电商行业的切入点和突破口。

（4）说出自己电商项目各方资源、优势和收益的商业模式。

三、相关知识

（一）创业的类型

克里斯琴（Christian）认为创业依照其对市场和个人的影响程度可以分为四种类型，即复制型创业、模仿型创业、安定型创业和冒险型创业。

1. 复制型创业

复制型创业往往复制原有公司的经营模式，创新的成分很低。例如，某人原本在餐厅里担任厨师，后来离职自行创立一家与原服务餐厅类似的新餐厅。新创公司中属于复制型创业的比率虽然很高，但由于这种类型创业的创新贡献太低，缺乏创业精神的内涵，不是创业管理主要研究的对象。

2. 模仿型创业

模仿型创业虽然也无法给市场带来新价值的创造，创新的成分也很低，但与复制型创业的不同之处在于，其创业过程对于创业者而言具有很大的冒险成分。例如，某一纺织公司的经理辞掉工作，开了一家当下流行的网络咖啡店。这种形式的创业具有较高的不确定性，学习过程长，犯错机会多，代价也较高昂。这种创业者如果具有适合的创业人格特性，经过系统的创业管理培训，掌握正确的市场进入时机，还是有机会获得成功的。

3. 安定型创业

安定型创业虽然为市场创造了新的价值，但对创业者而言，本身并没有面临太大的改变，做的也是比较熟悉的工作。这种创业类型强调的是创业精神的实现，也就是创新的活动，而不是新组织的创造，企业内部创业即属于这一类型。例如，研发单位的某小组在开发完成一项新产品后，继续在该企业部门开发另一项新品。

4. 冒险型创业

冒险型创业除了会给创业者本身带来极大改变之外，也给创业者个人的前途带来很高的不确定性。对新企业的产品创新活动而言，从事这种类型的创业也将面临很高的失败风险。冒险型创业是一种难度很高的创业类型，有较高的失败率，但成功所得的报酬也很惊人。这种类型的创业如果想要获得成功，必须在创业者能力、创业时机、创业精神发挥、创业策略研究拟定、经营模式设计、创业过程管理等各方面，都有很好的搭配。

（二）电子商务创业的形式

1. 有形商品

商品是指用于交换的劳动产品。有形商品则是指具有实物形态、通过交换能够带来经济利益的劳动产品。在电商交易中，其特征为仍需借助物流才能实现实际交付。有形商品的电商创业具体包含以下 3 种形式。

1）批发电子商务

批发电子商务是指专门从事批量商品交易活动的电子商务形式。国内早期电商就是从批发电子商务开始发展起来的，著名的网站包括阿里巴巴、中国制造网、慧聪网等。

2）零售电子商务

零售电子商务是指把商品出售给个人消费者或社会团体消费者的电子商务形式。国内最具知名度电商大都属于此种形式，著名的网站包括淘宝、京东、1 号店等。

3）网上拍卖

网上拍卖是以互联网为平台、以竞争价格为核心，建立生产者和消费者之间的交流与互动机制，共同确定价格和数量，从而达到均衡的一种市场经济过程。美国电商巨头 eBay 是这种电商形式的代表，阿里旗下的闲鱼是目前国内最为知名的此类网站。

2. 无形商品

无形商品是指对一切有形资源通过物化和非物化转化形式使其具有价值和使用价值属性的非物质的劳动产品以及有偿经济言行等，包括软件、电影、音乐、电子读物、信息服务等可以数字化的商品。在电商交易中，其特征为无需借助物流、通过网络即可直接送达购买者手中。因此，这类电子商务被称为完全电子商务。无形商品的电商创业具体包含以下 5 种形式。

1）网上订阅

网上订阅指的是企业通过网页安排向消费者提供网上直接订阅，消费者直接浏览信息的电商形式。网上订阅模式主要被商业在线机构用来销售报纸、杂志、有线电视节目等。例如，美国《华尔街日报》在 iPad 电子版订阅价为每月 17.99 美元，而纸质版订阅价为每月 29 美元。

2）付费浏览

付费浏览指的是企业通过网页安排向消费者提供计次收费性网上信息浏览和信息下载的电商形式。付费浏览模式让消费者根据自己的需要，在网址上有选择地购买一篇文章、一章书的内容或者参考书的一页。在数据库里查询的内容也可付费获取。另外，一次性付费参与游戏娱乐也是很流行的付费浏览方式之一。例如，万方数据库提供大量付费浏览的论文，优酷提供大量付费观看的视频。

3）广告支持

广告支持是指在线服务商免费向消费者或用户提供信息在线服务，而营业活动全部用广告收入支持。这种形式是目前无形商品最常见、最成功的电商形式。由于广告支持模式需要企业的广告收入来维持，因此该企业网页能否吸引大量的广告就成为该形式能否成功的关键。而能否吸引网上广告主要靠网站的知名度，知名度又要看该网站被访问的次数。广告网站必须对广告效果提供客观的评价和测度方法，以便公平地确定广告费用的计费方法和计费额。例如，我国的四大门户网站——腾讯、新浪、网易和搜狐的早期收益大都来自广告收入。

4）网上赠与

网上赠与是一种非传统的商业运作形式，是企业借助于国际互联网用户遍及全球的优势，向互联网用户赠送商品，以扩大企业的知名度和市场份额。通过让消费者试用该商品，促使消费者购买另外一个相关的商品。由于所赠送的大都为无形的计算机软件产品，而用户是通过国际互联网自行下载，因而企业所投入的分拨成本很低。例如，许多软件公司都提供免费的试用版产品，然后出售收费的升级版产品。

5）专业服务

服务是指为他人做事，并使他人从中受益的一种有偿或无偿的活动。它不以实物形式而以提供劳务的形式满足他人某种特殊需要。网上的专业服务范围很广，比如分类信息领域的58同城和赶集网等，旅游领域的携程、艺龙和去哪儿网等，专业为淘宝店铺引流的淘宝客等。这种形式的电商创业大多基于创业者的个人技能和已有条件，资金风险较小。例如，水电工在58同城上发布“提供上门水电安装”的信息获取业务，农民在去哪儿网上发布“民宿”的信息获取住客。

四、注意事项

(1)电子商务创业就是要具备互联网思维进行创业，大学生创业的天然优势就是你们是和互联网一起成长起来的一代，所以大学生天生具备互联网思维。

(2)电子商务创业项目的选择可以从关注学校的各大兴趣社团，看看能否将自己的兴趣转化为自己的创业方向；发现自己周围未被满足的需求；和与自己专业相关的内容能否进行科研成果转化等方面考虑。

五、思考与练习

(1)根据克里斯琴的观点创业分几种类型？

(2)简述电子商务创业的形式。

(3)搜集“E代驾”创业公司案例，对比传统代驾，E代驾利用互联网对代驾进行了哪些优化？这给E代驾带来了哪些好处？

任务三　筹集创业资金

一、学习目标

通过对本任务的学习，了解常用的创业资金筹资途径，掌握筹集创业资金的方法。

二、任务实施

1. 案例分析

【案例1】真格基金投资聚美优品和世纪佳缘

从新东方联合创始人到真格基金联合创始人，王强从一位创业者转型成为投资人——和徐小平共同成立真格基金被其认为是一次再创业。在王强看来，投资是件挺随性的事，没有投事的理念，只有投人的理念。

近日，王强在接受腾讯科技专访时表示，真格基金的成立初衷就是帮助归国人员实现创业梦想。“就像《中国合伙人》中的那句话，如果我们努力，我们将会改变世界”，在近日腾讯学院举办的“名家之声”活动中，王强这样说。

因此，相比于企业本身，王强更加注重对创业者自身的考量。王强透露，初入创业江湖的陈欧一度遭遇多次挫折，但真格基金出于对陈欧本人的信任，依然支持他转型创办了聚美优品——如今这家公司已经成为市值 40 亿美元的在美上市公司。

在王强看来，创业者需要具备三种精神：确定所要实现的终极目标，获得人生信用卡；寻找到志同道合、分享梦想的团队；通过程序、文化、互补、包容驯服友情，展现出超强的领导力。

通过聚美优品 CEO 陈欧和世纪佳缘创始人“小龙女”龚海燕这两个人扎实的创业过程，王强从他们身上看到的是优秀创业者所具备的特征：他们获得的不是金钱，而是人生的“信用卡”。

王强谈到，聚美优品并非陈欧的第一次创业，他曾经在新加坡创立过游戏公司，后又想做一个植入广告的网站，并说服了徐小平投资 18 万美元，但是三个月后想法失败，于是陈欧立刻转型，开始做聚美优品。当这个想法被放到真格基金的办公桌上时，没有人知道是否可行。但是陈欧说，我们不需要额外的钱，我们会用之前投资的 18 万美元来做这件事情。而徐小平也决定再投资 20 万美元。四年后，陈欧的聚美优品成长为上市公司，市值 40 亿美元。

王强回忆，2007 年和徐小平第一次做天使投资时选择了世纪佳缘。“其实从投资的角度来看，我们当时不应该投世纪佳缘”，王强直言，因为龚海燕一直融不到钱，在资本面前无话可说了。“既陈述不清楚怎么赚钱，也没有展现出一个领袖应该展示的势如破竹的魅力”，王强这样评价当时的龚海燕。

然而通过几个小时的交流，王强看到了龚海燕身上吃苦、耐劳、坚韧的品质。谈到之所以最终选择这笔投资，王强坦言一个细节深深打动了他。

2003 年还在做家教的龚海燕每个月只能攒下几百块钱。那时创办婚恋网站的想法已经在她脑中成形，但购买服务器需要上万块钱，幸运的是，她跟一个叫“渔夫”的网友成功借到八万块钱。2003 年到 2007 年开始融资的阶段里，龚海燕一直坚持一点：“如果没有当年的八万块钱，我没有今天。所以你们要想投我，就必须同意我每次随着公司的成长，八万元的股权必须得留。”

2011 年世纪佳缘将要上市的时候，龚海燕特意找到“渔夫”并邀请他来做敲钟嘉宾，说终于可以还掉当初所借的钱。而这个时候，当年的八万块钱已经成长了一千倍，也就是说，到 2011 年 5 月 11 日世纪佳缘上市那一刹那，“渔夫”2003 年的投资八万元变成了八千万元。就是在这样的信念的指导下，真格基金决定支持龚海燕，并帮助她实现人生价值。

“哪怕陈欧和‘小龙女’失败了，他们再有想找投资机会的时候，所有的投资人都会在第一时间答应给他们。因为这种人生信用卡一旦获得，作为引领者的第一块基因就具备了。”王强说。

【案例 2】今日资本投资京东商城

今日资本的创始人徐新是京东的第一位投资人。5 月 22 日京东上市后，今日资本持有京东 7.8% 的股份，按此计算，徐新在京东这桩投资中获得了 100 倍以上的回报，是她 20 年投资生涯中最为成功的投资案例。

以下是徐新回顾投资京东的历史及介绍今日资本的投资方法。我花很多时间寻找那种“杀手级”的创业者。我第一次见到刘强东的时候，他的电脑上写着“只有第一，没有第二”。

刘强东大学就开始创业，我觉得大学创业的人，通常不是名利心驱使，而是他天生就是个创业者，而且大学创业的人第一要有点胆量，第二要管几个人，要有管理能力。

刘强东大学是学社会学的，自学了编程，当时没有条件，搭公交车一两个小时到一个亲戚那儿，人家上班时，他在旁边等着，等人家下班了，晚上在人家机器上学习编程，学会了之后他就在外面帮人家编程赚钱。后来，他在中关村开店卖刻录机卖到第一，然后卖光盘又卖到第一。

（1）京东的项目

那时，刘强东把后台 ERP 系统让我看，当时销售额有 5 000 万元，每个月增长 10%，关键是他当时一分钱广告也不打，老客户一年会上来 3 次。这说明，用户喜欢这个网站。

（2）京东的团队

在与他的高管团队沟通时，他们告诉我，公司每天都开例会，这么小的公司每天开例会很不容易。

（3）投资的过程

当时跟刘强东谈了四个小时，我就下定了投资的决心。问他要多少钱，他说要 200 万美元，我说“200 万美元哪够呢，给你 1 000 万美元”。

既然下定了决心，动作就得快，我怕他再跟其他投资人见面，第二天我就给他买了一张机票和我一起坐飞机飞到上海和我的其他合伙人见面，当时就签了框架性协议，签完我先给了他 200 万美元过桥贷款。一般情况下是要签正式协议才给钱，我们当时给他钱，一是给了钱就把他绑定了，另外是帮他向从前一个基金赎身。我投他的时候，他已经跟一个人民币基金签了合同，本来对方说好投 500 万元人民币的，投了 100 万元之后不给投了，原因是京东当时老是亏钱。

我担心前一个投资合同中有什么定时炸弹，要求看一下，刘强东就是不肯给我看，说那合同有保密协议，就这样僵持住了。他当时非常缺钱，但又非常倔强，他认为对的会坚持，这是我们希望看到的企业家气质。最后我让步了。协商的结果是，我不看了，只让律师看了一下，确定里边没有定时炸弹，我保证我们所有的合作条件都不变。

（4）投后的服务

那时候京东连会计都没有，我们投资后就说得帮你找个会计呀，他回答说行，但是工资不能比老员工高。当时京东老员工最高的是月薪 1 万元。我找来找去，好一点的财务总监都要月薪 2 万元。后来我找来一个财务总监，工资我出一半京东出一半。新财务总监入职两个月，刘强东跟我说，2 万块钱的人果然比 5 000 块的好用呀，你接着再给我找人。

（5）今日资本的投资风格

我们这家基金的风格是专注，如今一共投了 15 个案子， 7 个公司变成了行业第一品牌，京东只是其中最为成功的。别的投资人一年投 3 个，我们可能 3 年才投 1 个案子。我们非常专注，只投消费品品牌、零售连锁、B2C。我们花很多时间在选“赛道”上。我们要找到品类的开创者。

20 世纪 20 年代的美国品牌第一品牌有 25 个，你跟踪它 60~80 年，当时 25 个第一品牌如今有 21 个还是第一品牌。剩下的 4 个有 3 个变成第二品牌。也就是说，你一旦进入消费者的心，变成第一之后，别人是很难取代你的，除非你犯了很大的错误。

【案例 3】软银投资阿里巴巴

阿里巴巴的总裁马云这样看待企业家和投资家的关系：投资者可以炒我们，我们当然也可以换投资者，这个世界上投资者多得很。我希望给中国所有的创业者一个声音——投资者是跟着优秀的企业家走的，企业家不能跟着投资者走。

1999 年年初，马云决定回到杭州创办一家能为全世界中小企业服务的电子商务站点。回到杭州后，马云和最初的创业团队开始谋划一次轰轰烈烈的创业。大家集资了 50 万元，在马云位于杭州湖畔花园的 100 多平方米的家里，阿里巴巴诞生了。

这个创业团队里除了马云之外，还有他的妻子，他当老师时的同事、学生以及被他吸引来的精英。比如阿里巴巴首席财务官蔡崇信，当初抛下一家投资公司的中国区副总裁的头衔和 75 万美元的年薪，来领马云几百元的薪水。

他们都记得，马云当时对他们所有人说：“我们要办的是一家电子商务公司，我们的目标有 3 个：第一，我们要建立一家生存 102 年的公司；第二，我们要建立一家为中国中小企业服务的电子商务公司；第三，我们要建成世界上最大的电子商务公司，要进入全球网站排名前十位。”狂言狂语在某种意义上来说，只是当时阿里巴巴的生存技巧而已。

阿里巴巴成立初期，公司是小到不能再小， 18 个创业者往往是身兼数职。好在网站的建立让阿里巴巴开始逐渐被很多人知道。来自美国的《商业周刊》还有英文版的《南华早报》最早主动报道了阿里巴巴，并且令这个名不见经传的小网站开始在海外有了一定的名气。

有了一定名气的阿里巴巴很快也面临到资金的瓶颈：公司账上没钱了。当时马云开始去见一些投资者，但是他并不是有钱就要，而是精挑细选。即使囊中羞涩，他还是拒绝了 38 家投资商。马云后来表示，他希望阿里巴巴的第一笔风险投资除了带来钱以外，还能带来更多的非资金要素，例如进一步的风险投资和其他的海外资源。而被拒绝的这些投资者并不能给他带来这些。

就在这个时候，现在担任阿里巴巴 CFO 的蔡崇信的一个在投行高盛的旧关系为阿里巴巴解了燃眉之急。以高盛为主的一批投资银行向阿里巴巴投资了 500 万美元。这一笔“天使基金”让马云喘了口气。

第二轮投资，挺过互联网寒冬。

更让他意料不到的是，更大的投资者也注意到了他和阿里巴巴。1999 年秋，日本软银总裁孙正义约见了马云。孙正义当时是亚洲首富。孙正义直截了当地问马云想要多少钱，而马云的回答却是他不需要钱。孙正义反问道：“不缺钱，你来找我干什么？”马云的回答却是：“又不是我要找你，是人家叫我来见你的。”

这个经典的回答并没有触怒孙正义。第一次见面之后，马云和蔡崇信很快就在东京又见到了孙正义。孙正义表示将给阿里巴巴投资 3 000 万美元，占 30% 的股份。但是马云认为，钱还是太多了，经过 6 分钟的思考，马云最终确定了 2 000 万美元的软银投资，阿里巴巴管理团队仍绝对控股。

从 2000 年 4 月起，纳斯达克指数开始暴跌，长达两年的熊市寒冬开始了，很多互联网公司陷入困境，甚至关门大吉。但是阿里巴巴却安然无恙，很重要的一个原因是阿里巴巴获得了 2 500 万美元的中小企业融资。

那个时候，全社会对互联网产生了一种不信任，阿里巴巴尽管不缺钱，业务开展却十分艰难。马云提出关门把产品做好，等到春天再出去。冬天很快就过去了，互联网的春天在 2003 年开始慢慢到来。

2. 案例讨论

（1）什么是风险投资？风险投资对电商企业有什么作用？

（2）风险投资主要投资人，还是投资项目？企业是否需要风险投资才能发展？寻找一些案例进行说明。

（3）获得风险投资后是否就意味着企业获得了成功？

3. 政策调研

（1）调查你所在的学校，有没有对大学生创业方面的支持政策，如果有把这些政策概况成几点罗列出来。

（2）调查你所在的区，有没有对大学生创业方面的支持政策，如果有把这些政策概况成几点罗列出来。

（3）调查你所在的城市，有没有对大学生创业方面的支持政策，如果有把这些政策概况成几点罗列出来。

三、相关知识

1. 自力更生，先打工，后创业

对于初次创业的人来说，依靠自己的力量，先打工，后创业，用打工积累资金来创业不失为一种很好的选择。荀子在《劝学》里有一句话："不积跬步，无以至千里；不积小流，无以成江海。"不管多大数额的资金都是从一分钱一分钱累积起来的。打工、储蓄、攒钱、创业，在看似带有偶然性的表象下，其实隐藏着一种按部就班式的必然。选择用打工、储蓄来积累创业资金的创业者，平时多看看理财方面的书籍，甚至可以花上一笔钱去上理财课，这对资金积累绝对是大有帮助的。

依靠自己储蓄累积起来的创业资金固然用起来比较放心，资金压力也比较小，但是对于初次创业的人来说，还是不要把所有的钱都一次性投入进去，因为谁也不能保证自己的创业会百分之百成功，一旦出现偏差，没有了资金支持，结果很可能就是满盘皆输，不仅会给自己的家庭和生活带来困难，而且对创业者自身的信心和激情也是不小的打击。

2. 借父母力，到银行抵押贷款

2010 年，人民网以"大学生自主创业"为主题进行了网上问卷调查。调查结果显示：在创业资金的来源上，选择"父母，亲人"作为资金来源的占 50.3%，选择"同学，朋友"的占 8.7%，选择"寻找投资"的占 25.6%，只有 11.3% 的人选择"银行贷款"，另外 4.1% 的人选择"其他"。但是父母的资金是他们几十年的辛苦钱，让他们来承担自己创业的风险，一些较为独立的大学生就不是太愿意。那么有没有更好的方式获取资金呢？银行专家表示，可以换一种方式，借父母的房产，到银行进行抵押贷款，这样的方式一方面无须动用父母的资金，另一方面可以在帮助创业者筹到资金的同时也给了他们还款的压力，让他们更用心地经营企业。

出于对风险的控制考虑，很多商业银行会根据客户年龄、婚姻、职业、以往信用、个人及家庭财产状况等，给出不同的信用等级。对于年纪较小、信用档案不齐全的毕业生来说，单凭自身实力很难贷到款，因此，银行专家建议，毕业生创业可以考虑利用父母的房产、存单、有价债券或者保单来办理抵押或质押贷款。不过，值得注意的是，目前银行在这类贷款发放上非常谨慎，一般都需要有抵押物，比如房产、商铺等，为了规避风险，此类产品审批、放款流程较为烦琐、周期冗长。

3. 申请 YBC

2003 年 11 月由共青团中央、中华全国青年联合会、国家劳动社会保障部、中华全国工商业联合会等 7 家机构倡导发起的中国青年创业国际计划（英文名称是 Youth Business China，简称 YBC），是一个旨在帮助中国青年创业的国际合作项目，为创业青年提供启动资金而设立的创业基金。该项目可为 13~35 岁的青年提供无息无抵押贷款，青年创业贷款的总额在 3 万 ~5 万元。YBC 的申请条件有：失业、半失业或者待业者且有一个很好的商业点子和创业激情的年轻人；YBC 基金的发放采用"发展债券"的形式，它不需要抵押担保、分期偿还式的基金资助。

YBC 可聘请创业导师，由成功企业家志愿担任，为青年创业者提供为期 3 年的陪伴式创业指导，协助青年进入当地工商网络。创业导师将为青年创业者提供理财投资、政策法律咨询、市场营销管理、风险规避等创业指导和专业技术支持，帮助他们走上成功创业之路。YBC 吸引了众多有社会责任感的企业家、企业管理人士，他们以志愿者的身份参加项目的推广、管理工作，或提供资金、技术、网络支持，并且还鼓励员工志愿担任创业导师。

4. 获得政府优惠政策支持

在我国，大学生创业基金是各地政府、知名企业、投资公司和风险投资机构专门为有能力创业的大学生推出的投资方式。大学生创业基金的出台以及相关税费的减免，既为想创业的学生解决了启动资金的问题，又降低了运营成本，坚定了创业者的信心。近年来，为支持大学生创业，国家和各级政府出台了许多优惠政策，涉及融资、开业、税收、创业培训、创业指导等诸多方面。主要有以下几点。

（1）大学毕业生在毕业后 2 年内自主创业，到创业实体所在地的工商部门办理营业执照，注册资金（本）在 50 万元以下的，允许分期到位，首期到位资金不低于注册资本的 10%，（出资额不低于 3 万元），1 年内实缴注册资本追加到 50% 以上，余款可在 3 年内分期到位。

（2）大学毕业生新办咨询业、信息业、技术服务业的企业或经营单位，经税务部门批准，免征企业所得税 2 年；新办从事交通运输、邮电通信的企业或经营单位，经税务部门批准，第一年免征企业所得税，第二年减半征收企业所得税；新办从事公用事业、商业、物资业、对外贸易业、旅游业、物流业、仓储业、居民服务业、饮食业、教育文化事业、卫生事业的企业或经营单位，经税务部门批准，免征企业所得税 1 年。

（3）各国有商业银行、股份制银行、城市商业银行和有条件的城市信用社要为自主创业的毕业生提供小额贷款，并简化程序，提供开户和结算便利，贷款额度在 2 万元左右。贷款期限最长为 2 年，到期确定需延长的，可申请延期一次。贷款利息按照中国人民银行公布的贷款利率确定，担保最高限额为担保基金的5倍，期限与贷款期限相同。

（4）政府人事行政部门所属的人才中介服务机构，免费为自主创业毕业生保管人事档案2年（包括代办社保、职称、档案工资等有关手续）；提供免费查询人才、劳动力供求信息，免费发布招聘广告等服务；适当减免参加人才集市或人才劳务交流活动的费用；为创办企业的员工提供一次培训、测评服务。

以上优惠政策是国家针对所有自主创业的大学生所制定的，各地政府为了扶持当地大学生创业，也出台了相关的政策法规，而且更加细化，更贴近实际。例如：根据国家和上海市政府的有关规定，上海地区应届大学毕业生创业可享受免费风险评估、免费政策培训、无偿贷款担保及部分税费减免4项优惠政策。

5. 风险投资（Venture Capital，VC）

风险投资在我国也被翻译成“创业投资”，是当今世界上广泛流行的一种新型投资方式。风险投资基金以一定的方式吸收机构和个人的资金，以股权投资的方式，投资于那些不具备上市资格的新兴的、迅速发展的、具有巨大竞争潜力的企业，帮助所投资的企业尽快成熟，取得上市资格。一旦公司股票上市后，风险投资基金就可以通过证券市场转让股权而收回资金，继续投向其他风险企业。

四、注意事项

（1）草根创业者在进行电商创业时，缺少办公场地、硬件设备、启动资金、人员帮手等必需条件，则可以通过SOHO、进驻政府提供硬件设施的电商创业孵化园、免息贷款、外包给在校生勤工俭学等方式零成本或低成本补齐资源。

（2）在创业资源（包括人力、物力、财力等）的整合上建议采用“先用有的、没有去换、然后去借、不行就租、最后才买”的次序整合资源、为创业所用。

五、思考与练习

（1）创业资金的筹备有哪些方式？

（2）如果你有项目，你将采用哪种方式进行资金筹备？

（3）如果你自己创业，应如何做才能获得风险投资？

任务四　创建电子商务创业团队

一、学习目标

通过对本任务的学习，理解团队在企业运行过程中的重要性以及作用；能够根据项目组建团队和管理团队。

二、任务实施

1. 创业团队建设

(1)按照4~5人进行分组。然后进行头脑风暴并虚拟构建一个电商公司。

(2)按照电商公司的运行分配角色。

(3)讨论并进行团队制度建设,并形成文字稿。

(4)讨论并进行团队文化建设,并形成文字稿。

(5)讨论并制定好每个岗位的职责,并形成文字稿。

2. 明确岗位职责

参照如表10-2所示的电商创业团队的岗位和职责。完成你虚拟创建的企业团队岗位和职责表(表10-3)。

表10-2　电商创业团队岗位和职责表

岗位	职责
运营经理	1. 负责网店整体规划、营销、推广、客户关系管理等系统经营性工作 2. 负责网店日常改版策划、上架、推广、销售、售后服务等经营与管理工作 3. 负责网店日常维护,保证网店的正常运作,优化店铺及商品排名 4. 负责执行与配合公司相关营销活动,策划店铺促销活动方案 5. 负责收集市场和行业信息,提供有效应对方案 6. 制订销售计划,带领团队完成销售业绩目标 7. 客户关系维护,处理相关客户投诉及纠纷问题
客服人员	1. 通过在线聊天工具,负责在淘宝网上和顾客沟通,解答顾客对产品和购买服务的疑问 2. 产品数据在线维护管理,登录销售系统内部处理订单的完成,制作快递单,整理货物等 3. 客户关系维护工作,在线沟通解答顾客咨询,引导用户顺利购买,促成交易 4. 负责客户疑难订单的追踪和查件,处理评价、投诉等
网店美工	1. 负责网店产品上传宝贝的文字编辑及上传宝贝的相关工作 2. 图片拍摄制作 3. 根据主题需要完成店铺的整体美化(公告栏和促销栏图片设计) 4. 根据文字需求完成网页平面设计,完成网页html编辑 5. 产品拍摄图片的美化、编辑排版
文案策划与市场推广	1. 负责不定期策划淘宝商城营销活动 2. 负责产品的文案描述。策划并制定网络店铺及产品推广方案(包括淘宝推广、SEO、论坛推广、博客营销、旺旺推广)等营销工作 3. 研究竞争对手的推广方案,向运营经理提出推广建议 4. 对数据进行分析和挖掘,向运营经理汇报推广效果 5. 负责对店铺与标题关键字策略优化、橱窗推荐、搜索引擎营销、淘宝直通车、淘宝客等推广工作
物流配送	1. 负责网店备货和物资的验收、入库、码放、保管、盘点、对账等工作 2. 负责保持仓库内货品和环境的清洁、整齐和卫生工作 3. 按发货单正确执行商品包装工作,按时准确完成包装任务 4. 准确在网店后台输入发货单号,更改发货状态,对问题件能及时处理

续表

岗位	职责
财务人员	1. 负责网店销售与资金到账的管理 2. 负责网店与快递公司业务费用的管理 3. 负责网店日常运营财务方面的处理

表 10-3 你虚拟创建的企业团队岗位和职责表

岗位	职责

三、相关知识

目前电商行业已经从最初的小作坊、个人开店这样的小规模,发展成相对正规、规范、规模化的热门行业。很多线下大的集团公司和品牌都介入了电商行业,电商岗位分工也越发明确。电商运营、视觉美工、客服等是基本工作岗位,由此细分出的还有活动专业、推广专业、数据分析专业,等等。无论是自己创业还是电子商务就业,这些岗位都需要一定的人员,有的是一个岗位有多人,有的是一人身兼数岗,这些都要看企业的规模和业务来决定。开始创业阶段,由于规模较小,投入资金和人员较少,往往一个人身兼数职。但无论什么类型的企业,不同的岗位,工作要有衔接,这样就涉及团队的配合和执行。岗位设置合理、团队配合默契成熟,这才是电商公司的持续发展之道。

而电子商务创业团队的建设一般要考虑以下几个方面。

1. 从业心态

好的心态是营养品,会滋养我们的人生。积累小自信,方能成就大雄心,积累小成绩,方能成就大事业。而无论做什么工作,都应该有好的从业心态。电商具有很大的想象空间。相比实体店铺一天成交几百个订单已经是极限,每天几千个订单那更是十分困难的事情,电商却可以有这样的想象空间:一场聚划算,甚至在短短两个小时内就能成交几万单。正因为有这样的想象空间,所以会容易让人浮躁,导致很多电商从业者不能稳步推进,而是容易急功近利,甚至做出很多有违市场公平机制的事情,最终吃亏的也是自己。虽然电商具有想象空间,电商从业者们也依然需要脚踏实地地去完善和落实每一个具体细节。当你把产品的质量不断优化、运营推广的技巧不断提高、对每一个客户精心经营时,你所做的电商事业一定能够突飞猛进。具有良好的从业心态，无论在哪个电商岗位都需要详细认真地去做好基本工作，并能加入不断进取、不断创新的精神，这样自己的目标一定是可以实现的。

2. 岗位配置

规模化、团队化是近些年电商发展的一大特点。电商行业的人才结构和工作岗位越来越完善。具体来讲，对于一家有成型团队的电商企业，岗位的设置和工作权限范围是非常有必要做好的。入驻平台的电商企业一般需要以下岗位。

1）店铺运营

店铺运营岗位能够对全店进行操盘把控。通过数据分析，能够合理地分配工作任务。引入更多的流量，不断提高转化率，让客单价更高，这是运营岗位核心需要做好的。能够制订店铺短、中、长期发展计划，执行与监督；能够完成整体运营思路布局。此外，还需要协调好其他各个部门的具体工作。店铺运营一定是一个很全面的工作，而这也是电商不可或缺的工作岗位。

2）推广和活动

推广和活动也是电商运营过程中不可或缺的。这个岗位与店铺运营深层次对接，引入更多的流量并形成成交，这是推广和活动必须努力做好的。在每次要进行淘抢购、聚划算等大活动时，必须提前准备并做出规划细节。通过广告推广让商品有更多的机会展示在买家面前，从而获取更多的流量。

3）美工和视觉

美工和视觉岗位也是至关重要的岗位。电商不像线下商店，能看到、摸到商品，电商对商品的描述主要是经过图片，还有一些是通过视频来呈现的。那么，美工和视觉对于商品信息及卖点的准确表达就显得尤为重要。具有图片编辑优化技能，擅长商品视觉优化，这些是美工和视觉岗位非常重要的能力。

4）客服

当买家通过电商平台找到商家店铺的商品后，接下来会就商品的一些信息和功能对商家进行询问，客服就是负责接待客户的。通过回答客户提出的问题，引导促成成交，客服在电商行业也是必不可少的岗位。较强的沟通能力和较快的打字速度是客服的必备技能。

5）仓库管理

当商品在电商平台卖出后，接下来涉及的就是打印订单，分拣订单，包装配送，后续跟踪订单物流信息、收发处理退换货等，这些都是仓库管理岗位需要做的工作。仓库管理岗位需要有责任心、认真仔细的人来担任。他们要定期对仓库进行盘点，对货位进行整理，让仓库管理井然有序，配合好其他岗位完成发货和仓库管理的工作。

以上列举了主流电商的几个主要工作岗位。实际上根据企业的不同规模，岗位也有不一样的细分，比如还会有数据分析、营销策划、老客户营销等岗位；也会对一些岗位进行再细分，比如推广就会区分出直通车专员、钻展专员、淘宝客专员等一些细分岗位。随着移动互联网的飞速发展，电商行业最近又衍生出新媒体传播，根据自身店铺和商品情况，结合微博、微淘等进行传播，以吸引更多客户产生品牌认知和购买。

3. 知识与技能储备

电商发展非常迅速，变化也非常快，可以说是日新月异。这就要求从事电商这个行业的人员要有很强的学习能力，不断地学习新的电商知识，并不断提升岗位技能。电商快速发展的这十多年里，不管是主流电商平台还是自建电商平台，都有了很多变化。而电商因为是让海量的信息集中在特定的网页中显示，这也导致商品的同质化竞争严重。如何在海量商品中突围，能够让更多的买家看到并购买，这本身已经变成一个需要综合技能才能解决的问题。只有对电商知识的不断更新，掌握更多更深层次的岗位技能，才能在自己所在的领域保持持续的领先。

4. 团队的配合和建设

我们常听到木桶理论：一个木桶中最终能装多少水是由该木桶最短的那块板决定的，其他板再长也起不到作用。团队也是这样的道理，如果一个团队有短板就很难整体提高。就比如一个电商团队，运营能力很强，店铺也有很多的流量，咨询的客户也非常多，但是客服团队接单能力不行，那么就会浪费很多的资源和广告。除了每个岗位的能力都要强外，把一个团队融合成一个整体，让所有人都凝聚在一起，这样才能发挥出团队的巨大优势。

“三只松鼠”是把团队建设得比较好的案例。“三只松鼠”1 600 名员工的平均年龄只有 24 岁，是一支极具生命力和挑战力的年轻团队。为了鼓励年轻人，公司选用了多名“90 后”主管。一些工作时间短但能力突出的年轻人迅速走上领导岗位。该公司推行廉政文化，把分享协作作为企业文化来对待，要求团队持续地学习，不懈地坚持。这些让团队更有活力、更积极上进的方式，值得很多电商企业学习。

5. 岗位工作的深入和提升

电商岗位的不断提升对于电商的可持续发展具有非常重要的意义。比如一个客服岗位的工作人员，不能只是满足于接待客户工作。因为客服的接待工作只是这个岗位职能中的一小部分，也是最基础的部分。通过与客户的深入沟通，解决客户提出的问题，了解客服的本质。在客服工作中，接待是基础，核心是提升客户满意度和二次营销。作为一个优秀的客服，如何才能提高客户的满意度，这是需要持续思考和学习的。当从业者更深入地去挖掘岗位后面更高的要求时，一定可以站在更高的高度去看问题，这对个人的提升也非常有帮助。当大家全面提高自身素质时，也具有了核心竞争力，就会胜任更多的工作，会有更好的发展。当在实战中摸索出经验并能应对电商相对复杂的各个岗位交叉的工作时，从业者自身会具备更强的竞争力。

四、注意事项

（1）创业团队在企业运作和初创时期尤其重要，优秀团队是企业创业成功的关键。

（2）创业建设是一个动态的过程，是随着企业运作不断提升和不断磨合的过程。

五、思考与练习

（1）列举电商公司的常规岗位。

（2）分析自己的优势，定位自己最适合的电商岗位，思考如何在此岗位上与其他岗位衔接。

（3）简述每个主要电商岗位的主要工作内容。

任务五　制订创业计划书

一、学习目标

通过对本任务的学习，学习者应掌握撰写创业计划书的基本步骤，能够看懂和分析他人的创业计划书并独立完成一份完整的创业计划书。

二、任务实施

1. 阅读他人的创业计划书

（1）打开百度网站，选择“文库”。

（2）输入“创业计划书”，选择一份比较完整的创业计划书。

（3）阅读该创业计划书，然后把该创业计划书的纲要进行罗列。

2. 采用 SWOT 分析方法对该创业计划书进行分析

（1）描述出该创业计划书所列项目的优势。

（2）描述出该创业计划书所列项目的劣势。

（3）描述出该创业计划书所列项目的机会。

（4）描述出该创业计划书所列项目的威胁。

（5）对该项目进行综合性分析，得出你的观点。

3. 撰写创业计划书

（1）每 4~5 人组成一组。

（2）头脑风暴后选择一个电商创业项目，然后进行可行性分析。

(3)成员进行分工,撰写创业计划书。

(4)对撰写的创业计划书进行 SWOT 分析。

(5)以小组形式进行汇报后,教师进行点评。

三、相关知识

不管是网上还是网下创业,都应该先写创业计划书。很多学生往往凭着一时的冲动,在各方面还没有考虑成熟的情况下就贸然行动,结果导致了创业的失败。如果能够拥有一个好的创业计划书,也许很多问题就不会出现。那么,如何制订创业计划书呢?

1. 什么是创业计划书

创业计划书就是创业者计划创立业务的书面概要,它对业务发展有明确的界定,同时,也是衡量业务进展情况的标准。一个酝酿中的项目,往往各方面都不确定,创业者可以通过制订创业计划书,罗列出项目的优缺点,再逐条推敲,得到更清晰的认识。

创业者在初步构想之后,要逐渐细化。构想阶段的重点是关注与产品或服务有关的细节,例如选择哪个平台?销售什么样的产品?该产品处于什么样的发展阶段?它的独特性是什么?销售产品的途径是什么?有哪些消费者群?成本和售价如何确定?团队内部如何分工?可能碰到的困难和解决途径……以上种种,都是在计划书撰写之前应该详细考虑的。透过创业计划书的构思和细化,创业者就相当于提前在理论上把创业过程演练了一遍。

2. 撰写创业计划书前的市场调研

"没有调查就没有发言权",制订创业计划书的第二步就是进行市场调查,了解行情,创业者要细致分析经济、地理、职业以及心理等因素对消费者选择产品和服务时的影响。具体到进行市场调研的时候,调研者要同潜在顾客展开接触,搜集顾客购买此类产品的时间周期、谁在决定是否购买、如何防范别人模仿你的产品或服务、你的产品或服务凭什么吸引目标市场中的消费者,以便制定销售策略。

市场调查还包括对竞争对手的调查,例如,竞争对手都是谁?他们的产品与你准备销售的产品相比,有哪些相同点和不同点?竞争对手所采用的营销策略是什么?在调查阶段,创业者还必须做好财务分析,要量化自己店铺不同时期的收入目标和战略,详细而精确地考虑实现目标所需的资金。总之,创业计划书要说服自己和其他的阅读者,以增强该计划的可执行性。

3. 创业计划书的内容

当以上两方面准备充分后,就可以着手撰写创业计划书了。一份完整的创业计划书，至少应该包含以下内容。

（1）摘要：摘要列在创业计划书的最前面，它是浓缩了的创业计划书的精华。摘要涵盖了计划的要点，以求一目了然，以便读者能在最短的时间内评审计划并作出判断。摘要一般包括：店铺介绍、主营产品和业务范围、市场概貌、营销策略、销售计划、生产管理计划、管理者及其组织、财务计划以及资金需求状况等内容。

（2）店铺规划及定位：一般包括商品定位、价格定位、客户定位、装修风格定位等方面。

（3）市场及可行性分析：主要包括客户分析、行业分析、竞争分析、网点特色、物流配送、售后服务等方面。

（4）人员与组织结构：如果店铺的经营者不止 1 人，一定要推选出一个总的负责人，同时做好明确的店铺分工，各司其职但又不是各自为政。

（5）营销策略与实施规划：营销是网店经营中最富挑战性的环节，影响营销策略的主要因素有：① 消费者的特点；② 产品的特性；③ 店铺自身的状况；④ 市场环境方面的因素。

最终影响营销策略的则是营销成本和营销效益因素。在创业计划书中，营销策略应包括以下内容：① 市场机构和营销渠道的选择；② 营销队伍和管理；③ 促销计划和广告策略；④ 价格决策。

（6）财务规划与管理：财务规划需要花费较多的精力来做具体分析，一般要包括创业计划书的条件假设；预计的总投入成本和相应产出；资金的来源和使用等内容。

（7）风险管理：主要包括人员风险、客户风险、过程风险等。在网店经营过程中，可能遇到各种各样的风险，必须加强防范，做好预案。

以上是常见的网上创业计划书的主要内容构成，实际上，一份成功的计划书并没有固定的格式，而是以上要素的综合体。

四、注意事项

（1）任何事业要成功，必先有所规划，网络创业亦是如此。

（2）一份说得清楚、经得起反复讨论的创业计划书，对未来事业的发展以及创业融资工作的进行具有关键性的影响。

（3）一份好的创业计划书，既是创业的理论演练，又能坚定信心和发现不足。

五、思考与练习

（1）什么是创业计划书？

（2）为什么在撰写创业计划书前要进行市场调研？

（3）简述创业计划书主要内容。

第十一章　落户网上商城和建立电子商务网站

技能项目：

能够对企业入驻电子商务平台进行材料上的准备和操作；
掌握淘宝网上创业的操作流程；
掌握自建 B2C 网站的一般方法；
能够利用商城模板进行 B2C 网站的安装和配置。

相关知识：

电子商务平台的入驻流程和差异；
C2C 网站运行的一般方法；
C2C 电子商务平台的功能；
C2C 电子商务平台的特点；
C2C 电子商务平台的运作过程；
C2C 网上创业的技巧；
网站定位和明确功能。

任务一　落户网上商城

一、学习目标

通过对本任务的学习，学习者应熟悉电子商务平台的入驻流程和差异；能够对企业入驻电子商务平台进行材料上的准备和操作。

二、任务实施

1. 入驻天猫

天猫原名淘宝商城，是淘宝网打造的 B2C 购物平台。2012 年 1 月 11 日正式更名为天猫。自 2008 年 4 月 10 日淘宝商城成立以来，众多世界知名品牌的官方旗舰店入驻，受到了消费者的热烈欢迎。

（1）打开网址（http://help.tmall.com），进入天猫帮助中心，如图 11-1 所示。

图 11-1　天猫帮助中心

（2）在搜索栏内输入“怎么入驻天猫”，可以搜索相关入驻信息。然后单击所需内容。

（3）进入天猫招商页面（ http://zhaoshang.tmall.com），如图 11-2 所示，了解天猫招商的标准，如查询所经营类目招商的品牌、入驻所需要的材料和相关资费标准等。

（4）在天猫招商页面中单击“立即入驻”按钮，进入入驻序操作，如图 11-3 所示，根据对应的步骤，需要先检测企业支付宝账号，没有注册企业支付宝账号的需要注册企业支付宝账号。通常注册企业支付宝账号需要一个认证的过程，在没有完成认证的情况下，企业仍然可以报名入驻天猫。

（5）填写和提交各种信息和资料，包括选择店铺的类型、类目，填写品牌信息、企业信息，填充店铺名称、域名，在线签署各种服务协议等。

（6）等待天猫的入驻资格审查，通常需要 7 个工作日，如果未能通过审核，可以在 15 个工作日内完成修改并重新提交申请。

（7）通过审核后，需要签署支付宝代扣协议，并补全商家的档案，然后锁定保证金，缴纳技术服务年费，最后发布商品，店铺上线，完成入驻操作。

图 11-2　天猫入驻界面

图 11-3　天猫入驻界面

2. 入驻京东

入驻京东商城需要打开商家入驻页面（http://www.jd.com/contact/joinin.aspx），其中介绍了入驻流程，如图 11-4 所示。

图 11-4 京东入驻申请界面

3. 对比入驻天猫和京东流程有什么相同点和不同点，并完成表 11-1 内容。

表 11-1 入驻天猫和京东对比表

入驻平台	认证形式	入驻资料	审核周期	所需费用	店铺支付方式	有何约束
天猫						
京东						

三、相关知识

经过多年的发展，电子商务在线销售已经摆脱了早年“一店一铺打天下”的单一模式，传统业务的销售也开始走上电子商务平台，形成了全新的多模式经营。企业多样化的渠道布局可以更大限度地占有市场份额，增加销售机会，提高企业竞争力等。

（一）多渠道销售方式

根据目前电子商务的销售资源，我们将电子商务的多渠道销售方式归纳为以下几点。

1. 线上直销

线上直销包括独立商城、无线 /SNS 社区和直销渠道 3 种模式。

（1）独立商城企业自建的独立电子商务官方销售网络，如卡帕官方商城（http://www.ikappa.com.cn）、来伊份官方商城（http://www.laiyifen.com）等。

（2）无线 /SNS 社区

通过网民的兴趣爱好建立的网站。社交网络服务供应商针对不同的受众，有不同的网站定位。商家通过在社交网站购买广告展位、推送广告信息等提高产品知名度，吸引消费者前往购买。知名的无线 /SNS 社区有新浪微博、腾讯微博、人人网和开心网等网络平台。

（3）直销渠道

企业通过入驻直接在第三方网络平台经营、投资和管理的网络销售平台，如京东商城、苏宁易购和淘宝网等。

2. 线上分销

线上分销包括加盟渠道、在线零售商、大型流通平台、垂直流通平台、团购平台和兑换平台 6 种模式。

（1）加盟渠道：加盟渠道是指企业组织将服务标章授权给加盟主，让加盟主利用该企业的形象、品牌和声誉等，招揽消费者前往消费。

（2）在线零售商：在线零售商是指在网络环境下将商品直接销售给最终消费者的中间商。

（3）大型流通平台：大型流通平台是指销售种类多样、销售类目齐全的大型在线销售网站，如 1 号店、当当网和亚马逊等。

（4）垂直流通平台：垂直流通平台是指以某类目产品销售为主的专业型产品销售网站。如以化妆品销售为主的聚美优品、以包类产品销售为主的麦包包等。

（5）团购平台：团购平台是指团购的网络组织平台。团购是指网络消费者借助互联网平台聚集资金，加大与商家的谈判能力以求以最优价格购买商品。商家可以加入团购平台，将活动商品进行网络销售。如拉手网、美团网和糯米网等。

（6）兑换平台：兑换平台是指以积分兑换的方式使产品流通到消费者手中，往往体现为各大网站的附加平台或推广活动。如招商银行信用卡积分兑换、中国移动推出的中国移动积分商城等。

（二）入驻网上商城

随着电子商务的发展，互联网上出现了很多规模较大的网上商城，其中还有些专门性的网上商城，如销售母婴产品的红孩子网上商城，经营男装的玛莎玛索网上商城等，也有综合性的网上商城，如京东商城、QQ 商城、天猫商城等。目前，许多网上商城都面向企业开放自己的网站平台，企业若拥有一定的资质即可加入他们的开放平台，成为网上商城中的供应商或是销售商。

1. 京东商城

京东商城是中国最大的综合网络零售商，是中国电子商务领域最受消费者欢迎和最具有影响力的电子商务网站之一，在线销售家电、数码通信设备、计算机、家居百货、服装服饰、母婴、图书、食品、在线旅游等12大类数万个品牌百万种优质商品。2016年京东商城在中国自主经营式B2C网站中排名第一。目前京东商城已经建立华北、华东、华南、西南、华中、东北六大物流中心，同时在全国超过300座城市建立核心城市配送站。

2. 天猫商城

天猫商城原名“淘宝商城”，是淘宝网旗下的B2C商城。其整合数千家品牌商、生产商，为商家和消费者之间提供一站式解决方案。天猫商城提供100%品质保证的商品，7天无理由退货的售后服务，以及购物积分返现等优质服务。入驻天猫商城需要一定的资质，要么是品牌商或厂商，要么是代理商。天猫商城的店铺类型主要分为旗舰店、专卖店、专营店3类。

3. 亚马逊网站

亚马逊是美国最大的一家网络电子商务公司，位于华盛顿州的西雅图。是网络上最早开始经营电子商务的公司之一，亚马逊及其他销售商为客户提供数百万种独特的商品，如图书、影视、音乐和游戏、数码下载、电子和电脑、家居园艺用品、玩具、婴幼儿用品、食品、服饰、鞋类和珠宝、健康和个人护理用品、体育及户外用品、玩具、汽车及工业产品等。

2004年8月亚马逊全资收购卓越网，使亚马逊全球领先的网上零售专长与卓越网深厚的中国市场经验相结合，进一步提升客户体验，并促进中国电子商务的成长。2016年10月，亚马逊排2016年全球100大最有价值品牌第8名。

四、注意事项

（1）目前网上商城平台很多，有平行类型和垂直类型的网站，也有综合型平台，如何选择需要根据企业自身特点和市场消费对象进行科学分析后选择。

（2）无论哪种类型的销售渠道，入驻后都需要进行不断的创新和经营。

五、思考与练习

（1）简述电子商务的多渠道销售方式有哪些。

（2）目前很多企业希望通过入驻网上商城建立新的销售渠道，与传统销售渠道相比，新的销售渠道有哪些优势？

任务二　策划 C2C 网站

一、学习目标

通过对本任务的学习，学习者应掌握 C2C 网站运行的一般方法；能在淘宝网上进行创业操作。

二、任务实施

以下以淘宝为例完成如何进行网上创业。

1. 淘宝网创业基本流程

1）申请认证

（1）个人认证流程：提交认证申请→填写个人信息→身份核实→银行账户核实→实名认证通过。

（2）商家认证流程：提交认证申请→填写商户信息→提交认证资料→商家认证通过。

2）发布宝贝＆开设店铺

（1）发布宝贝流程：发布宝贝满 10 件→开设商铺。

（2）店铺设置功能包括：基本设置；宝贝分类；推荐宝贝；友情链接；店铺留言；店铺风格。

（3）发布宝贝演示：发布宝贝

3）宝贝出售中

可进行的操作：查询交易信息；修改商品信息。

4）宝贝成交后

宝贝成交流程：确认买家付款→确认收货→确认收款情况→评价。

2. 发布商品信息

（1）进入淘宝主页 www.taobao.com，输入已注册的会员账户登录，单击“我要卖”，进入宝贝发布方式选择页面，这里以一口价发布为例，如图 11-5 所示。

（2）选择要发布商品的类目，首先选择一级类目，然后选择二级类目等，这里要注意商品属性与发布商品所放置的类目应一致，选择好后进行确认，如图 11-6 所示。

（3）进入商品的信息填写页面，首先要填写相关的各种信息，如宝贝标题、宝贝属性、上传图片、宝贝描述、数量、开始时间、有效期、新旧程度、交易条件、支付方式等，填好后可以预览，也可以进行提交，如图 11-7 和 11-8 所示。

图 11-5　一口价发布

图 11-6　选择要发布商品类目

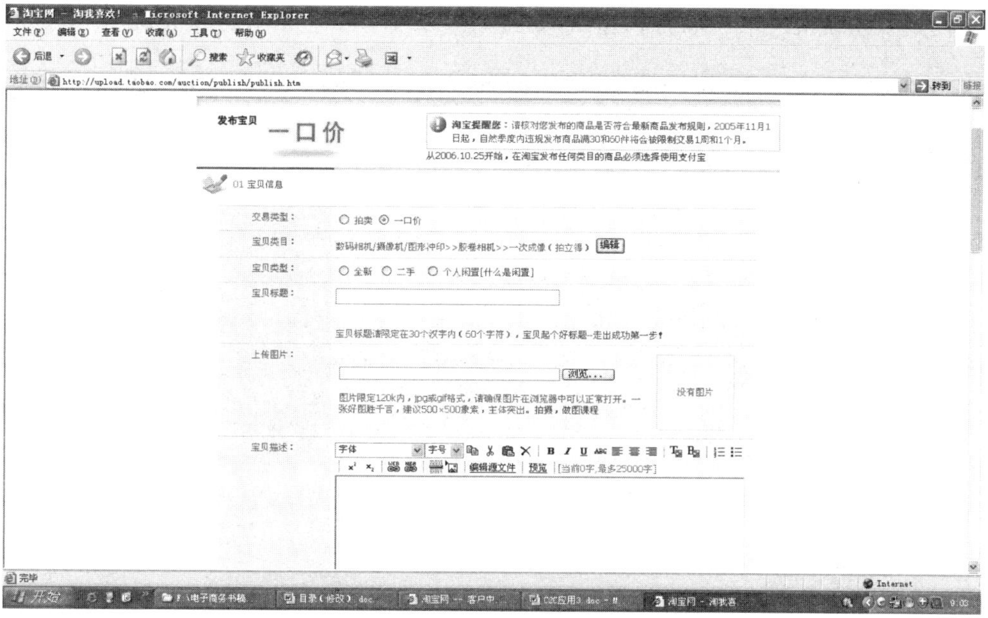

图 11-7　商品信息填写窗口

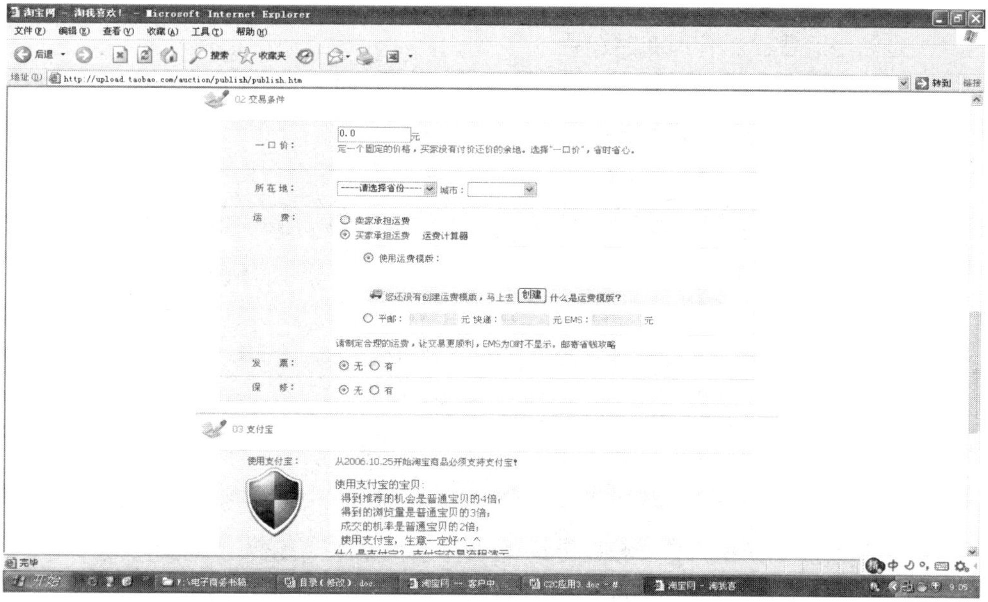

图 11-8　交易条件填写窗口

(4)卖家在发布 10 件商品后,就可以开始自己的店铺,利用店铺管理功能对自己的商品进行分类管理,设置友情店铺链接,推荐自己的商品,提高出售商品的浏览率。当卖家开店以后,可以进入“我的淘宝”下“我是卖家”专栏下面,单击“免费开店”按钮，系统就进入“开店铺”窗口，如图 11-9 所示。

图 11-9　免费开店

(5)使用运费模版管理商品运费。

第一种方法：在宝贝列表中，勾选需要应用模版的宝贝，然后单击列表下方的“设置运费”按钮，如图 11-10 所示。

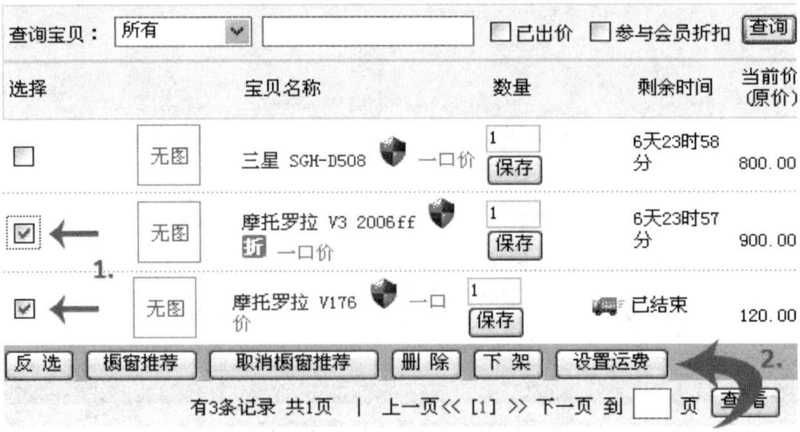

图 11-10　设置运费

此时进入“我的运费”列表，选择您建立好的相应模版，单击黄色按钮“应用此模版”就可以了。如果此时没有合适的模版，您可以单击右上角的“新增运费模版”，如

图 11-11 所示。

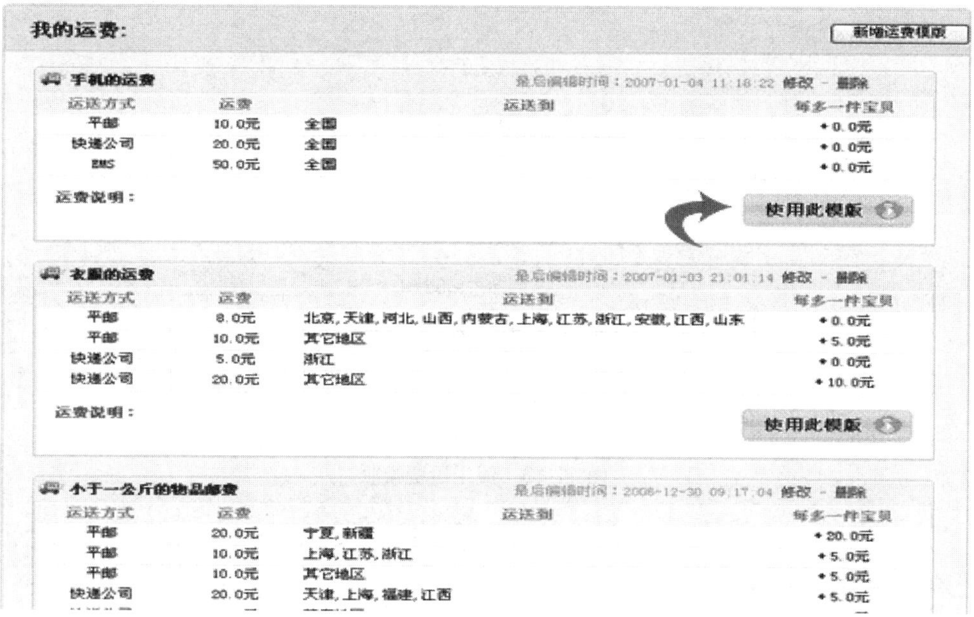

图 11-11　运费模版管理商品运费

当您看到以下这个提示框,意味着您的模版被应用到宝贝上了。

刷新宝贝列表页面,会看到应用了运费模版的宝贝,在“剩余时间”一列的前面多了小车的标志,当您把鼠标移动到小车上,会出现此运费模版的名称,比如“手机的运费”,如图 11-12 所示。

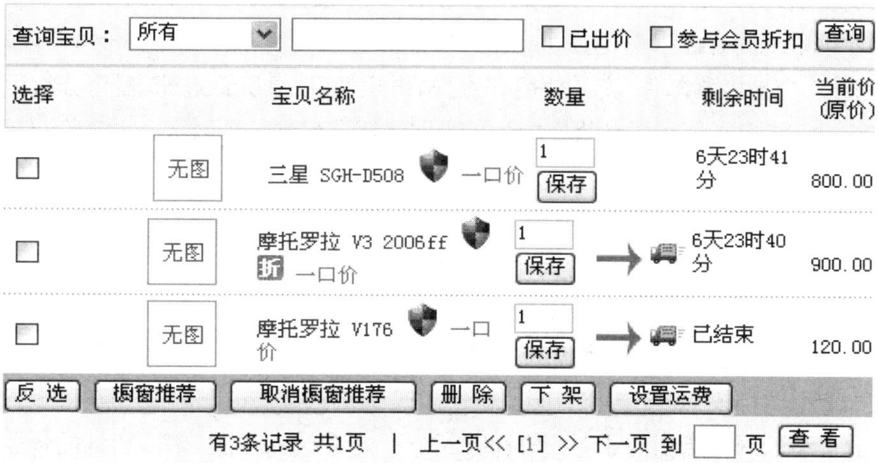

图 11-12　运费模版的应用

第二种方法：您在发布宝贝或者编辑宝贝的时候，也可以选择“买家承担运费”，如图 11-13 所示，然后选择“使用运费模版”，单击“选择运费模版”，即可看到与前面一样的操作流程了。

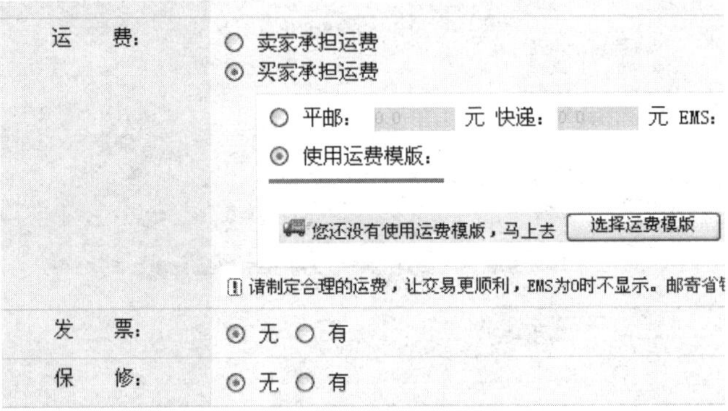

图 11-13 使用运费模版

(6)编辑出售中的商品信息。进入“我的淘宝”，单击“我是卖家”栏目下的“出售中的宝贝”按钮，系统就显示商品列表，

三、相关知识

1. C2C 电子商务平台的功能

C2C 电子商务平台就是通过为买卖双方提供一个在线交易平台，使卖方可以主动提供商品上网拍卖，而买方可以自行选择商品进行竞价。

C2C 电子商务平台一般包括首页商品和店铺的自助推荐功能，支持拍卖模式，支持在线充值，支付宝按钮支付，商品支持多图片，四级分类设置，同时 C2C 电子商务平台管理系统拥有虚拟币、用户收费店铺、商品登录收费、求购信息平台、新闻发布、友情链接、交易提醒邮件、交易信用评价、站内短信、信息脏话过滤、后台分权限管理等功能。C2C 电子商务平台旨在能为广大网民朋友提供一个网络公平竞价交易的商务平台。

2. C2C 电子商务平台的特点

电子商务平台运用网络交易平台，针对不同的人群，将商铺打造成创业者的天堂。网上商店有两大类 4 种模式。

第一类为实际店铺与网络店铺相结合的形式。这种形式的店铺又分为自主型与网上加盟型两种模式。

自主型的网络店铺创业者一般拥有一个不大的实际店铺。因为店铺的营业面积较小，无法充分展示销售的商品，或者店铺的地理位置相对较偏，所以通过网络来补充。一方面可以通过图片文字甚至视频来充分介绍自己出售的各类商品，另一方面也可以通过网络聚集人气扩大自己实际店铺的名气。这种形式需要业主具备一定的启动资金，同时有一定的销售经验，而且需要业主自己寻找进货渠道，开拓销售渠道。因为实际店铺已经有租金的支出，所以此类业主在网络上一般选择人气较高的 BBS 或者免费的网络交易平台开设虚拟店铺。

网上加盟型网络店铺即利用电子商务网站母体，业主租赁实际商业门面并取得工商营业执照，再经过专业培训签订相关协议，就可以销售母体网站的商品。销售利润按协议规定分成，其分成比例通常为 1∶1。目前知名度较高的这类电子商务网站有以销售机电产品为主的“爱姆意在线”、以销售图书和音像制品为主的“万卷书屋”。网上加盟型网络店铺适合那些手中拥有一定资金，但是缺乏相关的操作经验和进货渠道的业主。

第二类为纯网络店铺，即业主不拥有任何实际店铺，交易完全通过网络完成。纯网络店铺又可分为免费型与付费型两种模式。

免费型的网络店铺在网上创业中门槛最低，业主除了进一些样货外不需要有任何的支出。通常的形式为：在热门的 BBS 中开设相应的讨论版，或者利用网络交易平台提供的一些基本免费服务。这种模式花费最少，最适合本钱不多的在校大学生进行创业。不过由于是免费的，虚拟店铺看起来会比较简陋，业主管理起来比较麻烦，客户查询浏览也不方便，尤其是在 BBS 中开设店铺的业主，由于 BBS 不是专门进行交易的地方，需要业主亲自去 BBS 中的各个板块发布广告帖，因而这样的效果并不好。

付费型的网络店铺有专业的电子商务平台提供技术服务支持，业主的店铺看起来会专业很多，管理便捷，客户也能直观快捷地浏览各类商品，这样的店铺虽然是虚拟的，但是功能丝毫不逊于实际店铺，尤其适合那些经营品种繁多的业主。业主还可以通过电子商务平台发布专业的广告吸引买家，这些都是免费型网络店铺所不能办到的。

3. C2C 电子商务平台的运作过程

1）选择适合网上销售的商品

要在网上开店，首先就得选择适合在网上店铺销售的商品。并非所有商品都适宜于个人网上开店销售。网上开店要遵守国家相关法律法规，不能销售法律法规禁止或限制销售的商品，更不能销售假冒伪劣商品。

2）选择合适的商品分类

在上架之前就要考虑好商品的分类，选择一个合适的分类有利于顾客快速从页面导购中找到商品。先完整地了解淘宝所有商品分类，再仔细斟酌选择哪个最合适。

如果商品有多种属性，比如，十字绣的手机饰品，它既可属于刺绣类品，又可以属于手机饰品，还可以算礼品，那么除了添加主分类外还应该为其添加从属分类，每个商品最多可添加一个主分类（必选）和两个从属分类。这样，客户就找到这个商品的可能性就大了三倍。

3）确定店铺及商品名称

网上店铺要起一个吸引人的店名。店名是一个店的招牌，客人一进来进会先看到，一个好的店名会让人记住你的店铺。起名要注意以下原则：简单通俗，朗朗上口；别具一格，独具特色；与自己的经营商品相关；用字吉祥，给人美感。

4）装饰店铺

首先要选择合理的店铺风格。C2C 电子商务网站提供了多种网店的模板样式，经营者可以随意选择，使网上店铺美观大方，宾至如归。建议根据产品性质选择适合的模板和颜色，这样将能更好地表现产品。其次，需要对店铺进行装修。如果有资金或者对前途充满信心，建议购买“旺铺”，然后设计店招以及促销栏等。好的店铺装饰会更加吸引人和更值得信赖，正如平时逛街的时候我们更青睐装潢漂亮的店铺一样。

5）填写商品信息

设置吸引人的商品标题是增加商品单击率的关键。合理的商品标题也很重要。搜索的关键性不言而喻，自从淘宝屏蔽百度后，针对淘宝网站内的搜索设计标题则显得更为重要。

商品描述的填写及要求。合适的商品描述是吸引买家的关键。应在商品描述里详细说明商品的出厂地、尺寸、颜色等。与商品有关的传说和典故也可以详细说明，也可插入特色图片。网上出售商品，绝大部分的时候买家是无法看到实物的，所以需要拍出清晰漂亮的商品照片，还要有详细的商品描述，这样才能对买家有更大的吸引力。如果网店里的商品照片不够清晰，描述也很简单，是很难得到买家青睐的。

6）填写商品的物流信息

填写好商品的基本信息后，需要将商品的物流信息和其他信息填写完整。商品的物流信息包括：卖家所在地，具体的省份及城市；运费由卖家还是买家承担；选择平邮、快递还是 EMS 运送方式。

7）填写商品的其他信息

商品发布周期。目前淘宝将商品的发布周期分为 14 天或 7 天，可根据需要选择。

8）营销推广

为了提升自己店铺的人气，在开店初期，应适当地进行营销推广，但只限于网络上是不够的，要网上网下多种渠道一起推广。例如，购买网站流量大的页面上的“热门商品推荐”的位置，将商品分类列表上的商品名称加粗、增加图片以吸引眼球。也可以利用不花钱的广告，比如与其他店铺和网站交换链接。

9）售中服务

买家在决定是否购买的时候，很可能需要很多卖家没有提供的信息，他们随时会在网上提出，卖家应及时并耐心地回复。但是需要注意，很多网站为了防止卖家私下交易以逃避交易费用，会禁止买卖双方在网上提供任何个人的联系方式，例如信箱、电话等，否则将予以处罚。

10）交易

买家在下订单后，卖家处理订单。卖家按照买家要求的物流方式委托快递公司送货，买家收到商品并确认商品质量后，通知支付宝付款给卖家。

11）评价或投诉

信用是网上交易中很重要的因素，为了共同建设信用环境，如果交易满意，最好给予对方好评，并且通过良好的服务获取对方的好评。如果交易失败，应给予差评，或者向网站投诉，以减少损失，并警示他人。如果对方投诉，应尽快处理，以免为自己的信用留下污点。

12）售后服务

完善周到的售后服务是生意保持经久不衰的非常重要的筹码，应注意与客户保持联系，做好客户管理工作。

4.C2C 网上创业的技巧

1）良好的进货渠道和合理的商品价格

寻找货源是所有网上开店的创业者最关心的问题，关系到网上创业能否成功。选择网上购物的人大多数图的是方便和便宜，卖家在保证商品质量的同时，有一个适中的价格，才会比较有竞争力。一般而言，卖家可以选择七大进货源头：批发市场、厂家货源、大批发商、刚刚起步的批发商、外贸产品或 OEM 产品、库存积压或清仓处理产品、其他特别的进货渠道。

2）合理的商品种类

最初开网店的人容易走两个极端，一个就是产品单一，会让客户觉得产品不够丰富，一个就是产品包罗万象，什么都做，但由于精力有限，什么都顾不上，顾客感觉不专业，结果什么也卖不出去。

3）讲究诚信

无论在网上还是网下经营，诚信都是最重要的。网上购物是虚拟的，诚信问题给网上开店的商家带来很多困扰，只有让网友相信你和你的商品，生意才会越做越大。诚信第一，千万别为了拣芝麻似的小利，丢了发展的大西瓜。在网上，每个卖家都有一个关于诚信的记录,买家可以看到卖家以前的销售状况以及别的买家对卖家的评价。网上记录了任何一个卖家的诚信记录,不诚信的人很难在网络上经营下去,诚信卖家的商品价格高些,也有人购买。因此,产品一定要货真价实。网上开店靠的就是信誉,信誉主要取决于产品的质量和效果。如果产品好,自然回头客多;如果产品是假的或者效果较差,那就算能做成第一笔生意,也再做不成第二笔。

4)树立良好形象

在买家选中商品并下订单后,卖家应该快速、有效地处理订单,并提供良好的客户服务。不仅如此,买家很有可能为卖家带来意想不到的收获:口碑的宣传效果不可小视,它无须大费口舌去取信于人,一次用心的付出很有可能换来长期的回报。

5)产品设置利于搜索

对于没有知名度的新卖家而言,如何让买家们在搜索的时候很方便搜索到你的产品是非常重要的。卖家在产品设置时需留意以下两点:首先,产品的有效期最好设置为最短的,一般为 7 天,因为买家在搜索产品的时候,有效期最短的产品就排在最前面。其次,产品的价格高低同样也是决定搜索结果排序的一个重要因素。价格低的排在前面,价格高的排在后面。如果买家用"价格从低到高"搜索产品的话,这点就显得尤其重要。

6)灵活使用推荐位

当有了一两个推荐位后,就要灵活运用,一定要选择所在分类里最有特色、价格最有优势的产品放到推荐位上去。目的不光是为了提高销售量,更是希望推荐的这个产品作为一个引子,吸引买家到店里去参观,这样又增加了成交的机会。

7)促销策略

采用一些有效的促销策略,例如定期有折扣或者赠送,给予回头客一定的折扣,购物满多少元可以有礼物赠送或可以有折扣或可以免邮费等。为配合活动,要换上新的签名档以介绍活动,还要去相关网页发布这个"促销信息",充分利用好每一个资源来宣传网店。

8)掌握丰富有效的推广方法

为了提高网上店铺的浏览量,卖家可以使用的主要推广方法如下。

(1)在阿里旺旺群或 QQ 群发宣传。这个方法在初期推广时会带来一定的流量,但是不会使流量突增,如果哪天不发,流量必然下降,而且现在很多群都是卖家在发广告,因此很多人都把消息屏蔽了,用这个方法不是长久之际。

(2)淘宝直通车。通过设置搜索关键字竞价排名,买家单击这个关键字到卖家店铺,卖家需要支付一定的佣金。新手卖家要慎用这个方法,在网店 PV 值不是很高、个人信用也不高的时候,即使能带来一定流量,也不会带来很多的成交量,同时还要支付一笔费用。

(3)交换友情链接。新手卖家可以和其他卖家交换店铺的友情链接，一般是同级别的卖家能互换。如果能说服皇冠卖家与其交换店铺的友情链接，那对提高店铺浏览量有很大的好处。

9)售后服务要周到

卖出商品后，要在第一时间和买家取得联系，发货后尽快给买家发一封发货通知信，最好能附上包裹单的照片，让买家能看清楚上面的字迹和具体编号等信息，让买家更放心，也让买家感到亲切，这对吸引"回头率"很重要。

10)降低快递费用

卖家和快递公司议价，可以降低快递费用。现在快递行业的竞争也非常激烈，很多快递公司为保住稳定客户，往往就会给卖家优惠价格。有很多卖家直接选择淘宝推荐物流下单，或者是不习惯与快递讲价，快递要多少就给多少，造成的结果就是花了较高的快递费。其实，无论是淘宝推荐物流网上下单的快递，还是卖家自己联系的快递公司，都可以讲价。不过卖家最好是固定一家或几家快递公司，成为其老客户或大客户后就可以根据自己的业务量要求降价。

四、注意事项

(1)淘宝网开店需要有淘宝和支付宝账户，账户需要实名认证。

(2)C2C 平台开店由于竞争激烈，需要较高的网店运行技巧，否则很难维持下去。

五、思考与练习

(1)简述 C2C 电子商务平台的功能和功能。

(2)简述 C2C 电子商务平台的运作过程。

(3)C2C 网上开店有哪些技巧?

任务三 策划 B2C 网站

一、学习目标

通过对本任务的学习，学习者应掌握自建 B2C 网站的一般方法;能够利用商城模板进行 B2C 网站的安装和配置。

二、任务实施

本任务分三个内容进行，主要是域名的申请;网站空间申请和 B2C 网站的安装和配置。

1. 申请域名

以“景安网络”为例，我们来申请域名和试用空间。

（1）在浏览器地址栏中输入“http://www.baidu.com”，在百度网站的搜索栏中输入“景安网络”，单击官网链接；也可以在浏览器中直接输入“www.zzidc.com”进入，如图 11-14 所示。

图 11-14 “景安网络”网站首页

（2）单击菜单栏的“域名注册”，进入域名申请页面，如图 11-15 所示。

图 11-15 域名申请页面

（3）域名注册之前，要对准备申请的域名查询，看看是否已经被其他人注册，如果已经注册，不能再注册，只能向注册人申请域名转让，以“dzsw.com”为例，在“英文国际域名注册”下输入。然后单击查询。

（4）结果显示，该域名已经被注册，如果要想使用该域名，可以进入域名交易中心，查看注册人信息，通过联系是否可以转让该域名。

（5）如果换一个没有被注册的域名“dzsw999.com”，然后进行去注册登记，这个域名就可以被你申请使用了。在“英文国际域名注册”下输入 dzsw999。在 COM 前面选项打钩，然后单击查询。结果显示该域名没有被注册。然后单击进入注册页面。前提是你已经注册了“景安网络”的会员，如图 11-16 所示。

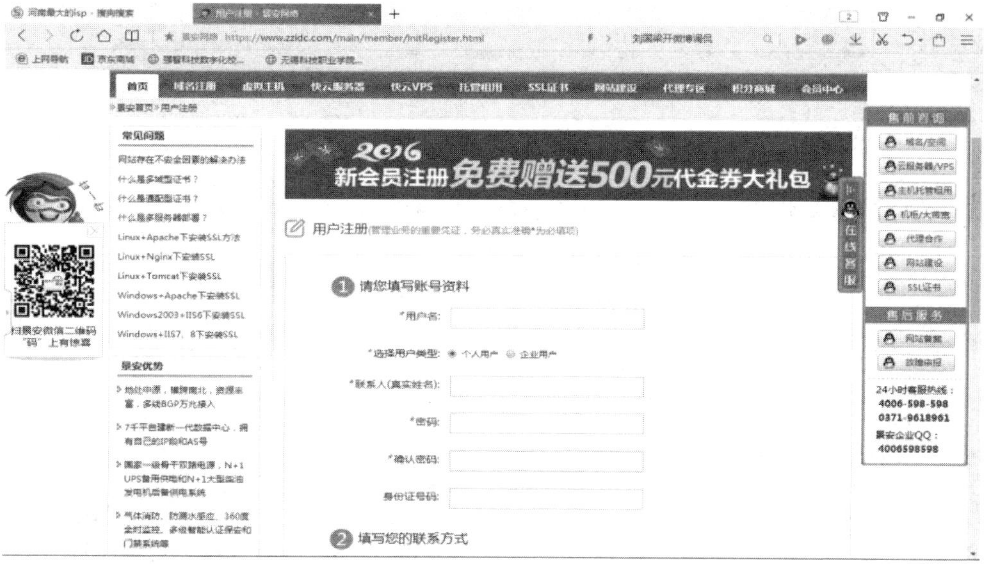

图 11-16　“景安网络”会员注册

（6）填写好注册信息，单击确定，完成域名注册。

（7）域名注册后需要把资料提交到通信管理局备案通过后方可使用，域名备案可以通过服务商提供接口进行办理备案手续。如图 11-17 所示（网址：“ http://beian.zzidc.com”）。

图 11-17　服务商提供备案页面

2. 申请空间

（1）在浏览器地址栏中输入“http://www.zzidc.com”，进入“景安网络”首页。

（2）单击菜单栏的“虚拟主机”，进入网站空间申请页面。

（3）在网站空间申请页面的最左方有“景安网络”网提供的免费主机空间，如图 11-18 所示。

图 11-18　免费空间申请

(4)单击购买，进入免费主机空间的购物车，如图 11-19 所示。然后进入结算。

图 11-19　购物车信息

(5)结算后就可申请空间开通，如图 11-20 所示。记着你申请的空间的 FTP 地址和密码，以及免费访问的网站。

图 11-20　空间开通信息

(6)单击开通，出现空间开通信息页面。这样，我们就成功申请了免费的主页空间，可以把制作好的网页发布到网上了。

3. 域名解析

（1）以阿里云域名解析平台为例，在 IE 浏览器地址栏中输入“http://wanwang.aliyun.com/”打开阿里云控制平台，如图 11-21 所示。

图 11-21　阿里云控制平台

（2）登陆阿里云 / 万网“管理控制台”，在顶部主导航位置单击“产品与服务”|“云解析”，进入“域名解析列表”；选择需添加解析的域名，单击右侧操作的“解析”入口，即可进入到域名解析设置页，如图 11-22 所示。

图 11-22　域名列表

（3）单击“添加解析”，选择记录类型为 A 记录；主机记录为空，或填写 www；记录值填写您之前获取的主机 IP 地址；解析线路，TTL 默认即可。单击保存，即可完成域名解析设置，如图 11-23 所示。

图 11-23　进行解析设置

A：设定域名或者子域名指向，保证域名指向对应的主机重要设置；其只能填写 IP。

CNAME：设定域名或者子域名指向，保证域名指向对应的主机重要设置。

MX：设定域名的邮件交换记录，是指定该域名对应的邮箱服务器的重要设置。

（注：域名解析记录的新增及变更结果在阿里云网上的 DNS 设置是 30 分钟左右生效，全球 DNS 设置一般 2 小时生效。）

（4）完成以上操作后在 IE 浏览器地址栏中输入我们解析的域名，如果可以看到我们的网页，就说明网站域名解析成功了。

4. 安装和配置网上商城（以 ECSHOP 为例）

（1）打开 ECSHOP 官方网站（http://www.ecshop.com）下载最新的 ECSHOP 版本的程序文件。将下载后的 ECSHOP 系统文件上传到我们的空间中。

（2）在浏览器中输入网址 http:// 你的域名 /ecshop。进入安装界面，阅读安装协议后单击“下一步”按钮进入检测系统环境页面，此页面检测系统环境和目录权限。环境和目录权限都满足条件后，单击“下一步”按钮，进入配置系统页面。

（3）配置商城系统，进入商城后台，选择“商城后台”—“系统设置”—“商店设置”，在“商店设置”页面中，我们可以完成网店中几乎所有的设置，包括信息设置、基本设置、显示设置、购物流程、商品显示设置、短信设置、WAP 设置等，这个部分可以说是 ECSHOP 商城系统的核心配置。

（4）设置商城模板，首先下载濡要的风格模板，解压后，将风格模板文件夹通过 ftp 上传到网店的根目录下的 themes 文件夹里。然后来到“商城后台”— “模板管理”— “模板选择”，进入之后可以看到刚才上传的模板风格，单击选择即可。

（5）设置配送方式，选择“商城后台”— “系统设置”— “配送方式”，进入“配送方式”页面进行相应设置。

（6）设置支付方式，选择“商城后台”— “系统设置”— “支付方式”。在“支付方式方式”页面中进行相应设置。

（7）管理网上商城商品，选择“商城后台”— “商品管理”，进入商品管理界面，可以设定商品品牌、类型和商品信息等。

（8）管理网上商城会员，选择“商城后台”— “会员管理”，进入“会员管理”页面中进行相应设置。

（9）管理网上商城订单，选择“商城后台”— “订单管理”，进入“订单管理”页面中进行相应设置。主要包括订单列表、订单查询、合并订单、订单打印、缺货登记、添加订单等。

（10）管理网上商城推广活动，ECSHOP 商城系统自带营销管理系统，内容包括广告、拍卖、红包、祝福贺卡、优惠、团购、夺宝奇兵、超值礼包、积分商城、批发、包装、专题活动，其功能十分强大。选择“商城后台”后，单击对应按钮进行相应设置。

三、相关知识

要建立一个 B2C 网上商城，首先要做的就是网站的策划，这是网站建设成败的关键内容。网站策划重点阐述了解决方案能给客户带来什么价值，以及通过何种方法去实现这种价值。在网站建设前要对市场进行分析、确定网站的目的和功能，并根据需要对网站建设中的技术、内容、费用、测试、维护等作出规划。

（一）确定网站定位

1. 网站产品类型定位

这是网站定位中最基本的一个方面。我们要考虑是做一个包含很多产品种类的大而全的综合性商城还是做一个专门针对某个类别产品的专门型商城。确定好经营方向后，就要对自己的商品进行挑选，对产品开发定位，深入了解，对商品做一个属性的定位。属性的定位包括商品价格段是多少，哪些商品用来做超低价吸引人气的，哪些商品用来做促销稳定销售的，哪些商品用来做高利润高品位高回报的，哪些商品用来作为 B2C 商城的明星产品等。

2. 网站消费人群定位

根据选择的商品进行人群定位，商品是适合哪些买家的，这些买家都是什么年龄段，什么性别居多，什么爱好，什么文化层次，什么职业，多少消费能力，普遍上网时间段，一般在网上哪些地方出现等。这里要注意的是人群的定位有时候会反作用于产品选择的定位。

3. 网站设计定位

网站整体设计，主要为了提升网站的用户体验，带来更多的购买转化率。

（1）根据网站产品特点和网站所定位的人群进行配合设计，在网站上选择合适的色彩与图案，设计大气且具有亲和度的界面会让网站显得更正规，可以无形提升网站品牌，触发购买欲望。

（2）合理的网站栏目设计和科学的网站构架可以让消费者快速找到所需要的东西，越是大型网站越要给人简约明朗的感觉，不能因为栏目和产品众多而导致消费者眼花缭乱。

（3）方便的购物方式和放心的付款方式及快捷的物流发运方式是消费者最关心的环节，如何在网站中体现出方便快捷安全这些特点是用户体验的核心价值。

4. 网站推广模式定位

客户的需求是 B2C 网站盈利的核心。虽然我们不能决定客户的需求，但是可以让有需求的客户发现我们，引导消费。我们需要做的就是精准的网站推广。说到网站推广，立刻会想到的关键字是优化、博客营销、邮件营销等。但是一个 B2C 网站如果仅仅依靠搜索引擎，是不会长期盈利的。

（二）确定网站功能

一个完整的 B2C 网站必须包含 7 大系统，分别是商品系统、会员系统、购物系统、支付系统、配送系统、订单管理系统和统计分析系统。

1. 商品系统

商品系统包括商品管理和定价管理；主要涉及商品的排序、商品的个性展示、站内搜索等；商品数量和状态管理，主要涉及商品是否显示、相应商品的数量，以及商品目前的状态，主要有“下架”“上架”“有货”“缺货”4 种状态。

2. 会员系统

会员系统主要包括用户注册和会员管理部分；注册成为网站的会员后，系统会发送邮件进行验证，然后用户可以进行下单购买的操作；会员管理中心的功能包括基本的信息维护、财务的支付和明细、订单的结算和浏览，以及辅助的浏览产品 / 收藏产品的记录、到货的通知。当会员下订单后，管理员对订单状态进行调整时，系统将自动给他们发送通知邮件。

3. 购物系统

购物系统主要是订单系统，订单系统有购物车和订单管理组成，购物车可以包含多个产品，所生成的订单也同样包含多个产品。生成订单后，订单分为“未付款”“已付款”“处理中”“配货中”“已发货”“已完成”这几个状态。当会员结算成功后，系统会自动将“未付款”状态改为“已付款”状态，其他的状态则需要管理员在后台进行手工更改。

4. 支付系统

预留多种支付方式接口，包括线下银行转账汇款、货到付款、网上付款。网上付款应支持目前国内流行的支付方式，比如支付宝、财付通、银联在线等。管理员可以在后台添加或删除支付方式，也可以随时启用或停用某个支付方式。

5. 配送系统

管理员在后台可以增加多个物流公司，然后根据不同的物流公司，设置到达不同区域所需要的价格。这样的话，会员在购买商品的时候，选择一个配送方式，那么配送的价格就可根据会员填写的地址自动调用。

6. 统计分析系统

统计分析系统主要分为销售统计、客户统计、访问统计、订单统计等。其中最重要的是销售统计和订单统计。

四、注意事项

（1）域名和空间注册需要备案后方可运行。

（2）ECSHOP 建站需要数据库支撑，因此需要具备数据库应用知识才能够完整安装，安装过程可以参考官方说明。

五、思考与练习

（1）策划一个 B2C 网上商城需要从哪几个方面进行入手？

（2）一个完整的 B2C 网站一般包含哪几个系统？

（3）结合你创业的项目，对你自己的公司构建一个 B2C 商城进行策划。

第十二章　电子商务创业成本与风险分析

技能项目：

掌握控制创业公司的成本的方法；
掌握创业风险管控对策；
掌握记账方法。

相关知识：

公司运营成本的主要构成；
创业风险的影响因素；
创业风险的来源。

任务一　电子商务创业财务分析

一、学习目标

通过对本任务的学习，学习者应了解公司运营成本的主要构成，掌握控制创业成本的方法，学会记账。

二、任务实施

网络创业公司的财务分析管理几乎成为网络公司的瓶颈。财务分析管理是创业公司组织财务活动和处理财务活动中所发生的财务关系的一项经济管理工作。网络创业者对财务分析管理的认识容易产生两大偏差：一种是认为创业初期没有什么好管理的，有一个会计和出纳即可；另一种认为财务管理的重要性，只有完整的财务组织架构才能实现，必须建立庞大的机构、制定烦琐的章程和财务信息的流动渠道。这两种认识都没有领会到初创期间财务分析管理的特殊性和重心的不同。

一般情况下，初创公司涉及的财务管理人员主要有以下五类。

1. 出纳

出纳是财会工作中最入门级别的岗位，最主要的事是管理现金和银行存款，处理各项业务款等工作。

2. 会计

简而言之，会计就是做账了，就是把公司的各项经营业务按国家的《会计准则》和《会计制度》要求收集整理好原始的凭证（证据），然后录入到财务系统中，最后生成报表、明细账等各类数据，从而反映公司的经营状况。代理记账公司提供的服务其实就是会计服务。

3. 财务

“财务”一词的范围很广，公司除了要记录经营状况之外，还要在年初做预算编制，年末结算分析。此外，在日常经营活动中，要不断地分析各种数据，然后将分析结果提供给管理层以作相应决策。

4. 税务

国家的税法是一套非常复杂的系统，如果公司有一名懂税的财会人员，可以在合法的前提下，为公司节省不少的税收。但事实上，税务专家目前太少了，基本上会待在会计师事务所或者税务师事务所，很少有在企业干的。

5. 审计

审计和初创公司关系不太大，主要针对较成熟的企业。通俗地说，审计就是查账，看看账务有没有问题。审计可分为内部审计、外部审计和政府审计。内部审计就是在公司内部设立一个独立于财务的部门，在经理层或者董事会的授权下自己查自己。政府审计就是审计署以及下属的各级机关，通常只查政府、事业单位以及国企的账。对于创业者来说，要关注的便是外部审计，就是请一个独立的会计师事务所来查账，鉴定公司的账是否合理合法。

当然外部审计还包括两种：一种是税务审计，就是说如果公司运营了几年都连续亏损，那么税务局就会要求公司找税务师事务所来查账，看是否偷税漏税；另一种是财务审计，如果要向政府申请经费，或者要改制成股份公司，要挂牌、上市，就需要请会计师事务所来查公司的账，看看公司是否乱做账。

请以会计的角色为某公司做一份详细的创业成本计划表。

三、相关知识

（一）公司运营的成本构成

对于初创公司来说，销售利润是创收的主要部分。但是成本控制也是不容忽视的工作。成本都是由一些细节构成的，只知道开源不知道节流的不是一名称职的创业者，日常的经营管理成本也应该计算到销售成本中。大部分学者主要从创业的时间成本、机会成本、风险成本、社交成本等维度研究其对创业活动的影响，本书中按照硬成本和软成本来分析。

成本包括直接成本和间接成本。以 C2C 店铺为例，包含店铺在经营过程中产生的进货成本、进货交通费以及邮费包装等费用，这些简称为直接成本，也叫硬成本。还有一些因管理产生的费用，如通信费、网费以及退换货产生的其他开支等，这些都是间接成本，也叫软成本，都要摊销到每一件商品的总成本中。如表 12-1 所示。

表 12-1　C2C 店铺成本构成

直接成本	间接成本
注册公司费	商品的损耗费
注册商标费	仓储成本
保证金	网费
技术服务费	电费
办公设备费	通信费
进货成本	人员工资
进货交通费	员工培训费
邮费	退换货费用
包装费	推广费用
	各项税金

随着店铺的经营走上正轨，管理力度加强，利润也会逐渐增加，同时库存积压的资金会随之而增加。因为进货量大可以拿到更优惠的价格，客服增加了人员工资也会相应增加。后期还需支付库存费、场地费、印制名片费、购买赠品费等，这些支出都应该逐步计算摊销在成本中。从长远的角度来讲，还应该考虑到网店发展会产生的投入，包括品牌建设和保护的费用和宣传推广的费用。

（二）简单记账

从创业的第一天起，就要学会如何记账，并通过财务的帮助提升利润。财务的作用，能够对初创公司的经营状况进行系统的记录，使账目清晰明了，还可以发现公司经营管理中存在的问题，帮助提升管理水平，有效地控制成本，从而提升公司的赢利能力。

1. 原始凭证记账法

可以使用 Excel 软件建立账页，如库存商品明细分类账和销售明细分类账。库存商品明细分类账是用来管理库存商品的。每种商品的进销存在账页上可以清晰地反映出来。销售明细分类账是用来管理当月销售收入、成本和费用，结出余额扣除成本就是盈利。

2. 采用第三方软件管理

随着电子商务创业公司的不断成长、个体规模的不断扩大，越来越多的电子商务创业家以企业或团队的形式出现。对于管理者来说，提高协同工作效率、保护保密资料、深层挖掘业务数据变得尤为重要。第三方公司研发的软件，可以有效地解决创业公司财务管理问题。

3. 采用财务外包法

初创公司中，如果不具备管理财务的人才可以将财物外包给专业的财务公司去做。第三方专业财务公司可以代理当地工商局事项、财务部门报税，以及工资发放等。这样可以帮助初创企业管理者解决公司财务管理方面的困扰，集中精力做自己的强项，将网店做大做强。

四、注意事项

（1）在初创期，一般不会请一个合格的会计，因为一个合格的会计工资要求比较高，而且会计人员基本喜欢稳定的工作，他们宁愿低点工资去安稳的大公司，也不愿来早期创业公司冒险。

（2）等公司业务量增加之后，就要招聘全职的会计来梳理公司的内账和外账，对于更为专业的问题，还要咨询相关的财务公司，也可以请专业财务外包公司。

五、思考与练习

（1）一般的公司财务人员主要有哪几种？

（2）公司运营的成本主要包括哪些？

任务二　电子商务创业风险评估与管理

一、学习目标

通过对本任务的学习，学习者应了解创业风险的影响因素，掌握创业风险的来源，并掌握创业风险的管控对策。

二、任务实施

由于大学生长期接受应试教育，大学期间学习的大部分是理论知识，缺乏真实环境的经验教训，因而在创业过程中不熟悉现实经营“游戏规则”，虽然在理论技术上出类拔萃，但理财、营销、沟通和管理方面的能力普遍不足。要想创业成功，大学生创业者必须技术、经营两手抓，制定科学规范的管理制度，把技术和运营做到很好的结合才能成功创业。

[案例 1] 超级课堂的联合创始人杨明平

超级课堂的联合创始人杨明平是典型的大学生创业者，并且是一位连续创业者。杨明平毕业于中欧国际工商学院。2005 年，大三的他接手了学校边上的一家川菜馆，发展到拥有 400 多平方米、一年 200 多万元营业额规模的火锅店，大学的创业经历为他赢得第一桶金。而后杨明平决定朝着更大的方向发展，进入在线教育领域，创建超级课堂（Super Class）。

超级课堂成立于 2010 年 10 月，由杨明平创立的超级课堂将线下教育搬到线上，为中小学学生提供好莱坞大片式的网络互动学习课程。

[案例 2] 舒义

舒义 19 岁就开始创业，读大一时就是国内最早的 Web 2.0 创业者之一，创办过国内第一批博客网站 Blogku，Bolgmedia，还创建了一个高校 SNS 和一家校园电子商务公司。

2006 年舒义第三次创业，创办了成都力美广告有限公司，后发展为中西部最大的专业网络广告公司之一。2009 年舒义成立北京力美广告有限公司，两年内发展为国内领先的移动营销解决方案公司，并于 2011 年获得 IDG 资本投资。目前舒义开始尝试天使投资，投资创办过多家移动互联网公司。

[案例 3] 王学集

王学集出生于浙江温州，毕业于浙江理工大学。大学时，他和两位同学一起创业，大三时正式发布 phpwind 论坛程序，2004 年大学毕业的王学集成立公司，公司亦命名为 phpwind，中文名为“杭州德天信息技术有限公司”，专门提供大型社区建站的解决方案。目前，phpwind 已成为国内领先的社区软件与方案供应商，PW6.3.2 版本的推出更在社区软件领域树立起一个极高的技术壁垒，phpwind8.0 系列版本则推动了社区门户化。

phpwind 于 2008 年 5 月被阿里巴巴以约 5 000 万人民币的价格收购，现在隶属于阿里云计算有限公司，为阿里云计划提供了强有力的支持。

[案例 4] 黄恺

风靡全国，中国最成功的桌游《三国杀》，其创始人黄恺正是一位标准的大学生创业者。黄恺 2004 年考上中国传媒大学动画学院游戏设计专业，他在大学时期就开始“不务正业”，模仿国外桌游设计出了具有中国特色，符合国人娱乐风格的桌游《三国杀》。2006 年 10 月，大二的黄恺开始在淘宝网上贩卖《三国杀》，没想到大受欢迎，而毕业后的黄恺并没有任何找工作的打算，而是借了 5 万元注册了一家公司，开始做起《三国杀》的生意，2009 年 6 月底《三国杀》成为中国被移植至网游平台的一款桌上游戏，2010 年《三国杀》正版桌游售出 200 多万套。

粗略估计，《三国杀》迄今至少给黄恺带来了几千万的收益，并且随着《三国杀》品牌的发展，收益还将会继续增加。

[案例 5] 蒋磊

铁血网创始人蒋磊是典型的大学生创业者，16 岁保送清华，创办铁血军事网，20 岁保送硕博连读，中途退学创业。如今，铁血网稳居中国十大独立军事类网站榜首，铁血军品行也成为中国最大的军品类电子商务网站，年营业收入破亿，利润破千万。

倒回 2001 年，16 岁的蒋磊初入清华园，电脑还没有在这个普通宿舍出现，他只能去机房捣鼓他的网页，他想把自己喜欢的军事小说整合到自己的网页上，他的“虚拟军事”的网页一经发布，就吸引了大量用户，第二天就达到了上百的浏览量。蒋磊很兴奋。他把“虚拟军事”更名为“铁血军事网”。

2004 年 4 月，蒋磊和另一个创始人欧阳凑了十多万元，注册了铁血科技公司。期间蒋磊还被保送清华硕博连读学习了一阵。2006 年 1 月 1 日，蒋磊最终顶住了家庭以及学校的压力毅然决定辍学创业，以 CEO 的身份正式出现在铁血科技公司的办公室里。经过 12 年的努力，目前蒋磊的公司拥有员工 200 余人，他创办的网站已成为能够提供社区、电子商务、在线阅读、游戏等产品的综合平台。据透露，截至 2012 年 12 月，网站已有 1 000 万注册会员，月度覆盖超 3 300 万用户，正处于稳步且高速的增长中。

[案例 6] 聚美优品陈鸥

聚美优品的 CEO 陈鸥也是一名标准的大学生创业者，他的大学生创业经历要追溯到他的上一个创业项目 GG 游戏平台。陈鸥 16 岁的时候考上了新加坡南洋理工大学。作为一个资深游戏爱好者，大四的时候，陈鸥决定在游戏领域创业，凭着有限的资源做出了后来影响力巨大的 GG 游戏平台。作为当时没有任何资源的大学生创业者，那时的创业经历是非常艰苦的，据陈鸥回忆，那时候他为了节省成本，不得不每天都吃最便宜的鱼丸面，最后吃得都有些“脑残”了。

后来，陈鸥出售 GG 平台，获得了千万级别的收益，也为自己后来的创业道路做了极好的铺垫。而他创造的 GG 游戏平台，仍然是现在东亚地区最受欢迎的游戏平台之一，全球拥有超过 2 400 万用户。

结合案例，试总结这些案例中的创业者是如何走向成功的，他们是如何评估和管理风险的。

三、相关知识

创业风险评估是事前考虑创业过程中的负面因素，是更深层的创业机会评估。

很多创业机会虽受投资者的青睐或者虽然获得投资，但最终依然失败，就是因为事先没有考虑创业机会里潜在的风险。一旦这些隐藏在创业过程中的风险暴露出来，再去采取措施应对，可能为时已晚。

因此刚创业时，创业者内心已经明确作出判断，这是可以承担和应对的风险，而且会尽量避免风险，并把风险降到最低。风险和回报往往是成正比的。风险越高，回报也会越高。创业者在创业开始阶段，会对要承担的风险和可能获得的收益进行评估。只有面对的风险是他们所能够承担的，他们才会投入创业实践中来。

（一）创业风险影响因素

初次创业者在创业过程中面临的风险主要有自身因素及社会环境各方面因素的影响。具体来说，主要包括以下因素。

1. 自身心态不成熟，难以承受挫折

眼高手低，纸上谈兵是很多初次创业者最常见的创业风险。初次创业者对社会缺乏了解，更缺少创业经验，其创业思想往往是因一时创业激情而起，把创业问题简单化、理想化，对创业过于自信和自负，对困难估计不足。还有些过分夸大创业困难，过高估计创业压力，过低估计自身价值，妄自菲薄，没有信心和勇气面对创业，根本不愿意动手尝试。另外，初次创业者没有经受过创业挫折的考验，心理承受能力和自我调节能力较差，创业受挫后产生强烈的挫折感，忧心忡忡，胆怯心虚，不能正确认识自己的创业优势，甚至把自身的长处看成短处，在创业竞争中信心不足，自我设限，错失许多机会，严重影响了创业的成功。

2. 融资渠道单一，创业企业发展缺乏动力

不少初次创业者没有资金来源，更无资金积累，社会关系简单，人际交往单一，很少能够从别处筹措到创业资金。他们的创业资金更多的是靠父母、亲戚的帮助，融资渠道单一，资金来源不稳定，资金数额较小，创业之初资金的局限性为后期企业发展埋下隐患。企业创办起来后，由于缺少发展资金，造成企业的现金流中断，不能支持企业的正常运作，使企业发展缺乏动力，企业发展停滞不前甚至倒闭，出现初次创业者创业失败的悲惨结局。

3. 创业企业形态选择盲目，缺乏针对性

初次创业者的创业激情度高，但创业选择盲目，多数没有进行前期调查及绩效分析，看到别人干什么自己也跟着模仿，缺乏针对自己特长及条件的调查分析，企业形态选择盲目。如加盟某品牌创业模式虽可以直接享受知名品牌的影响，复制他人的成功经验，并能获得资源支持，降低经营成本，但也存在着虚假宣传、交纳高额加盟费、甚至以合法形式掩盖非法目的等不良现象，很多创业者一旦被天花乱坠的宣传语所迷惑，没有收集资料，也不进行实地考察和市场分析，盲目选择加盟连锁，由于不适

宜自己的实际情况，企业发展风险较大，影响创业成功。

4. 管理经验不足，没有良好的创业团队

高效的管理经验，团结的管理队伍，是创业成功的关键因素。不少初次创业者缺少实际管理经验，在理财、营销、沟通、协调等方面普遍能力不足，往往会造成经营理念单薄、产品营销方式呆滞、信息闭塞、团队不齐心等，不能驾驭企业游走于复杂万变的市场经济之中。

5. 法律观念不强，维权意识淡薄

由于初次创业者社会经验不丰富，市场敏感度不强，法律观念薄弱，在创业开始乃至整个过程中都有可能深陷法律陷阱，甚至对企业造成致命的打击。如个人合伙制企业投资者要承担无限连带责任，如果企业对他人的人身造成损害或对财产造成损失，企业不但以自身财产赔偿对方损失，在企业财产不足以赔偿对方损失时，投资合伙人还要以个人财产赔偿对对方造成的损失，所以，初次创业者选择合伙制企业模式一定要慎重考虑。再有，创业者在与客户签订合同时不注意审查对方主体资格，不调查了解对方的信用、履行合同的能力以及还债能力等情况，往往会造成合同无效，对方无力履行合同甚至钱款或货物被骗等情况发生。在权利被受到侵害时，创业者维权意识淡薄，不是通过法律途径解决，更多的是托人情、找关系，私下解决，法律风险极大。

（二）创业风险来源

1. 人力资源风险

创业企业的人力资源风险，指的是在企业初创期和成长期，由于人力资源的原因而导致的经营结果与经营目标相偏离的潜在可能性。按照这一期间创业企业所表现出来的特征，创业企业的人力资源风险主要表现在招聘风险、关键员工离职风险和构建组织风险三个方面。

2. 市场营销风险

市场营销风险是指由于新创企业制定并实施的营销策略与其营销环境（包括微观环境和宏观环境）的发展变化不协调，从而导致营销策略难以顺利实施、目标市场缩小或消失、产品难以顺利售出、赢利目标无法实现的可能性。根据新创企业所表现出来的特征，新创企业往往在市场拓展、营销观念、促销方式以及中间商等方面出现大小不同的风险。

3. 现金流风险

现金流风险指的是新创企业在企业运营过程中出现资金短缺而导致损失的可能性。新创企业成败的关键因素之一在于成功地获取并驾驭所需的资金，建立和完善采购、产品递送、会计、收款等日常财务营运系统，使得不断增加的资金在可控的范围能为企业成长服务。企业进入发展期后，应避免被人员增加、客户增加、业务增加及机构增加等现象所蒙蔽，要时刻关注企业经营的现金流入与流出，关注现金流的实际情况。

4. 技术风险

新创企业在发展历程中要面对各种与产品技术相关的不确定因素，而创业者一旦忽视技术风险管理，结果将是死亡。产生技术风险产生的原因如下。

（1）当市场出现有别于本企业技术的发展方向时，未能跟踪监测竞争技术的发展情况、市场接受度、配套条件的成熟等，而一味沉醉于自身技术的研发，未及时采取应对措施。

（2）没有及时将自己研发出来的技术申请专利。

（3）技术成功与否的不确定性。新技术、新产品能否按预定目标开发出来。

（4）技术是否完善的不确定性。新技术、新产品在诞生之初都是十分粗糙的，它能否在现有的技术条件下很快完善起来，也没有确切的答案。

（5）新产品生产的不确定性。技术开发出来后，在进行新产品的生产时往往受到工艺能力、原材料供应、零部件配套及设备供应能力的限制。一旦达不到生产要求，企业的生产计划、市场拓展均将受阻。

（6）产品技术效果的不确定性。企业在开发、生产新产品的过程中，难以事先预料产品的技术效果，尤其是那些需要较长时间才能显示出来的效果。

（三）创业风险管控对策

由创业风险分析与对策可知，创业虽存在诸多风险，但机遇和挑战并存，唯有冷静地分析风险，勇敢地面对挑战，创业者才能防范风险，克服困难，走向创业成功。针对初次创业者创业过程中遇到的风险，可以从以下方面加以管控。

1. 调整心态，做好创业准备

对自己充分了解，是创业者进行创业的前提。创业时要对自己的个性特征、特长等有充分的了解，选择适合自己个性特征、符合个人兴趣爱好的项目进行创业，同时创业者要掌握广博的知识，具有一专多能的知识结构，才能进行创造性思维，作出正确的创业决策。创业前还要积累一些有关市场开拓、企业运营方面的经验，通过在企业打工或者实习，参加创业培训，接受专业指导，来积累创业知识，提高创业成功率。创业者还应当锻炼受挫能力，遇到挫折后应放下心理包袱，仔细寻找失利的原因：属于主观原因的，要适当调整自己的动机、追求和行为，避免下次出现同样的错误；属于客观或社会因素中自己无能为力的因素的，也不要过于自责、自卑或固执，应坦然面对，灵活处理，争取新的机会。即使失败，也要振作起来，使自己始终保持昂扬的斗志、必胜的信心，直至创业成功。

2. 审时度势，创业应有选择地量力而行

创业路途充满艰辛，绝不是一蹴而就、毕其功于一役就能成功的。因此，创业应找到合适的切入点，选择合适的时机、合适的项目和合适的规模来进行。初次创业者大多手中资金较少，创业经验不足，可以选择起点低、启动资金少的项目进行创业。

再者，初次创业要选择一种适合自己的企业法律形态。创业者选择个体工商户、合伙制企业的形态模式时，虽没有最低注册资本的要求，但创业者或投资人要对企业承担无限连带责任。企业如果经营不善欠下债务，股东要对企业的债务承担继续偿还的责任，创业时应慎重选择。创业时如果设立的是有限责任公司，公司具备法人资格，能够独立承担法律责任，公司如果资不抵债宣告破产，对公司不能清偿的债务，股东仅以其出资额承担法律责任，超出的部分不承担法律责任。同时有些人为的因素会导致合伙人之间、股东之间可能会因经营理念、利益分割、甚至性格而发生冲突，因此，创业者在选择这些企业法律形态时，应注意选择志同道合、善于沟通、以企业利益为重的合作者，这是非常重要的。

3. 充分利用优惠政策，迈出创业坚实第一步

虽然有些优惠政策在实施过程中出现配套措施不到位、具体操作烦琐等情况，但初次创业者一定要充分了解这些优惠政策，并把它们充分运用到自己的创业实践中，创业时将自己能享受到的优惠政策熟记在心。

4. 多渠道融资，降低创业资金风险

在创业前期，针对何种创业项目，其投资成本一定要预算清楚，同时还要准备备用资金。只有充分的资金准备，才可以解决很多创业中遇到的困难。

5. 树立团队意识，与他人合作共赢

新东方教育集团总裁俞敏洪认为，创业除了自己成功，还要与别人一起成功。一个人的能力是有限的，创业一定要抛弃单打独斗、孤军奋战的个人英雄主义思想，牢固树立团队合作共赢的理念。创业应建立一个由各方面专才组成的合作团队，大家既有共同的理想，又能有效地使技术创新与经济管理互补，保证团队形成最大合力，在市场竞争中取胜，推动企业发展，取得创业成功。

6. 重法治淡人情，在法律规则中稳步发展

市场经济是法制经济，从企业的产生到发展必须在法律框架下进行，符合法律规定。虽然中国人很重视人情、关系，但要想使企业稳步发展，把企业做大做强，创业者从开始就应该依法办事，淡化人情，让法律成为创业成功的基石。具体说，创业之初选择企业形态要慎重，合伙制企业一定要制订合伙章程，明确合伙人之间的权利义务以及盈利或亏损的分配方式，最好找专业法律人士审查把关。企业形态最好选择有限责任公司的模式，分清公司责任和个人责任，降低个人风险。企业运营应严格遵守

法律规定，安分守己，合法经营，切不可为小利而做违法乱纪之事，要依法为企业员工交纳社会保险，降低企业风险。出现纠纷最好通过法律途径解决，依法维护企业的合法权益。

四、注意事项

创业企业需要对创业期间所发生的风险有足够的认识，并找出相关的解决办法。

五、思考与练习

（1）创业期间，造成现金流短缺的原因是什么？

（2）创业期间，企业往往会面临哪些风险？

参 考 文 献

[1] 孙永道，王彤. 电子商务设计实务 [M].3 版. 北京：机械工业出版社，2015.

[2] 卢菊洪. 电子商务基础教程 [M]. 北京：北京交通大学出版社，2007.

[3] 雷颖晖. 网络营销实训教程 [M]. 北京：经济管理出版社，2014.

[4] 宋艳萍，李俊. 电子商务基础 [M]. 北京：北京交通大学出版社，2011.

[5] 杨伟强. 电子商务数据分析：大数据营销 数据化运营 流量转化 [M]. 北京：人民邮电出版社，2016.

[6] 夏明学，王丽萍. 网络营销：管理与实践 [M]. 北京：北京大学出版社，2013.

[7] 陈德人. 电子商务实务 [M]. 北京：高等教育出版社，2010.

[8] 谢金生，孙仁祥. 电子商务实用教程 [M]. 北京：机械工业出版社，2014.

[9] 宋文官. 电子商务概论 [M].3 版. 北京：高等教育出版社，2013.

[10] 张涛. 创业教育 [M]. 北京：机械工业出版社，2015.

[11] SPENCER S，HARDING J，SHEAHAN J. 社交电商 [M]. 谭磊，译. 北京：电子工业出版社，2015.

[12] 唐连生. 电子商务运营管理实务 [M]. 北京：中国财富出版社，2020.

[13] 李在奎. 电子商务：管理与社交网络视角 [M]. 北京：中国人民大学出版社，2018.

[14] 王红红. 电子商务经典案例分析 [M]. 北京：化学工业出版社，2020.

[15] 淘宝大学. 淘宝大学电子商务人才能力实训 [M]. 北京：电子工业出版社，2018.

[16] 覃忠健. 电子商务物流配送 [M]. 北京：电子工业出版社，2021.

[17] 邵明. 乡村电子商务发展丛书 [M]. 北京：化学工业出版社，2018.

[18] 邓顺国. 电子商务运营管理 [M]. 北京：科学出版社，2021.